시대정신을 통해 본
20세기 한·중·일 사상사

제1, 2차 세계대전 전후 제국주의, 민족주의, 진화론 등
'근대'와 함께 밀려 들어온 거대 담론들은
20세기 초 동아시아의 사상적 지형을 바꿔놓았다.

인종주의를 동반한 유럽-일본 제국주의의
침략과 수탈은 사회진화론, 자유와 평등, 문명화라는
개념으로 포장됐고, 누구든 침략과 전쟁의 주체
혹은 피해자가 될 수밖에 없도록 만들었다.

이데올로기를 내세운 침략전쟁의 시기였던 20세기,
국가의 독립과 평화를 추구하기 위해
당대의 한·중·일 지식인들은
저마다 어떤 신념을 품었을까.

처참한 현실에서도 희망과 평화를 찾으려 했던
루쉰, 조소앙, 후세 다쓰지와
침략전쟁에 나서거나 동조하며 조국을 버린
왕징웨이, 이광수, 도조 히데키.
대조적인 삶 속에서 그들이 남긴 말과
글을 통해 20세기 동아시아가 걸어온 길을 짚어본다.

혁명과 배신의 시대

일러두기

인용문에서 필자가 첨언한 내용은 대괄호로 구분했으며, 참고한 자료는 주석 및 참고문헌으로 정리했습니다.

시대정신으로 읽는 지성사
역사의 시그니처 01

∫ 01

혁명과
배신의 시대

격동의 *20세기*,
한·중·일의 빛과 그림자

정태헌
지음

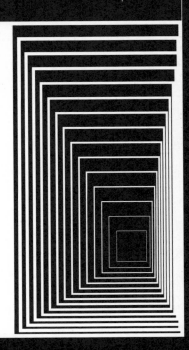

21세기북스

근대 한·중·일 지식인의
대조적인 목소리를 듣다

이 책은 한국 근대사를 세계사 속에 비춰보면서, 21세기 한반도와 동아시아의 평화를 그려보자는 문제의식의 산물이다. 이를 위해 20세기 초반 동양의 역사에서 한국, 중국, 일본의 지식인 여섯 명(군인 도조 히데키 포함)을 선정해서 이들의 대조적인 삶을 살펴봤다.

조소앙과 이광수, 루쉰과 왕징웨이, 후세 다쓰지와 도조 히데키의 삶은 당시의 시대상과 이들의 정신을 고스란히 담고 있다. 이들은 1892년생인 이광수 외에 모두 1880년대생으로서 전통 학문과 근대 학문의 세례를 함께 받은 동년배였다. 한국과 중국의 네 명은 모두 비슷한 시기에 일본 유학을 했던 공통점도 있다.

19세기 서구 제국주의는 아프리카 및 중동 분할 점령과 함께 중국과 인도차이나 등 동아시아 지역을 침략해왔다. 세계사에서 19세기 말 20세기 초는 제국주의의 식민지 침략이 끝물에 접어든 시기였다. 일본은 그 끝물에 제국주의 대열에 편승했고, 한국은 식민지가 되고 중국은 아편전쟁 이후 열강의 지배를 받게 됐다. 1천 년 이상, 또는 그 가까이 통일국가를 유지해오던 국가가 식민지가 된 경우는 한국이나 베트남 등 몇 나라에 불과했다.

세계사 속의 근대는 인종주의를 동반한 제국주의의 침략과 수탈, 학살을 사회진화론, 자유와 평등, 문명화, 근대화 등의 개념으로 포장하거나 합리화했다.

일본에 군국주의적 침략 이데올로기가 득세할 때, 후세는 침략전쟁과 군국주의를 비판하고 민족을 넘어 보편적 인권과 평화를 추구하는 힘든 길을 걸었다. 반면 도조는 군부가 일본을 이끌어가야 한다면서 침략전쟁의 선봉에 나섰다. 일본 국민인 군인들의 생명을 경시한 채 군인들에게 절대 살아서 포로가 되지 말라고 외쳐댔다.

오늘의 일본은 구제국주의 국가 중 과거사 정리 수준이 가장 뒤떨어진 나라이다. 그런 만큼 오늘날에도 여전히 후세(의 생각)는 극소수이고 도조에 동조하는 경향이 지배적이다.

루쉰과 조소앙은 사회진화론-근대주의와 제국주의에 맞서 투쟁했다. 그들은 중국과 조선의 처참한 현실에서 희망과 민중의 역동성을 찾고 평화를 추구하는 삶을 살았다. 반면 왕징웨이와 이광수는 근대의 '힘'을 추종하고 그에 기대어 어항 속의 '권력'을 추구했다. 근대주의에 함몰돼 일본이 도발한 침략전쟁의 나팔수로 나서 결국 도조와 한마음이 됐다.

　오늘날에도 한국 사회에는 이광수의 목소리가 남아 있다. 식민사학의 복사판인 식민지 근대화론이 제기되는가 하면, 일군의 무리들은 베를린까지 가서 '위안부는 사기'라면서 소녀상 철거를 외치는 형국이다.

　생산력이 발전하고 문화와 제도와 환경이 변화하는 와중에도 사람들의 생각과 삶은 사실 되풀이된다. 그만큼 인간은 지혜롭지 못해 오늘날에도 2천 수백여 년 전에 쓰인 『논어』나 『맹자』를 읽고 인간사를 논한다. 그러나 긴 역사를 지나는 동안 집단지성은 조금씩 커지고 있다. 변화와 진보에 대한 희망을 결코 저버릴 수는 없다.

　이 책의 키워드인 제국주의, 사회진화론, 근대주의, 근대화론, 민(권), 평화 등에 따라 여섯 명의 삶을 살펴보면 오늘과 미래를 위한 시사점을 얻을 수 있으리라 기대한다. 격동기 세 국가의 상징적 지식인들의 삶을 반추함으로써 세계사적으로 대전환 또는 위기의 시대인 21세기를 어떻게 꾸려갈 것인가 생각해봤으면 한다.

이 책의 의의가 있다면 전적으로 각 인물을 다룬 선행 연구의 덕이다. 다만 후세와 도조에 대해서는 선행 연구가 적어 관련 자료 등 주석을 많이 달았다.

필자의 문제의식을 바탕으로 선행 연구와 자료를 종합 정리하는 과정에서, 박사과정생 박우현, 주동빈, 김태현과 종종 토론 시간을 가졌다. 이들에게 '세계사 속의 한국사' 개념을 가져야 한다고 늘 강조했지만, '후생(後生)이 가외(可畏)'임을 느끼는 즐거운 시간이었다. 여기에 걸출한 편집자, 북이십일의 양으녕 팀장과 함께하는 행운까지 만끽했으니 집필하면서 큰 복을 누린 셈이다.

이 책이 독자들께 생각할 거리를 한 가지라도 드릴 수 있다면, 필자에게는 더할 나위 없는 기쁨으로 남을 것이다.

2022년 8월
안암동 연구실에서

차례

PART 1
희망 속의 뼈아픈 질타, 중국의 미래를 제시하다
_루쉰

PART 4

근대의 힘을 추종하며 내선일체를 부르짖다
_이광수

PART 5

식민지 조선의 독립을 변호하다
_후세 다쓰지

PART 6

일본을 제국의 몽상에 빠뜨리다
_도조 히데키

PART 1

루쉰

희망 속의 뼈아픈 질타,
중국의 미래를 제시하다

루쉰 魯迅 1881~1936

제국주의의 실체를 날카롭게 파헤쳐 피폐한 중국에서 희망을 찾고, 중국이 나아갈 길을 제시한 현대 중국 문학의 대표 작가.

저장성 사오싱현에서 관료 집안의 장남으로 태어났다. 본명은 저우수런(周樹人)이다. 중국 최초의 근대소설이자 신문화운동의 최대 성과인『광인일기』를 발표한 1918년, 루쉰이라는 필명을 처음 사용했다.

이후『아Q정전』『고향』『야초』등 여러 작품을 통해 20세기 초반 중국의 혼란과 참혹한 민낯을 가감 없이 드러냈으며, 서구 사상에 대한 '자득자결(自得自決)'의 깊은 고뇌 속에서 제국주의적 근대주의를 날카롭게 비판했다.

사용한 많은 필명 중 본명보다 더 알려진 이름은 루쉰뿐이다. '느리다' '둔하다'라는 뜻의 노(魯)와 '빠르다'라는 뜻의 신(迅)으로 이뤄진 그의 필명은 상반된 의미를 동시에 담아낸 변증법적 조합이다. 이 필명을 사용할 당시 그의 나이는 30대 후반이었고, 중국에는 근대화의 물결이 일기 시작했다. 그는 중국을 사랑하기에 낡은 중국을 신랄하게 비판하면서도, 새로운 중국을 준비하고자 했다.

세계사적 전환 앞에 선 전통 시대의 마지막 세대로서, 자신의 처지와 역할을 필명에 투사한 것일까? 중국 현대사의 장이 바뀌는 '시안사변' 직전, 그는 필명에 조응한 삶을 마감했다.

01

제국주의 폭력을
직면한 후의 결심

어리석고 겁약한 국민은
체격이 아무리 건장하고 우람한들
조리돌림의 재료나 구경꾼이 될 뿐이었다. …
그래서 우리가 제일 먼저 해야 할 일은
저들의 정신을 뜯어고치는 일이었다. …
그리하여 〔의사의 길을 접고〕
문예운동을 제창할 생각이 들었다.

– 「자서」, 『외침』(1922)[1]

중국 현대문학의 문을 연 루쉰의 시작은 문학이 아니라 의학이었다. 유학을 위해 일본으로 건너간 그는 그곳에서 제국주의 국가의 실체를 몸소 체험하며 20대의 7년 반을 보냈다. 당시 그가 학습한 근대 지식 중에는 과학을 통한 계몽이 큰 부분을 차지했다.

원래 루쉰의 집안은 관료를 지낸 지방 유지로 풍족한 편이었다. 그러다 가세가 기울어 16세에 가장이 된 그는 청조(淸朝)가 양무운동의 일환으로 1890년에 설립한 해군학교 장난수사학당에서 기관사 공부를 시작했다. 학비도 무료에 생활 보조금까지 받는 좋은 조건이었다. 하지만 보수적 교풍이 싫어 4개월 만에 자퇴하고, 쾅우철로학당에 1899년 입학해 그곳에서 신식 교육을 받았다. 1902년 우수한 성적으로 졸업한 후 국비 유학생으로 선발돼 동기생 다섯 명과 일본 유학을 시작했다.

1902년 3월 도쿄에 도착한 후 중국인 유학생을 대상으로 일본어 및 기초 지식을 교육하던 고분학원에 입학했고, 1904년 4월 졸업 후 9월에는 센다이의학전문학교에 입학했다. 최초이자 유일한 중국인 학생이었다.

루쉰은 쾅우철로학당 재학 때부터 자연과학에 관심이

많았다. 고분학원에 다니던 1903년에 쓴 글 「라듐에 대하여」에서는 "새로운 세기의 서광을 열었고, 구학자들의 미몽을 깨뜨렸다"면서 근대 과학에 큰 신뢰감을 가졌다. 중국의 지질 분포와 광산 자원을 소개한 글 「중국지질략론」에서도 "미신으로 인해 나라를 허약하게 만들고, 자신의 개인적인 이익을 추구해 전체를 해치는" 중국이 외세에 광산 자원을 침탈당하는 것은 지질학이 발달하지 못했기 때문이라면서, 과학에 대한 관심과 근대적 계몽의 중요성을 지적했다.

아시아에서 최초로 군주국을 무너뜨리고 공화국을 선포한 신해혁명의 리더 쑨원(孫文)이 혁명가로 나서기 이전에 의사의 길을 걸었던 것처럼, 루쉰이 의학을 선택한 바탕에도 이런 문제의식이 있었다.

그러나 루쉰은 계몽가로서의 사명감과 꿈을 갖고 내딛은 의학도의 길에서 일상 속 깊이 스며든 제국주의 폭력을 직면했다. 1923년 그의 첫 소설집 『외침』에 등장하는 '환등기사건'은 제국주의 한복판에 홀로 선 이방인에게 커다란 충격을 안겨줬다. 총칼이 직접 자신의 목에 들어온 것은 아니어도 제국주의 폭력을 온몸으로 느낀 순간이었다. 그

는 일본군이 중국인의 목을 칠 참인데도 물끄러미 구경만
하는 동포를 보면서 큰 충격을 받았다.

> 내 꿈은 아름다웠다. 졸업하고 돌아가면 내 아버지처
> 럼 그릇된 치료를 받는 병자들의 고통을 구제해주리
> 라. [미생물학 수업 시간에 선생이 보여준 환등기] 화
> 면상에서 오래전 헤어진 중국인 군상을 모처럼 상면
> 하게 됐다. [당시 러일전쟁 때 러시아를 위해 군사기
> 밀을 정탐했다는] 한 사람이 가운데 묶여 있고 무수한
> 사람들이 주변에 서 있었다. 하나같이 건장한 체격이
> 었지만 몽매한 기색이 역력했다.[2]

 제국주의 폭력과 중국인의 무기력함을 목도하면서, 루
쉰은 육체를 고치는 의학보다 "정신을 뜯어고치는 일"이
"제일 먼저 해야 할 일"이라는 생각이 들었다. 그는 바로 의
학교를 그만두고 도쿄로 돌아갔다. 진로를 바꾸는 결정이
결코 쉬운 일은 아니었을 테지만, 자신이 해야 할 일을 찾
은 그는 과감하게 삶의 방향을 바꿨다. 1906년 스물다섯
살 때였다.

누군가에게 영향받은 것도 아니었다. 루쉰보다 열한 살 적은 이광수가 1907년 도쿄 유학 중, 열다섯 살의 나이로 계몽운동에 투신하겠다고 결심한 데는 미국에서 귀국 길에 도쿄에 들른 안창호의 연설이 큰 역할을 했다. 루쉰은 누구 때문이 아니라 스스로 깨달아 자신의 인생 진로를 급전환했다. 그의 성격과 성품을 보여주는 대목이다. 이후 그의 삶과 사상은 '자득자결(自得自決)' 한마디로 함축된다.

이 무렵 일본에는 '입신양명'을 위해 또는 새로운 '혁명 정신'을 배우기 위해 중국 유학생이 급증하고 있었다. 1905년 청조의 과거제 폐지와 러일전쟁에서 승리한 일본의 중국 유화책의 영향이었다. 루쉰은 센다이의학전문학교 재학 시절 제국주의와 식민주의가 만들어낸 인간의 서열화가 이미 20세기 초반 일본 청년의 일상까지 파고들었다고 느끼면서 그 문제점을 각인했다.

루쉰이 일본에 머문 7년 반 동안 일본은 군국주의적 정치 몰이를 통해 근대화에 성공해 타이완을 식민지로 만들었고, 조선까지 보호국으로 만들었다. 그러는 사이에 일본 사회는 타국을 침략하고 지배하는 것이 발전이고 자랑이라고 여기는 제국주의 사고방식과 인간을 인종이나 국적에 따라 우등한 자와 열등한 자로 구분하는 식민주의 관성에 익숙해져 갔다. 제국주의 질서에 젖어 열등한 자는 열등하게 있어야 한다는 식민주의에 대한 그의 부정은 비슷한 시기 도쿄에서 유학했던 조소앙의 문제의식과 비슷했다.

루쉰은 문인의 길을 가기로 결심한 후 바로 작품 활동에 들어가지 않았다. 1909년 귀국할 때까지 3년여 동안 도쿄에서 폴란드, 헝가리, 체코슬로바키아 등 동유럽 피압박민족의 문학작품 번역에 몰두했다. 1906년 와세다대학에서 유학 생활을 시작한 첸쉬안퉁(錢玄同)과 중국의 고전, 언어, 문자를 공부하기도 했다.

루쉰에게는 문학 지식, 그리고 중국과 세계를 인식하는 사고의 내공을 쌓는 시간이었다. 젊은 시절부터 서구식 발전 모델을 좇는 데만 급급하지 않고, 중국 상황에 맞는 모델을 찾고자 한 독자적이고 치열한 문제의식이 드러난다.

이전까지 몰랐던 새로운 지식과 다른 문물을 접하면서 받은 큰 충격은 루쉰이나 이광수나 큰 차이가 없었다. 그러나 루쉰은 충격에 주저앉거나 뒤처진 중국을 비하하기보다 끊임없이 자기 것을 모색하고 분투하는 자세로 생애를 일관했다. 전 생애를 걸쳐 그의 사고와 인식 변화 발전 과정은 한마디로 정리해서 '자득자결'이었다.

　루쉰은 사회진화론(Social Darwinism)이나 제국주의-근대주의라는 사안을 대할 때도 관련 서적을 찾아 스스로 고민하고 탐구하면서 자신이 발 딛고 서 있는 곳을 잊지 않았다. 즉 자기 정체성을 잃지 않는 가운데 문제의식을 구체화하면서 나름대로 맺음을 한 후 다음 단계로 나아갔다. 10대 때 난징에서 공부할 때는 물론, 20대 일본 유학 시절에도 그랬다.

　그렇게 형성된 루쉰의 인식은 결코 현학적이지 않으면서도 깊이가 있어 외풍에 쉽게 흔들리지 않았다. 1928년 혁명문학 논쟁 때 그가 혁명문학론파 그룹을 압도할 수 있었던 것도 그런 이유였다. 그가 보기에 혁명문학론파 그룹은 이론에만 치우쳐 교조적 냄새를 물씬 풍길 뿐이었다. 당시 루쉰은 이전까지 학습한 적이 없던 마르크스주의를 새로 공부하면서 구체성과 실천성뿐 아니라 논리와 사고의 깊이로도 무장돼 있었다.

사회진화론에서
짐승의 본성을 간파하다

살육과 약탈을 좋아하며 천하에 국위를 확대하려
는 것은 수성(獸性)의 애국일 뿐이니 … 진화론의
적자생존 이론에 집착하고 약소국을 공격하여 …
이민족을 모두 자신의 신화와 노예로 삼지 않고는
만족하지 않는다.

－「파악성론」,『집외집습유보편』(1908)[3]

19세기 말과 20세기 초 동아시아 지식인 대부분이 그랬 듯 루쉰도 서구 근대사상과 과학을 접하며 사회진화론의 세례를 흠뻑 맞았다. 19세기 중반 영국의 사회학자 허버 트 스펜서가 주장한 사회진화론은 찰스 다윈의 생물 진화 론을 인간이 사는 사회에 투영해 만든, 침략을 합리화하는 정치적 개념이었다.

고향을 떠나 난징에서 공부할 때 서구 근대사상을 처음 접한 10대 후반의 루쉰은 중국에 사회진화론을 소개한 옌 푸(嚴復)의 『천연론(天演論)』(1898)을 읽고 큰 감명과 함께 위기의식을 느꼈다. 새로운 것을 배울 때 언제나 독자적으 로 고민하던 그의 특성이 이때부터 드러난 것이다.

『천연론』은 옌푸가 스펜서의 사회진화론에 기초해 토머 스 헉슬리의 『진화와 윤리』(1894)를 비판적으로 발췌 및 번 역하고 자기 의견을 삽입한 책이다. 서로 모순되는 스펜서 와 헉슬리의 주장을 '천(天)' 개념을 통해 절충한 것이다.

옌푸는 '천' 개념을 바탕으로 자연이 투쟁을 통해 변화하 며 조화를 향해 발전한다면서 적응을 자연의 원리에 따르 는 능동적 행위라고 봤다. 개인의 욕망을 긍정하면서 사회 적 조화 능력이 내재된 '천' 안에서 개인과 사회가 상호 이익을 추구할 수 있다는 것이다. 이를 통해 옌푸는 자연의 운행을 본받아 스스로를 강하게 만들기 위한 자기 발전을 이뤄야 한다고 주장했다.

즉 『천연론』은 19세기 서구 자본주의가 제국주의화하는 과정에서 드러낸 국제질서를 자연계에서 일어나는 약육강식 현상으로 비유한 것이다. 이에 따르면 인간 세계에도 자연계와 마찬가지로 우승열패와 생존경쟁의 원칙이 존재하며, 환경 변화에 적응하지 못하면 도태돼 멸종할 수밖에 없다. 이런 내용은 중국 지식층에 엄청난 충격을 안겨 줬다.

서구 근대사상을 사회진화론이라는 스펙트럼을 통해 학습한 19세기 말과 20세기 초 대부분의 동아시아 지식인은 어느덧 약육강식, 우승열패, 적자생존 개념은 물론 제국주의 침략까지 당연하게 받아들이는 관성에 젖어 들어갔다. 아편전쟁 이래 제국주의 침략은 동아시아가 약하기 때문에 당할 수밖에 없는 '자연'현상으로 이해됐다.

근대 지식인들은 구미가 자행한 침략을 스스로 정당화하면서 서구 중심적 사고에 갇혀 있었다. 이와 같은 식민주의적 근대주의에 입각해 사물을 바라보면 제국주의에 대한 비판의식이 싹트기 어렵다.

그러나 이 지점에서 루쉰은 확실히 다른 모습을 보였다. 똑같이 사회진화론을 학습하고 수용했지만, 그는 특유의 의지적 진화론으로 이를 해석했다. 의학 공부를 포기하고 도쿄에서 문학의 길을 준비하던 1908년, 그가 「파악성론」에 담아낸 약육강식, 우승열패 원리는 당시 일반적으로 수용됐던 사회진화론과 완전히 결을 달리한 것이었다. 그는 진화론의 약육강식, 우승열패, 적자생존 등을 '수성(獸性)' 즉 짐승의 본성에 비유하며 침략론의 본질을 정확하게 간파했다.

루쉰의 대안은 개인의 개성 해방을 중시하는 참된 인간을 만드는 데 있었다. 따라서 남을 침략해야 만족감을 느끼는 부국강병론의 근대주의적 수성은 버려야 했다. 약육강식에 종속된 수성보다 정신 계몽을 통한 개개인의 문명화와 개성 해방을 강조한 것이다. 주체적으로 해석한 독특한 형태의 의지적 진화론이다.

인간 개인의 내면을 너무 강조하다 보니 구조를 보는 눈이 부족하다는 비판도 받지만, 20세기 초 동아시아의 대다수 지식층과는 확실히 구분되는 태도이다. 사회진화론을 수용하는 과정에서 흔히 보였던 제국주의 침략에 대한 무비판적 자세와 비교한다면, 당시 국제정세에 관한 루쉰의 이해는 철저하게 비판적이었다.

사회진화론을 공부하면서 중국의 위기를 인식한 루쉰은 그 원인으로 중국의 전통 사상을 지목하고 날카로운 비판의 메스를 가하기 시작했다. 이처럼 그가 다른 지식인과 구분되는 행보를 보인 이유는 분명 있었다.

일본 유학 시절 루쉰이 항상 책상 위에 두고 읽었다는, 19세기 독일 철학자 프리드리히 니체의 『짜라투스트라는 이렇게 말했다』(1885)가 한 배경이 된다. 니체는 근대적 이성을 비판하고 유럽 중심 혹은 근대 중심적 사고를 극복하는 사상을 만들어낸 철학자로서 오늘날에도 자주 거론된다.

특히 인간을 모든 문제의 출발점으로 삼아 인간의 가치와 존엄, 자유와 개성, 자발성과 창조성, 그리고 인간의 주관적 의지의 작용을 강조했다. 이성보다 의지를 우위에 둔 니체의 사상은 19세기 서구 자본주의가 낳은 각종 폐단과 모든 전통 사상과 문화를 비판하는 출발점을 제시했다고 평가받는다.

니체는 서구의 이성주의적 사고방식, 기독교가 유럽인

의 뇌리에 심어둔 '선악' 관념, 근대 민주주의가 주창한 시민주권, 자유의지, 평등과 박애 등의 가치를 부정했다. 근대가 내세운 가치를 철저하게 비판적으로 보기 위한 부정이었다. 니체의 눈에 비친 근대 서구는 허무하고 무기력하기 짝이 없는 약자의 사회였다.

니체가 제시하는 바람직한 인간상은 기독교와 민주주의의 부정적 이념을 넘어 자기 입법적인 '초인'이었다. 초인은 일체의 이념적, 윤리적 구속을 초월해 오직 자신의 힘을 관철하려는 긍정적 의지로 충만한 존재였다.

루쉰이 주목한 것이 바로 니체의 '초인'이었다. 봉건주의와 서구 민주주의 제도의 굴레에서 내면의 목소리, 즉 심성(心聲)을 발설하고 스스로의 힘으로 투쟁하는 영웅만이 결국 중국 민족을 곤경에서 구해낼 수 있다고 생각했다. '용서'나 '관용'보다 '복수'나 '응징'을 고무하는 비타협 정신도 여기에서 비롯됐다. 「파악성론」에서 말하는 '악성(惡聲)'은 자기 입법적인 새로운 주체 탄생을 위한 투쟁의 대상이었다.

루쉰은 근대적 이성, 서구 자본주의의 우위를 강조했던 사회진화론을 공부하면서도 근대를 비판한 니체의 사상을 학습하며, 세계와 중국 사이의 균형을 찾는 고민의 사투를 벌였다. 그에게 이런 과정은 모순이 아니라 자연스러운 것이었기에, 서구의 계몽과 이성의 합리성 등을 강조하면서도 동시에 그 이면에 숨어 있는 서구 문명의 폐해도 인식할 수 있었다. 비슷한 시기에 일본에 있던 조소앙도 사회진화론에서 거꾸로 평화 개념을 도출함으로써, 당시 아시아 청년을 주저앉혔던 사회진화론이라는 '큰 산'을 넘어설 수 있었다.

사회진화론은 강자가 약자를 이끌며 자행되는 약탈과 학살을 사회 발전의 원동력이라 일컬으면서 자연스러운 현상이라고 주입한다. 그 결과 19세기 유럽에서 인종, 종족 간의 당연한 지배-정복 관계로 해석돼 인종주의를 수반했다. 나아가 20세기에는 같은 인종 사이에서도 사회적 효용성을 따지고 장애인의 존재 가치를 부정하는 나치즘이나 파시즘으로까지 비화됐다. 우생학이나 의학계의 흑역사에는 사회진화론이 깊이 배어 있다.

이런 사회진화론은 조선, 청, 일본의 지식층에도 큰 영향을 끼쳤다. 조선에도 1880년대 들어 사회진화론이 알려지며 부국강병론과 계몽운동이 촉진됐지만 시간이 지나면서 독립 의지를 희석시키고 열등감을 각인시키는 마약과 같은 역할을 하기도 했다. 지배 국가의 일원이었던 도조 히데키(東條英機)는 물론, 이광수나 왕징웨이(汪精衛)도 헤어나지 못한 함정이었다.

철저한 부정을 통해
중국인을 깨운 문학혁명

비록 내 나름의 확신은 있었지만,
희망을 말하는 데야
차마 그걸 말살할 수는 없었다. …
그리하여 결국 나도
글이란 걸 한번 써보겠노라 대답했다.
이 글이 최초의 소설 『광인일기』다.

– 「자서」, 『외침』(1922)[4]

루쉰은 1906년 스물다섯 살에 의학 공부를 내던지고 문학의 삶을 살아가기로 결심했다. 그러나 그가 소설가로서 세상에 이름을 알린 것은 한참 뒤인 서른일곱 살 때의 일이었다. 1918년 『광인일기』로 세상의 주목을 받기 시작했는데, 문학을 하며 살기로 한 지 12년, 귀국한 지 9년이나 지난 뒤였다.

루쉰이 30대였던 1910년대의 중국은 정치적으로나 사회 문화적으로나 큰 격동기를 지나고 있었다. 1911년 우창봉기를 계기로 신해혁명의 불길이 당겨졌고 우여곡절 끝에 1912년 중화민국 정부가 수립됐다. 그는 신정부의 교육부에 취직했다. 이때부터 1926년까지 14년 동안 교육부 공무원으로 지내면서 대학에 출강도 했다.

그러나 루쉰의 비관적 심정은 해소될 수 없었다. 신해혁명 이후에도 중국의 현실이 너무 암담했기 때문이다. 아시아에서 최초로 수립된 공화정부는 당시 베이징을 차지하고 있던 위안스카이(袁世凱)에게 총통직이 넘어간 뒤 용두사미가 돼버렸다. 결국 이 때문에 쑨원은 도쿄로 몸을 피했다. 청조만 무너졌을 뿐, 달라진 것은 아무것도 없었다.

이런 모순을 타파하기 위해 중국의 전통적 사유와 문화

구조에 대한 근본적 비판 운동인 신문화운동이 일어났다. 이와 반대로 위안스카이 반동 정부는 공자 중심의 전통문화를 존중하자는 복고 붐을 일으키는 한편, 1915년에는 중국판 '을사조약'인 일본의 '21개조 요구'를 굴욕적으로 수용했다. 루쉰은 유교적, 봉건적 제도와 전통을 부정하는 신문화운동에 적극 참여했다.

문학과 사상 부문의 개혁에 중심을 둔 신문화운동의 주된 기조는 문학이 전통 사상을 전달하는 도구에서 벗어나 국민문학이 돼야 한다는 것이었다. 그 일환으로 구어체 중국 글을 의미하는 백화문(白話文)운동이 후스(胡適)를 중심으로 제창됐다. 백화문학에 정당성을 부여해 신문학의 모델을 세움으로써 새로운 근대 주체를 만들려는 의도였다. 결국 백화는 1922년 중국의 공식 문어가 됐다.

당시 신문화운동의 기관지 역할을 했던 《신청년》은 중국 지식 청년에게 영향력 있는 잡지였다. 이를 창간한 천두슈(陳獨秀)는 후스를 적극 지지하며 신문화운동에 힘을 실었다. 또한 봉건적 중국 사회의 근간인 유교 사상을 비판하면서 서구의 사상, 자연과학, 과학적 사고방식을 수용해 민주주의에 기초한 새로운 중국의 정치, 도덕, 문화를 재건하자고 주장했다. 새로운 시대에 새로운 사상을 보급하기 위한 이념 투쟁이 전개된 것이다.

그러나 신문화운동 지도자들은 전통을 비판하면서도 완전히 내치지 않았다. 전통 안에서 정수를 끄집어내어 새로운 전통을 창조하는 전략을 취했다. 신문화운동 시기, 문학혁명을 통한 중국 지식층의 근대 기획은 서구적인 것만이 아닌 중국적인 것을 갱신하자는 것이었다.

이 무렵 루쉰은 일본 유학생 시절부터 잘 알고 지냈던 신문화운동 그룹의 첸쉬안퉁과 대화를 나누는 시간이 많았다. 『외침』의 「자서」에 등장하는 첸과의 대화에서 루쉰은 당시 중국의 현실을 '쇠로 만든 방'으로, 중국인을 그 안에서 깊이 잠든 사람으로 비유했다. 현실에 대한 루쉰의 절망적 심정이 절절하게 드러나 있다.

"내 생각인데, 자네 글을 좀 써보는 게…." …
내 대답은 이랬다.
"가령 말일세. 쇠로 만든 방이 하나 있다고 하세. 창문이라곤 없고 절대 부술 수도 없어. 그 안엔 수많은 사람이 깊은 잠에 빠져 있어. 머지않아 숨이 막혀 죽겠지. 허나 혼수상태에서 죽는 것이니 죽음의 비애 같은 건 느끼지 못할 거야. 그런데 지금 자네가 고래고래 소리를 질러 의식이 붙어 있는 몇몇이라도 깨운다고 하세. 그러면 이 불행한 몇몇에게 가망 없는 임종의 고통을 주는 게 되는데, 자넨 그들에게 미안하지 않겠나?"

"그래도 기왕 몇몇이라도 깨어났다면 철방을 부술 희망이 절대 없다고 할 수야 없겠지."

그렇다. 비록 내 나름의 확신은 있었지만, 희망을 말하는 데야 차마 그걸 말살할 수는 없었다. …

그리하여 결국 나도 글이란 걸 한번 써보겠노라 대답했다. 이 글이 최초의 소설 『광인일기』다.[5]

깊은 잠에 빠진 중국인을 깨우려면 쇠로 만든 방을 깨야 하는데 루쉰에게는 도대체 그 가능성이 보이지 않았다. 차라리 죽게 내버려 둔 채 죽음의 비애나 임종의 고통을 느끼지 않게 하는 편이 낫다고 생각할 정도였다.

그러나 루쉰에게 글을 써보라고 제안한 첸쉬안퉁의 생각은 달랐다. 첸은 루쉰에게 단 한 사람이라도 깨어난다면 쇠로 만든 방을 깰 수 있지 않겠냐고 반문했다. 루쉰보다 여섯 살 아래였지만, 작은 변화를 만들어내는 것에서부터 희망을 찾자는 첸의 반문은 루쉰의 마음을 일거에 뒤흔들었다. 그렇게 해서 루쉰은 일기 형식의 첫 소설『광인일기』를 1918년《신청년》에 발표했다. 최초의 백화문 근대소설이었다.

중국 현대사의 한 장을 연 첸쉬안퉁과 루쉰의 대화는 극적이다. 루쉰은 평소에 끝없이 비관적인 사람으로 보이지만, 친구의 한마디에 설득돼 글을 쓸 만큼 마음이 열려 있었다. 그만큼 깊은 속내에는 희망과 열정을 간직한 사람이었다.

『광인일기』속 미치광이(광인)의 외침은 곧 루쉰의 외침이었다. 식인 사회가 돼버린 중국, 즉 처참하고 절망적인 중국의 현실과 처지를 끝까지 포기하지 말라는 절규였다. 피해망상증에 걸린 광인을 통해 봉건적 가족제도, 유교 사상의 위선과 비인간성을 고발한『광인일기』는 신문화운동이 낳은 성과를 꼽을 때 결코 빼놓을 수 없는 작품이다.

이후 루쉰은 1921년『아Q정전』에서도 중국인의 약점과 치부를 처참할 정도로 드러내 비판한다. 그의 눈에 비친 중국인은 현재의 처지도 모른 채 오랜 관성대로 다른 민족을 멸시하는 한(漢)민족 우월주의와 중화사상이라는 '정신 승리'에 취해 있었다. 스스로를 파멸의 늪에 빠뜨리고 있다는 사실조차 인식하지 못했다.

이런 상황에서 루쉰은 『아Q정전』을 통해 중국인의 마음을 뿌리째 뒤흔들고자 했다. 자기를 철저하게 부정함으로써 긍정으로 이끄는 정신 혁명이었다. 비슷한 시기 내외적 조건과 환경의 열악함에 쉽게 낙담한 채 비관주의나 열등감의 늪에서 헤어나지 못했던 이광수의 모습과 대비된다.

다음 세대에서 희망을 찾는
역사의 조연을 자처하다

사람을 먹어본 적이 없는 아이들이
아직도 남아 있을지 모른다.
아이들을 구하라!

— 「광인일기」, 『외침』(1918)[6]

20세기 초 한국이나 중국, 일본의 근대소설에 등장하는 주인공에게는 공통적인 특징이 있다. 선민의식을 통해 무엇인가를 베풀어주는 주체로 등장하거나, 대중을 선도하는 계몽자로서 자의식을 드러낸다는 점이다. 즉 근대 교육을 받은 엘리트 지식인으로서 자신의 능력을 민족을 위해 발휘하면서 희생하는 인물, 우매하고 가난한 백성에게 다가가 발전된 근대 지식의 시혜를 베푸는 인물로 등장하는 경우가 많다.

그러나 루쉰의 소설에 등장하는 주인공이나 화자는 이런 일반적인 초기 근대소설과 명확히 다른 자의식을 드러낸다. 근대적 지식을 습득했지만 대부분 죄의식을 갖고 참회하는 인물로 등장한다. 그만큼 그는 스스로에게, 나아가서 지식인들에게 먼저 자신부터 철저하게 성찰할 것을 요구했다. 자신의 문제에는 무딘 날을 내미는 대부분의 경우와 달리, 오히려 더 날카로운 잣대를 갖다 대며 당대의 중국 사회에 근본적으로 접근했다.

『광인일기』에 등장하는 화자는 미치광이다. 주위 사람이 사람을 잡아먹는다는 망상에 사로잡혀 광인 취급을 받는 존재이다. 그리고 마침내 음식 속에 들어 있던 사람 고기를 부지불식간에 자기도 먹었을지 모른다는 깊은 죄의식에 빠진다. 사람을 잡아먹는 '식인'은 루쉰이 비판하고자 하는, 중국을 갉아먹어 붕괴에 이르게 한 비인간적인 유교적 폐습과 악습을 상징한다.

과격하다 할 정도로 대담한 비유를 통해 "사천 년간 내내 사람을 먹어 온 곳…에서 몇 년을 뒤섞여 살았"고 "나도 모르는 사이 누이동생의 살점 몇 점을 먹지 않았노라 장담할 수 없"다는 광인의 말에는 폐습을 철저히 부정하는 루쉰 자신 역시 폐습과 현실의 일부일 수밖에 없다는 뼈아픈 참회가 담겨 있다. 자기도 어쩔 수 없이 그들과 부대끼며 살아왔던 존재라는 실존적 문제를 결코 회피하지 않는다.

이 때문에 구시대의 정신적 가치와 유산을 부정하면서도, 주인공을 마치 출생부터 다른 세상을 살아온 특별한 존재로 그리지 않았다. 주인공도 폐습을 안고 살아온 다수의 일부였고 지금도 일부일 수 있다는 뼈저린 자각을 보여준다.

루쉰은 그간 지식인들이 변절하는 경우를 적지 않게 봤을 것이다. 그래서 그들이 끝까지 현실과 타협하지 않고 아이들을 통해 혁명을 여는 선각자의 길을 걸어가기를 더욱 원했다. 『광인일기』에는 그런 그의 간절한 바람이 담겨 있다.

그 진흙탕 속에서 『광인일기』의 화자는 "참다운 인간을 볼 면목이 없"지만 "사람을 먹어본 적이 없는 아이들이 아직도 남아 있을지 모른다. 아이들을 구하라"면서 다음 세대에 미래를 건다. 지치지 않고, 주저앉지 않고, 절대로 포기하지 않고 끈질기게 미래의 희망, 중국의 희망을 찾는다. 스스로 '민족 지도자'를 자임하면서 자신이 조선 민중과 다름을 부각하는 경박한 '천재' 이광수의 『무정』 속 이형식과 확실한 차이를 보인다.

1919년 《신청년》에 발표한 수필 「지금 우리는 어떻게 아버지 노릇을 할 것인가」에서도 자신 혹은 자신의 역할을 "행복하게 살아가"야 할 후배들을 위해 "암흑의 수문을 어깨로 막아 버티며, 그들을 넓고 밝은 곳으로 가게 해주는" 존재로 그려낸다. "이타적, 희생적이어야 하는데, 그렇게 하기란 쉽지 않고, 중국에서는 더더욱 쉽지 않다"는[7] 사실도 잘 알고 있었다.

루쉰 자신이나 그의 소설 속 주인공은 암흑을 걷어내는 선지자 혹은 계몽자가 아니었다. 미래 세대의 등장을 위해 묵묵히 준비하면서 버텨주는 존재였다. 이는 자신의 세대를 구시대의 마지막이자 새 시대의 첫 세대로 여긴 그가 역사적 사명을 새 시대에 투영한 것이었다. 그는 희망을 그려 낼 미래 세대가 빛나는 주연이 되도록 조연으로서 존재하고자 했다.

변화는 내가 발 딛고
서 있는 곳에서 시작된다

희망이란
본시 있다고도 없다고도 할 수 없는 거였다.
이는 마치 땅 위의 길과 같은 것이다.
본시 땅 위엔 길이 없다.
다니는 사람이 많다 보면
거기가 곧 길이 되는 것이다.

－「고향」, 『외침』(1921)[8]

1921년 《신청년》에 발표한 「고향」은 근대적 지식을 습득한 엘리트 지식인의 귀향을 그린 단편소설이다. 루쉰이 1919년 북경으로 이사하기 위해 오랜만에 고향을 찾았던 경험을 토대로 쓴 자전적 소설이기도 하다.

주인공 쉰과 어린 시절 친구 룬투는 주인집 도련님과 일꾼으로 처음 만났고, 곧 절친한 친구가 됐다. 대자연 속에서 구김살 없이 커온 시골 소년 룬투는 주인집 도련님인 쉰에게 그야말로 영웅이었다. 수박밭을 망보며 잡는 오소리와 고슴도치, 해변에 널린 오색 조개껍데기, 밀물이 되면 펄펄 뛰어오르는 날치, 모두 룬투가 알려준 가슴 뛰고 신기한 풍경이었다.

그러나 20년이 지나 다시 고향에 온 쉰은 생경한 모습의 룬투와 마주했다. 룬투는 주름이 깊게 파이고 눈도 벌겋게 부어올랐으며 손은 소나무 등걸같이 거칠어진데다가 해진 벙거지를 쓴 채 얇고 낡은 솜옷을 걸치고 있었다. 어릴 적 아름다운 영웅이자 신비한 소년은 사라지고 힘든 농사에 시달린 거칠고 가난한 시골 농민만이 남아 있었다.

옛 친구 쉰에게 룬투가 처음으로 내뱉은 말은 "나으리!"였다. 쉰은 "오싹 소름이 돋는 듯했다. 우리 사이엔 이미 슬픈 장벽이 두텁게 가로놓여 있었다. 나도 아무 말을 할 수 없었다."

주인과 일꾼의 관계라는 점을 제외하면 한 번쯤 오랜만에 과거의 친구를 만날 때 느껴봤을 감정일 수도 있다. 물론 「고향」은 단순히 오랜만에 만난 옛 친구에 관한 이야기는 아니다. 구시대적 계층 차이, 피폐한 중국 농촌의 모습, 그로부터 주인공이 느끼는 근대의 격차까지 제국주의가 도래한 이후 동아시아가 공통으로 겪었던 삶의 변화나 괴리 등을 복합적으로 보여준다.

물론 그 감상은 결코 기쁘지 않다. 안타깝고 슬프게 읽힌다. 태어난 마을을 벗어나지 않고 살아가던 대부분의 아이들과 달리 소수이지만 루쉰을 포함한 몇몇은 근대로 열린 길을 따라 고향 밖으로 나가 도시 혹은 중국 밖의 세계를 경험하고 돌아왔다. 당시 돌아온 이들과 남아 있던 이들이 겪을 수밖에 없었던 괴리감은 절망을 벗어나 희망을 찾으려 할수록 더욱 큰 벽으로 다가왔을 것이다.

그러나 「고향」은 어둡고 비관적인 현실에 결코 낙담하지 않는다. 고향 사람을 여전히 구시대적 폐습에 젖어 살아간다며 경멸하거나 멸시하지도 않는다. 끊임없이 희망을 찾기 때문이다.

쉰은 계층 간의 편견, 전통과 근대의 괴리, 경제적 궁핍이라는 현실의 고난에서 심리적으로 자유로웠던 그의 조카 홍얼이 어느새 친구가 된 룬투의 아들 슈이성을 그리워하며 다시 돌아가기를 바랐다. 자신과 룬투처럼 슬프게 재회하지 않아도 되는 세상을 꿈꾼 것이다.

비슷한 시기 조소앙 역시 희망의 에너지를 자신이 딛고 사는 세상 속에서 계속 채워갔다. 실천을 통해 사상의 폭을 끊임없이 넓혀갔던 것이다. 이광수나 왕징웨이와 구별되는 대목이다. 이들은 희망의 에너지를 결국 외부에서 찾았기 때문에 삶의 경로 또한 결국 그런 방향으로 흘러가고 말았다.

루쉰에게 "희망이란 본시 있다고도 없다고도 할 수 없는 거였다." 희망은 도시의 아스팔트 도로 같은 인위적으로 정해진 하나의 정답을 의미하지 않는다. "다니는 사람이 많다 보면 거기가 곧 길이 되는 것"처럼 많은 사람들이 발자국을 남기면 그것이 곧 문화가 되고 변화를 만들어낼 것이다. 그가 찾는 희망은 여기에 있었다.

루쉰은 중국이 하루빨리 구습을 타파하고 근대화돼야

한다고 주장했다. 그러나 근대화가 오로지 서구가 만들어낸 방법 그대로의 한 방향으로만 나아가야 한다고는 결코 생각 하지 않았다. 이런 특징은 사회진화론의 본질을 파악한 그 의 인식에서도 확인된다. '자득자결'로 분투하는 깊은 고민 의 과정은 중국의 현실에 절망하면서도, 자신이 발 딛고 있 는 그곳에서 희망의 에너지를 찾는 배경이 됐을 것이다.

뿌리를 모르고
말단 가지만 좇으면 전멸한다

한 귀퉁이만을 배워서는
아무런 힘도 발휘하지 못한다. …
온 나라가 지엽(枝葉)만을 추구하고
뿌리를 찾는 사람이 전혀 없음을 우려하는 것이다.
근원을 가진 자는 날마다 성장할 것이며
말단을 좇는 자는 전멸할 것이기 때문이다.

– 「과학사교편」, 『무덤』(1908)[9]

20세기 초 동아시아의 많은 지식인들에게 자신이 발 딛고 있던 전통은 파괴해야 할 대상으로 각인됐다. 이광수가 '민족개조'에서 뒤떨어진 것으로 취급했던 조선적인 것과 마찬가지로 많은 중국 지식층에도 중국적인 것은 그 자체로 버려야 할 것으로 치부됐다. 내가 발 딛고 살아가는 현실, 그 전통과 역사를 외면한 채 무조건 서구 또는 일본을 추종해야 한다고 주장하는 서구-일본 중심적, 근대주의 사고방식은 오늘날에도 여전히 만연하다.

루쉰도 중국의 비합리적이고 비과학적인 폐습을 철저하게 비판했다. 하지만 서구 근대를 대할 때도 중국 문화에 대한 자부심과 깊은 애정을 잃지 않았다. 그가 중국 전통을 비판하는 밑바닥에는 자신이 발 딛고 살아온 공동체의 문화와 역사에 대한 깊은 애정이 담겨 있다.

루쉰이 볼 때 중국 문화는 형성부터 발전까지 외부 영향 없이 자력으로 이룬 가장 훌륭한 문화였다. 다만 세월이 흐르며 자국 문물만 소중하게 생각하고 다른 것을 멸시하는 풍조가 만연해진 데 문제가 있었다. 그는 이 점에 비판의 날을 세운다. 전통을 덮어놓고 고수하자는 주장과 무조건 배격하는 주장 모두를 향한 일침이었다.

루쉰은 일본에서 공부하며 스물일곱 살이 된 해에「과학사교편」을 써 내려갔다. 기술 발전의 이면에 있는 '과학'을 결국 정신적 측면, 즉 인식론 또는 세계관의 문제로 파악하려는 고투의 과정에서 얻은 산물이었다.

루쉰은 유럽의 과학 발전사에서 그리스-로마 시대부터 발전해오던 과학이 중세를 거치며 침체될 때 종교, 도덕, 예술 등이 발전했다는 사실에 주목했다. 그리고 세계란 직진하지 않고 나선형으로 굴곡을 그리며, 대파(大波)와 소파(小波)가 진퇴를 거듭해서 하류에 이른다고 설명했다. 과학뿐 아니라 종교, 학술, 예술, 문학 등을 모두 인간의 성장에 중요한 요소라고 본 것이다.

또한 루쉰은 과학을 자연현상의 심오하고 미세한 것을 지식으로 탐구하는 것이라 정의했다. 이런 과학적 탐구가 암흑기를 지나 꽃을 피운 시기가 서구의 근대이며, 과학을 발전시킨 원동력이 바로 도덕이나 초과학적 영감이라고 주장했다.

「과학사교편」은 1950년대 이후 본격적으로 연구가 시작된 오늘날의 과학사, 과학철학의 입문서와 비교해도 손색이 없을 정도의 수준이라 평가받는다. 루쉰이 유학 시절

이 글을 쓰는 데 들인 고민의 깊이나 공력이 짐작된다. 과학을 인문학적 정신과 연결해 인간의 본성과 결부시킨 것은 그의 '자득자결' 세계관 궤적에서 돋보인다.

루쉰은 "오래된 나라"가 "옛것을 지나치게 고수하"면 "아무렇지도 않게 스스로를 속이게 마련이"라며 변화에 역행하는 국수주의자들을 비판한다. 동시에 부국강병론자의 피상적 근대주의 인식도 비판한다.

> 다른 나라의 강성함에 놀라 전율하듯 스스로를 위태롭게 여긴 나머지 실업을 부흥하고 군대를 진작해야 한다는 주장을 매일같이 입으로 떠들어 대는 경우, 겉으로 보기에는 일순간 각성한 것 같지만, 그 실질을 따져 보면 눈앞의 사물에 현혹되었을 뿐 그 참뜻을 아직 얻지 못한 것이다.[10]

한마디로 뿌리와 근원을 추구하지 않고 말단 가지와 잎사귀만 좇아가면 결국 전멸한다는 의미이다. 20세기 전반기를 살아갔던 다른 동아시아 지식인에게서는 찾기 힘든 균형감이다.

물론 루쉰이 기계적 양비론을 주장한 것은 아니었다. 그는 초기부터 분명하게 전통의 수호보다 혁신을 주장했다. 다만 이때도 근시안적 시선을 철저하게 경계했다. 부국강병을 주장하며 무조건 앞다퉈 무력 증강만을 주장하는 것, 중국의 실정도 구미의 실정도 제대로 알지 못한 채 이렇게 저렇게 주워 모은 잡동사니 지식이나 늘어놓으며 신무기를 국가 제일의 임무라고 내세우는 행태 등이 그가 주목한 비판 지점이었다.

사실 20세기 초 청조의 갈팡질팡하는 대내외 정책은 중국 문화를 비하하고 맹목적 근대주의에 빠질 공간을 만들기에 충분했다. 실제로 당대의 많은 중국 지식인들은 그 와중에 균형을 잃고 한쪽으로 쓰러졌다. 하지만 20대 후반의 루쉰은 달랐다. 같은 상황에서도 중국에 온전히 발을 딛고 서서 새로운 중국의 미래를 어디에서 어떻게 찾아야 하는지를 고민했다.

이런 사고의 축적을 통해 루쉰은 신해혁명과 5·4운동, 신문화운동을 거치면서 점차 전통을 극복 가능한 대상으로 설정할 수 있었다. 희망의 자신감이 더해져 보다 성숙한 의식을 드러낸 것이다.

1925년 루쉰이 어느덧 불혹의 나이를 훌쩍 넘어서 쓴 「문득 생각나는 것 6」에도 비슷한 내용이 있다.

> 우리에게 가장 시급한 일은, 첫째는 생존하는 것이고, 둘째는 배불리 먹고 따듯이 입는 것이며, 셋째는 발전하는 것이다. 이러한 앞길을 가로막는 자가 있다면, 옛것이든 지금의 것이든 … 모조리 짓밟아 버려야 한다.[11]

루쉰은 명백히 서구식 근대를 배워야 함과 동시에 따라잡아야 할 대상으로 설정했다. 그러나 그는 다른 지식인과 달리 근대 문물을 접하는 순간부터 중국 전통에 대한 전면적인 타파를 주장하지 않았다. 중국의 전통과 서구의 근대 사이에서, 혁신을 위해 뿌리를 찾는 작업부터 시작해야 한다고 인식했다. 서구 근대를 본격적으로 마주한 일본 유학 시절부터 그렇게 접근했다. 그리고 신해혁명과 중국의 르네상스인 5·4운동, 신문화운동이라는 거대한 변혁의 열망을 접하면서 보다 적극적으로 전통 극복을 내세웠다.

루쉰의 생각은 이처럼 중국 현실과의 조응 여부를 고민

하면서 정리되며 발전했다. 그는 어둠을 막아주는 지식인으로서, 이후 등장할 혁명 과정에서 일관되게 '자득자결'의 모습을 유지했다.

혁명을 하려면 먼저
민중 속으로 들어가라

어떤 개혁이라도 습관이라는 바위에 부딪혀 깨지
거나 혹은 그저 겉으로만 한때를 떠돌 따름이다.
… 습관과 풍속을 … 똑똑히 보지 못하면 개혁할
길이 없기 때문이다. … 단지 미래의 광명만을 부
르짖는 것은 사실 태만한 자신과 태만한 청중을
속이는 짓이다.

– 「습관과 개혁」, 『이심집』(1930)[12]

동아시아의 지식인들은 20세기 초 서구 근대를 수용하는 주체였다. 그런 그들에게는 높은 우월 의식만큼, 이면에 깊은 패배의식도 잠재돼 있었다. 이 때문에 그들은 민중을 계몽의 대상이거나 계몽되지 못한 채 구시대적 폐습에 갇혀 사는 우매한 사람들로 비하하곤 했다. 민중을 계몽시키고자 노력하는 자와 무시하는 자 사이에는 현격한 차이가 있지만, 마음속에 담고 있는 우민관 자체는 둘 사이에 본질적으로 큰 차이가 없었다.

루쉰은 같은 시기를 살아가던 이런 근대주의자와 사뭇 달랐다. 계몽의 대상으로서의 민중이라는 일반적 관념과는 뚜렷하게 구별된 민중관이었다. 그는 민중을 지식인과 구별해 단순히 계몽해야 할 대상 혹은 무지몽매한 존재로 보지 않았다. 이는 그의 희망론과 자신의 세대를 규정하는 방식, 전통을 대하는 태도에서도 확인된다.

이런 차이는 1928년 이후 루쉰이 혁명문학론파와 적대적이라 할 만큼 치열했던 '혁명문학 논쟁'을 전개하는 과정에서도 극명하게 드러났다. 이 시기는 장제스(蔣介石)가 국공합작을 깨고 청당(淸黨)을 내걸며 상하이 쿠데타를 통해 군사독재를 강화하던 때였다. 이처럼 좌우 대립이 극심

해진 상황에서 프롤레타리아문학 운동이 본격적으로 전
개됐다.

그런데 루쉰은 여기에 본질적인 의구심을 품을 수밖에
없었다. 그가 보기에 혁명문학론파는 프롤레타리아 계급
혁명의 낙관적 승리를 확신하며 혁명문학을 주장하면서도
자기와 민중 간의 관계를 여전히 계몽적 지식인과 계몽 대
상인 민중의 관계로 파악하고 있었다.

이런 생각은 그들이 스스로 갖고 있다고 생각한 '프롤레
타리아 계급의식'을 민중을 선도할 자격으로 바라봤기 때
문에 가능했다. 즉 혁명문학론파의 '교조적' 마르크스주의
문학가들은 프롤레타리아문학이란 누구에 의해 창작되느
냐, 누구의 목소리를 전달하느냐가 아닌 '프롤레타리아 계
급의식'을 체현해냈느냐의 여부에 있다고 본 것이다.

혁명운동에 참가했다가 문학 전선으로 돌아온 궈모뤄
(郭沫若), 첸싱춘(錢杏邨), 청팡우(成仿吾) 등은 창조사, 태양
사 등의 동인 문학 조직을 통해 1928년 들어 루쉰이 소자
산계급을 대표하는 소설가라고 강하게 비판했다. 이른바
혁명문학 논쟁이 시작된 것이다. 루쉰 한 사람을 특정해서
격렬한 비판을 쏟아낼 만큼 그는 당시 중국 문학계에서 거

56

목이었다.

당시 루쉰은 1927년 4월 상하이 쿠데타 여파로 중산대학을 그만두고 9월 광저우를 떠났고 상하이에서 1936년 사망할 때까지 마지막 10년을 지냈다. 그리고 그 시기 동안 혁명문학 논쟁에 자의 반 타의 반 한쪽의 주인공으로 개입하게 된 것이다.

먼저 창조사 동인 청팡우는 「우리들의 문학혁명을 완성하자」(1927)에서 루쉰의 문학이 "취미를 위주로 하는 문예로" '유한자(有閑者)' 면모를 드러냈다고 비꼬듯이 비판했다. 1932년 출판된 루쉰의 책 『삼한집』의 제목도 청팡우가 루쉰의 계급성이 "한가하고 한가하고 한가하다"며 비웃은 것을 루쉰이 되받아 명명한 것이었다.

루쉰에게는 혁명문학론파가 주장하는 계급의식이라는 생각 자체가 생경한 것이었다. 자신들이 가르치면 민중에게 혁명의식이나 계급의식이 바로 주입될 것이라는 혁명문학론파의 생각에 전혀 동의하지 않았거니와 신뢰하지도 않았다. 이 점이 그가 혁명문학론파와 혁명문학의 성격을 두고 대립했던 가장 근본적인 이유였다.

루쉰에게 프롤레타리아문학을 위해 엘리트 지식인이 해

야 할 일은 따로 있었다. 그것은 민중을 프롤레타리아 계급의식이 주입된 존재로 만드는 작업이 아니었다. 프롤레타리아가 스스로 목소리를 낼 수 있는 환경을 만들어가는 것이었다.

즉 프롤레타리아문학이란 민중이 혁명의 주체라는 도식적 선언을 넘어 프롤레타리아 계급 스스로가 자신을 구현하도록 지식인이 진정으로 동반자가 될 때 의미가 있었다. 그렇기 때문에 루쉰은 먼저 광범위한 민중 속으로 파고 들어가 그들의 풍속과 습관을 연구하고 해부하는 과정이 선행돼야 한다고 역설했다.

루쉰은 민중이 지도에 따라 계몽될 것이라고 여겼던 혁명문학론파의 주장이 현실적이지 않다는 사실을 너무나 잘 알고 있었다. 이와 달리 스스로를 프롤레타리아 계급의 대변자로 자처했던 혁명문학론파에 민중은 자신들의 지지자라는 낙관적이고 관념적인 존재로 인식될 뿐이었다.

그러나 루쉰이 그동안 현실 속에서 겪고 관찰했던 민중의 삶을 볼 때, 민중은 결코 혁명 지지자로서 쉽게 뭉치는 존재가 아니었다. 때문에 '나를 따르라!'고 선언하는 혁명문학론파의 민중관은 그가 보기에 섣부르고 어설픈 낙관일 뿐이었다. "미래의 광명만" 부르짖으면서 "태만한 자신과 태만한 청중을 속이는 짓"이라는 그의 질타는 오랜 경험과 고민을 통해 체득한 결과였다.

추상적 이념만으로
현실을 바꿀 수 없다

중국의 소위 혁명문학이란 것은
달리 논하여야 할 것 같습니다.
간판은 내걸었지만
덮어놓고 한패거리의 글이나 추어올릴 뿐
당면한 폭력과 암흑에 대해서는
감히 정시하지 못하고 있습니다.

– 「문예와 혁명」, 『삼한집』(1928)[13]

1928년 이후 혁명문학 논쟁은 이미 40대 후반, 당시로서는 노년기에 접어든 루쉰의 사상적 성숙함을 볼 수 있다는 점에서 그간 많은 연구가 이뤄졌다. 실제로 이 논쟁을 따라가다 보면 그의 민중관뿐 아니라 혁명에 대한 철저한 생각까지 총체적인 접근이 가능하다. 그는 혁명문학 논쟁을 거치며 문학의 선전 기능, 혁명에서 문학의 역할 등에 대해 창조사, 태양사 등의 신문학 동인 그룹과 치열하게 대립하면서 자신의 생각을 정리했다.

첸싱춘, 궈모뤄 등은 루쉰을 두고 개인주의자라고 칭하며, 그의 모든 행위에 집단화된 모습이 없고 혁명적 모습도 보이지 않는다고 비판했다. 특히 첸싱춘은 어둠을 폭로하는 일에 긍지를 갖는 루쉰은 이미 갈 데까지 다 갔다고 단언하고 '아Q의 시대는 죽었다'면서 수많은 욕설과 모욕, 심지어 나이와 치아의 색깔로 기질까지 거론하는 비하도 서슴지 않았다.

궈모뤄도 루쉰을 청년을 극단적으로 원수시 하는 '노인네'로 묘사했다. 그러면서 루쉰이 "죽여라! 죽여! 죽여! 무서운 젊은 놈들은 모두 죽여버려라! 그것도 당장 빨리!"라고 외치고 있다고 비난했다.

물론 혁명문학론파가 반혁명적 "파시스트" "봉건 잔당"
이라면서 격렬하게 루쉰을 비난한 데는 장제스 국민정부
의 군사 파쇼적 반공정책과 맞서 싸워야 하는 시대적 배경
이 있었다. 하지만 이것만으로 마르크스주의에 대한 교조
적인 단계론적 인식, 논쟁 상대에게 인신공격까지 서슴지
않았던 비인간적 태도까지 용인할 수는 없다. 역사는 길게
봐야 한다.

루쉰은 10~20세 정도 나이 차가 나는 젊은 마르크스주
의자들에게 인신공격 수준의 격렬한 비난의 대상이 된 이
상, 자신의 생각을 정리해서 보여줘야 했다. 혁명문학 논쟁
은 그가 비난에 제대로 응하기 위해서라도 상대방의 신식
이론 무기인 마르크스주의를 학습하는 계기가 됐다.

루쉰은 1928년 2월부터 일역본 『공상에서 과학으로의
사회주의 발전』(1880) 등 마르크스주의 서적을 지속적으
로 구입해 읽기 시작했다. 이전까지만 해도 마르크스주의
에 큰 관심을 두지 않았고, 민중관도 공부를 통해서가 아니
라 실천적 삶과 고투를 통해 '자득'한 그로서는 색다른 행
보였다.

하지만 이 과정에서 루쉰은 스스로 밝혔듯, 자신의 진화

론 인식에서 편향성을 교정하는 계기를 만들 수 있었다. 즉 의지적 진화론자에서 계급론자로 점차 변모해간 것이다. 그러나 진화론 수용에서 그랬듯 '자득자결'하는 특성상 계급론자로서의 그도 마르크스주의 이론에 기계적으로 구속되지는 않았다.

『삼한집』에 포함된 1928년작 「문학의 계급성」에서는 "성격이나 감정 등이 모두 '경제의 지배를 받는다'는 학설의 근거를 받아"들였다. 그러나 반드시 계급성을 띠지만 그렇다고 계급성'만' 띠는 것은 아니라고 강조했다.

루쉰은 계급론 시각에서 사물을 보게 됐지만 인간의 모든 것을 경제가 지배한다고 봤던 교조적 마르크스주의자로 변모할 수 없었다. 교조적 인식에 빠지면 혁명을 외치더라도 사실 혁명은커녕 현실에서 떨어져 있는 것이라는 날선 비판은 절정에 이르렀다.

> 서양식 건물에 살면서 커피를 마시고 "나만이 무산계급의식을 파악하고 있기 때문에 나는 진정한 프롤레타리아다"라고 말하는 혁명문학자를 믿지 않습니다.[14]

루쉰은 상하이 쿠데타 이후 수많은 생명이 희생되는 와중에도 '혁명 커피숍'이나 차리고 추상적 이념을 강조하는 이들을 정면 비판했다. 그가 볼 때 이와 같은 교조주의자들은 정작 민중이 짓밟히는 현실을 도외시하고 있었다.

이 시기 루쉰은 치열한 혁명문학 논쟁을 벌이며 마르크스주의 문예 이론을 학습하고 관련 서적을 번역하면서 혁명문학론, 마르크스주의 예술론을 가다듬었다. 근대주의를 대할 때부터 '자득'을 통해 탁월한 균형 감각을 보였던 그는 마르크스주의를 이해하는 데도 '자득'의 균형감을 보여줬다.

혁명문학 논쟁의 핵심은 혁명과 문학의 관계였다. 혁명문학론파는 문학을 통해 혁명을 이끌 수 있다며 문학의 선전 기능을 강조했다. 그러나 루쉰이 보기에 혁명문학론파의 주장은 현실을 외면한 문학에 불과했다.

루쉰에게 지식인이란 주인공인 다음 세대를 위해 어둠을 온몸으로 막아주는 존재였다. 근대의 선지자라는 허영은 벗어던진 지 이미 오래였다. 그런 그에게 부르주아적 생활을 하면서, 말로만 무산계급이라고 주장하는 비현실적이고 추상적인 언동은 도저히 신뢰할 수 없는 부조화의 세계였다.

혁명이 그들의 주장처럼 결코 낙관적 승리만으로 나아
갈 수 없다는 것을 루쉰은 너무나 잘 알고 있었다. 때문에
그는 혁명을 선전하는 문학을 주장하기 전에, 결코 낙관할
수만은 없는 현실 자체를 올바르게 바라볼 용기부터 가져
야 한다고 역설한 것이다. 이것이 그가 궈모뤄 등에게 비판
받았던 어둠을 폭로하는 역할이었다.

이후 논쟁은 두 요인이 어우러지며 1929년 들어 마무리
됐다. 중국공산당이 혁명문학의 힘을 소비할 뿐이라면서
루쉰과 가까운 펑쉐펑(馮雪峰)을 통해 양측을 설득했고, 장
제스 국민정부가 반정부적 문학 단체 활동을 금지하면서
더 이상 논쟁을 지속할 상황도 아니었기 때문이다.

잠시 격렬했던 혁명문학 논쟁은 1930년 3월 좌익작가
연맹(좌련)의 결성으로 합쳐졌다. 그 상징으로서 루쉰은
1930년 좌우 대립으로 수많은 희생이 계속되는 암울한 현
실을 글과 말을 통해 비판하면서도, 청년들에게 희망을 심
어주며 미래를 향해 달려가고 있었다.

변해야 할 세상은
총칼로도 막을 수 없다

공부해라, 공부해.

옳은 말이다.

학생은 열심히 공부해야 마땅하다.

하지만 한편으로는

어르신들이 국토를 잃지는 말아야

마음 놓고 공부할 수 있을 게다.

　　　　　 ─ 「'우방의 경악'을 논함」, 『이심집』(1931)[15]

루쉰을 분석한 많은 연구는 그의 생애가 1927년 상하이 쿠데타를 경계로 나눠진다고 설명한다. 날카로운 반(反)국민당 정치의식과 공산당에 대한 공감대 형성, 그리고 강렬한 제국주의 비판의식을 드러낸 데 따른 것이다.

앙드레 말로의 소설 『인간의 조건』(1933)의 배경이기도 한 상하이 쿠데타는 장제스의 국민당 우파가 상하이에서 노동자 조직을 습격해 노동자와 공산당원 5천여 명을 학살하고, 4월 18일 난징정부를 수립한 사건을 말한다. 이를 계기로 제1차 국공합작은 깨졌다.

당시 광저우 중산대학의 교수로 있던 루쉰은 이 사건을 계기로 사직 후 정치적 탄압을 피해 상하이로 근거지를 옮겼다. 상하이는 대부분의 지역이 조계지로 설정돼 어느 정도 언론과 출판의 자유가 있었기 때문이다.

이후 루쉰의 글과 강연의 많은 부분은 장제스의 국민당 독재를 비판하는 것에 할애됐다. 상하이 쿠데타를 중국 혁명에 대한 배신 행위로 규탄했고, 깡패 정치로 비유하며 강도 높은 비판을 이어갔다. 살인을 일삼는 독재정권을 향한 비판은 농촌을 근거지로 국민당에 저항했던, 공산당에 공감하는 계기가 됐다. 이후 혁명문학론파와의 논쟁을 겪으며 그는 점차 반독재 좌파 문단의 기수가 됐다.

그리고 얼마 지나지 않아 1931년 9월 18일 일본 관동군은 류탸오후(柳條湖) 사건을 조작해 만주를 침략했다. 일본 제국주의의 전면적인 중국 침략이 시작된 것이다. 루쉰은 중국인이라면 당연히 이에 대해 저항해야 한다고 생각했다. 그러나 장제스-왕징웨이 연합국민정부는 공산당 토벌이 우선이었고 일제의 침략에 소극적 대응으로 일관했다. 루쉰이 볼 때 "일본과 한패"인 국제연맹에는 중재를, 일본에는 공격 정지를 '요청'하면서 싸운다는 시늉만 낼 뿐이었다.

당연히 이런 정책은 중국 내에서 큰 비판을 받았다. 1931년 12월 각지의 학생들이 장제스의 무저항정책에 반대해 난징으로 청원하는 일까지 벌어졌지만 국민정부는 학생들의 청원을 금지했다. 그럼에도 각지의 학생들이 연합해 국민당 중앙당에 청원하자, 국민정부는 군경을 동원해 학생들을 체포하고 사살하라는 명령을 내렸다. 20여 명이나 사살되고 1백여 명이 부상을 입었다.

이 사건에 격분한 루쉰은 신랄하고 풍자적인 글을 썼다. 일본 제국주의가 관공서를 포격해도, 철로를 점령해도, 내전이 계속돼도 경악하지 않던 자들이 학생들의 청원 과정에서 약간의 소요가 일어났다는 이유로 학생들에게 총을 들이댄 상황을 도저히 용납할 수 없었다. 이에 국민당 독재의 모순과 한계를 적나라하게 폭로한 것이다. 그가 일본 유학 시절부터 갖고 있었던 제국주의 침략에 대한 비판의식이 1930년대에 이르러 성숙한 논리로 정리됐음을 보여준다.

한국 근현대사에서도 학생운동은 일제 시기 이래 1980년대까지 민족운동과 민주화운동에서 추동적인 힘을 발휘해왔다. 그때마다 권력자나 기성세대가 내놓은, 똑같은 말은 '학생은 공부해야 한다'는 것이었다. 다르게 보면 일제 시기 이래 실력양성론의 다른 표현이기도 했다.

루쉰이 살던 중국에서도 마찬가지였다. 장제스 정부는 학생들에게 "공부해라, 공부해"라는 말을 반복할 뿐이었다. 이에 대해 루쉰은 "옳은 말이다. 학생은 열심히 공부해야 마땅하다"고 대응하면서도 적어도 "어르신들이 국토를 잃지는 말아야" 학생들이 "마음 놓고 공부할 수 있을" 것 아니냐고 힐난했다.

그로부터 5년 후 1936년 10월 19일, 새로운 중국을 지향하는 저항의 상징, 중국 현대문학의 대문호 루쉰은 상하이에서 쉰다섯 살의 나이로 병사했다. 제2차 국공합작 계기가 된 '시안사변'으로 중국 역사가 다음 단계의 격랑을 맞이하기 두 달여 전이었다. 4년 전 윤봉길이 폭탄을 투척했던 상하이의 루쉰공원(홍커우공원에서 개칭)에 이장된 그의 묘와 동상이 있다.

당시 중국의 혁명문학 논쟁은 조선에서도 큰 관심사였다. 그 한가운데 있던 루쉰의 사망은 식민지 조선의 문인들에게도 충격을 안겨줬다. 중국을 오가며 독립운동을 실천하던 시인 이육사는 1933년 6월 상하이에서 그를 만난 바 있었다. 이육사는 "노신을 타도치 안흐면 중국에 푸로문학은 생기지 못한다는 문학소아병자들"을 비판하면서 "위대한 중국 문학가의 영(靈)아페 고요히 머리를 숙이"는 「노신 추도문」(1936)을 《조선일보》에 다섯 차례나 연재했다.

루쉰은 유언에서 어떤 추모 사업도 하지 말라 당부하면서, 자신을 비판한 혁명문학론파에 논쟁을 전후로 깊은 마음의 상처를 받았음을 드러내기도 했다. 그만큼 솔직했다.

그대로 나를 미워하라. 나도 단 한 사람도 용서하지 않을 테니.[16]

이 글은 루쉰이 죽기 한 달 전 발표한 잡문 「죽음」의 한 소절이다. 사실상의 유언이었다. 이런 그의 유언과 달리 장례식장에는 수천 명의 추모객이 스스로 모여 중국인의 의식을 일깨운 '민족혼'의 서거를 애도했다. 그가 떠난 지 3년여 후 마오쩌둥(毛澤東)은 「신민주주의론」(1940)에서 공산당에 입당한 적이 없는 루쉰을 두고 반봉건이자 반식민지 상태인 중국의 문화혁명을 이끈 "위대한 문학가이자 사상가, 혁명가"라면서 애도를 표했다.[17]

PART 2

왕징웨이

오직 권력, 중국의 영웅에서
친일파의 상징으로

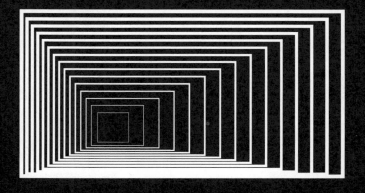

왕징웨이 汪精衛 1883~1944

쑨원의 정치적 후계자로서 혁명에 투신했으나, 권력만 좇다가 끝내 중국을 배반한 한간(漢奸).

본명은 왕자오밍(汪兆銘)이다. 광둥성 싼수이에서 태어나 도쿄 유학생 시절 쑨원의 측근이 돼 반만한족(反滿漢族) 민족주의 혁명 이념을 수용했다. 그러나 제1차 세계대전 승전국이 패전국 독일의 산둥 지역 이권을 일본에 넘기는 상황에서도 제국주의의 침략성을 제대로 보지 못했다.

쑨원 사망 후 13년간 장제스와 왕징웨이 간의 정치적 동맹인 장·왕합작의 시도와 분열, 외유와 귀국을 반복했지만 새로운 중국을 이끌어낼 정치력이나 비전은 보여주지 못했다. 이후 국민당 내 정치적 주도권 확보책으로서 반공정책을 고수하다 대일 '평화'를 주장하며 친일의 길로 나섰다. 결국 난징대학살이 1년도 지나지 않은 1938년 장제스 국민정부를 "말살"시키겠다는 일본의 분열정책에 조응해 별도의 괴뢰정부를 세우는 밀약을 일본과 맺었다.

1943년 11월 도조 히데키 내각이 동남아시아 6개 지역 괴뢰정부 수반을 동원해 개최한 대동아회의에서 괴뢰 역할을 충실히 수행하다 1년 후 나고야에서 사망했다. 1946년 1월 난징으로 돌아온 장제스는 그곳에 묻힌 그의 무덤을 폭파하라고 지시했다.

만주족의 청나라를 뒤엎고
한족의 나라를 만들자

200년 이상에 걸친 한족 지배는
민족 동화를 가장하며
실질적으로는 민족 차별을 가했다.
고로 두 민족이 하나의 국가를 이루는 것은
불가능하다.
따라서 만주족 지배를 타도하고 벗어나
한족 하나의 민족에 의한 국가를 만들어야 한다.

– 「민족적 국민」, 《민보》(1905)[1]

19세기 말 20세기 초 청나라 말기의 젊은 지식인들은 여진족(만주족)이 세운 청나라를 뒤엎고 한족 중심의 나라를 세워야 한다는 반만한족(反滿漢族) 민족주의에 경도돼 있었다. 이런 움직임은 1911년 신해혁명을 일으켰고, 아시아 최초의 공화정부인 중화민국 수립으로 이어졌다. 중국에서 수천 년 동안 유지되던 왕조체제가 무너진 것이다.

왕징웨이는 이런 격변기에 쑨원의 측근으로서 정치운동에 나서기 시작했다. 신해혁명의 리더로서 중화민국 임시 대총통을 지낸 쑨원과 함께 혁명의 길에 나섰고, 한때 혁명의 영웅으로도 불렸다.

하지만 장제스와 권력투쟁을 거듭하며 일본의 국민당 분열 책동에 놀아나면서 중국의 대표적인 한간(漢奸)이 됐다. 원래 한간이란 송(宋)이나 명(明) 등 한족 왕조가 여진족에게 밀릴 때 이들과 내통하던 한인을 가리킨 말이었는데, 이 무렵에는 일제의 침략에 협조한 부역자를 통칭하는 표현으로서 왕징웨이가 그 대명사가 된 것이다.

왕징웨이는 같은 시기 조선과 청의 엘리트 청년들 대부분이 그랬듯 전통 교육과 근대 교육을 함께 받은 세대에 속했다. 그 또한 네 살 때부터 부친과 형으로부터 전통 교육으로 경전을 배웠고 열여덟 살이었던 1901년에 광둥성 1~2차 과거시험에 동시 수석 합격할 정도로 똑똑한 재원이었다.

왕징웨이가 새로운 세계에 눈을 뜨고 정치활동에 관심을 갖게 된 것은 그의 나이 스물한 살이었던 1904년 여름, 일본 관비 유학생으로 뽑혀 도쿄로 유학을 가면서부터였다. 그와 함께 선발된 56명 유학생들 중 일부는 훗날 쑨원의 최측근으로서 중요한 역할을 하게 된다. 청조의 의도와 달리 관비 유학생 파견은 반청(反淸) 공화혁명의 인재를 길러내는 역설적 결과를 낳은 셈이다.

왕징웨이는 도쿄의 호세이대학 속성과 수업을 통해 서구적 학문과 사상, 제도, 국민주권을 바탕으로 한 서구의 국가체제와 정치 및 법률제도를 접했다. 이 과정에서 군주제 타도와 공화혁명론 또한 자연스럽게 받아들였다. 또한 이듬해에는 일본의 중국인 유학생 단체를 통합한 중국혁명동맹회에도 적극 참여했다. 그는 중국혁명동맹회 성립 초기부터 미래의 권력자 쑨원의 최측근이 됐고 반만한족 민족주의 혁명 이념을 다져갔다.

그런데 20대 초반의 왕징웨이가 새로운 사상을 학습하

고 동맹회 운동에 활발하게 참여하는 과정에서, 지적 고민과 방황의 흔적은 보이지 않는다. '반만'에 초점을 둔 문제 의식의 '명쾌함' 때문이 아닐까 싶지만, 비슷한 시기 도쿄에서 '자득자결'을 위해 끊임없이 고민하던 루쉰과는 분명히 다른 모습이었다. 유학 시절부터 혁명의 열정과 정치적 성향이 강했던 왕징웨이의 성격 때문일 수도 있다.

왕징웨이는 쑨원과의 첫 만남 이후 그의 그림자처럼 동행했다. 1907년 쑨원이 일본을 떠나 동남아시아로 가서 활동할 때도 마찬가지였다. 혈기 왕성한 20대 중반의 가슴 속에는 혁명의 열정이 그만큼 컸다.

이 과정에서 러시아 아나키즘의 영향을 받아 여러 암살 계획도 세웠다. 결국 1910년에는 마지막 황제 선통제(宣統帝)의 섭정왕인 순친왕(醇親王) 암살 미수 사건으로 종신형을 선고받고 17개월간 수감되기까지 했다. 신해혁명의 불길을 연 우창봉기 후 청조의 유화책으로 석방됐을 무렵, 스물여덟 살 청년 왕징웨이는 이름이 이미 널리 알려져 '명망가' 반열에 들어섰다.

도쿄와 동남아시아에서 활동하던 1905년 후반부터 1909년경까지 왕징웨이의 정치적 주장의 요체는 공화혁명이었다. 그러나 일반적 의미의 공화혁명 이념은 아니었다. 한족이 만주족 지배에서 벗어나 민족적 독립을 쟁취하고, 만주족 황제가 다스리는 청조의 전제군주제를 타도하자는 종족적인 반만한족 민족주의 혁명 이념이었다.

이는 물론 왕징웨이가 스스로 깊이 고민해 정립한 사상이나 이념은 아니었다. 그는 쑨원과 혁명파의 입장을 충실하게 정리하는 대변인의 역할을 했다. 실제로 반만한족 민족주의는 쑨원이 하와이에서 흥중회를 창립한 1894년부터 강조한 핵심 주장이었다. 왕징웨이가 열한 살 때였다.

중국혁명동맹회가 창립된 1905년 창간된 기관지《민보》제1호 첫머리에는 왕징웨이의 정치적 데뷔 글「민족적 국민」이 실렸다. 글에는 반만한족 민족주의와 그 실현을 위한 공화혁명론의 윤곽이 잘 드러나 있다.

왕징웨이는 이 글에서 만주족의 "200년 이상에 걸친 한족 지배"를 두고 민족 동화를 가장한 실제적인 민족 차별이라고 비판했다. 이런 상황에서 두 민족이 하나의 국가를 이루는 것은 불가능하고 만주족이 지배하는 청조를 타도해 "한족 하나의 민족에 의한" 공화제 국가를 만들어야 한다고 주장했다.

여기에 국민의 평등한 권리를 바탕으로 하는 입헌제도가 만주족의 우월한 지위와 만주족과 한족의 차별을 제도화한 청조 지배 아래에서는 불가능하다면서 캉유웨이(康有爲)와 량치차오(梁啓超)가 주축이 된, 청조의 유지를 전제한 입헌파의 입헌군주제 주장을 정면으로 반박했다.

쑨원도 《민보》 발간사에서 만주족 축출, 중화 회복, 창립 민국, 토지 소유 균등을 중국혁명동맹회 강령으로 채택한다고 선언했다. 이후 이상의 네 개념을 중심으로 정치 선전에 주력하면서 정리한 것이 쑨원의 삼민주의다.

반만한족 민족주의 이념을 상징적으로 드러낸 대표적인 사건은 1912년 난징에서 임시 대총통에 취임한 쑨원이 각료들과 명 태조 주원장(朱元璋)의 능인 명효릉(明孝陵)을 방문한 것이었다. 이는 일종의 정치적 이벤트였다. 청조를 붕괴시키고 미완의 공화정 기틀을 세운 신해혁명 민족주의 성격이 한족 중심의 반만 종족주의에 치우친 것이었음을 상징적으로 보여준 것이었다.

반만한족 민족주의는 다민족 국가인 중국을 한족 중심으로 통합해야 한다는 강한 배타성을 띠고 있었고, 그 자체로 분열을 내포한 것이었다. 그리고 이런 중국의 분열적 분위기를 일본의 도조 히데키를 비롯한 육군 영관급 정치군인들은 당시 정확하게 파악하고 있었다. 실제로 국민당 정부는 반만 적개심 때문에 만주에 대한 주권의식이 취약했고, 이 점은 훗날 일본이 만주를 쉽게 점령하는 한 배경이 되기도 했다.

막연한데도 확신한
'국제 공조'

공화제가 자리 잡았으니
이제 군주국 일본에서 배운 것을 버리고
민주국인 유럽에서
새로운 학술을 배우려 합니다.

    – 1912년 8월 9일 쑨원에게 보낸 편지[2]

신해혁명의 시작은 쑨원의 반만한족 민족주의에 기반한 반청 무장투쟁이었다. 1905년 중국혁명동맹회 결성을 시작으로 전개된 혁명파의 반청 무장투쟁은 1911년에 폭발했다.

1911년 5월 청조는 만주족 중심의 '신정(新政) 내각'을 구성하고 재정난을 타개하고자 철도 국유령을 발표했다. 민영이었던 철도를 국가 소유로 바꿔, 철도권을 담보로 무리하게 차관을 얻으려 한 것이다. 곧 열강에 주권을 훼손당하는 상황에 항의하며 보로(保路) 운동이 전국적으로 일어났다. 이후 10월 우창봉기를 계기로 신해혁명의 불길이 당겨졌고, 12월 쑨원을 임시 대총통으로 세운 중화민국 임시정부가 수립됐다.

청조는 혁명군에 맞서기 위해 위안스카이에게 전권을 위임했다. 하지만 위안스카이의 마음은 다른 데 가 있었다. 혁명 세력과 이를 진압해야 하는 청조 사이에서 줄타기를 하며 권력을 쥘 기회를 만들고자 한 것이다.

청조의 총리대신이 된 위안스카이는 청의 군정을 장악했고 그의 부하인 북양군의 돤치루이(段祺瑞)와 펑궈장(馮國璋)은 혁명군 진압에 나섰다. 중국이 남북 세력권으로 나뉘는 형국이 벌어진 것이다. 그러나 학생, 농민, 노동자, 의용군 등으로 구성된 혁명군은 조직이나 무력에서 북양군의 상대가 될 수 없었다.

결국 정전 상태에서 중화민국 임시정부의 혁명군과 청조의 북양군 사이에 협상을 위한 '남북의화(南北議和)'가 추진됐다. 여기에는 양쯔강 지역 이권을 장악한 영국의 입김 또한 작용했다.

이에 따라 전쟁을 계속 이어나가기에 역부족이었던 쑨원은 위안스카이에게 조건부로 총통직을 양보한다고 제안했고 결국 위안스카이는 청 황제의 퇴위를 실현시켰다. 청의 마지막 황제 선통제가 퇴위한 다음 날 쑨원은 사직했고, 위안스카이가 공화국 정부의 임시 대총통에 선출됐다.

결과적으로 쑨원이 이끄는 혁명파는 정권 장악에 실패했다. 타도 대상인 구세력의 일원 위안스카이가 정권을 장악함으로써 혁명 이전의 낡은 사회경제적 질서나 반식민지적인 중국의 상황은 변화할 수 없었다. 오히려 반동 정치가 횡행할 뿐이었다.

중국은 신해혁명의 뜻을 이루기 위한 시간이 더 필요했다. 이런 상황에서 왕징웨이는 '남북의화' 직후 프랑스로 유학을 떠났다. 청조 타도와 군주제 폐지를 혁명 과업으로 삼아온 그는 혁명의 힘으로 왕의 목을 친 프랑스에 큰 매력을 느꼈는지 모르겠다.

이 무렵 왕징웨이는 쑨원에게 보낸 편지에 "이제 군주국 일본에서 배운 것을 버리고" "파괴의 시대가 지나고 공화제가 자리 잡은" "민주국인 유럽에서 새로운 학술을 배우려" 한다는 뜻을 밝혔다.

그러나 '일본은 군주국' '유럽은 민주국'이라는 왕징웨이의 피상적인 유럽 인식은 의아하다. 혁명 후 군주제와 공화제를 반복하다 1870년대에 제3공화국을 세워 비로소 공화제가 정착된 프랑스를 제외하면 제1차 세계대전 이전까지 영국, 러시아, 독일, 오스트리아 등 유럽의 강국은 당시 모두 군주국이었기 때문이다. 아마 "민주국인 유럽"은 유럽 각국이 아니라 프랑스를 지칭한 것으로 보인다.

왕징웨이가 유럽에 있는 동안 중국 정세는 또 한 번 뒤집혔다. 신해혁명의 성과를 장악한 위안스카이가 1916년 급사하자, 중국은 군벌이 할거하는 세상으로 변했다. 위안스카이에 밀려 1913년 도쿄로 떠났던 쑨원은 바로 귀국해서 광둥 지역 군벌과 연합해 비로소 자신이 권력의 중심에 있는 혁명정부를 세웠다.

그러나 중국은 다시 남북이 대립하는 상황이 됐다. 쑨원은 측근인 왕징웨이를 비서장으로 임명했고 제1차 세계대전 종결 후 열린 파리강화회의에 파견할 대표로 지명했다. 프랑스에 가본 경험이 반영됐을 것이다.

그러나 1919년에 열린 파리강화회의는 제1차 세계대전의 전후 처리를 위해 승전국들이 모여 각국의 영토 조정, 평화 유지 조치 등을 협의하기 위한 자리였다. 그 상황에서도 파리로 떠난 왕징웨이의 입장은 당시 매우 낙관적이었다. 전쟁에서 승리한 연합국이 중국을 도와주리라 확신했기 때문이다. 그만큼 그는 제국주의에 대한 이해 부족과 근대주의적 선입견에 기울어 국제정세를 주관적으로 낙관하고 있었다.

사실 제1차 세계대전은 독일과 오스트리아 등의 패전국과 영국, 미국, 프랑스 등의 전승국 간의 식민지 쟁탈을 둘러싼 제국주의 전쟁이었다. 그러나 왕징웨이는 이를 강권에 대한 공리의 전쟁으로 파악했다. 그에 따라 야만전제적인 러시아와 개명전제적인 독일이 모두 소멸하고 민주 사조가 크게 일어났으며 전제주의와 제국주의에 대해 연합국의 민주주의가 승리한 것으로 인식했다. 영국은 중국에 역사상 가장 파렴치한 아편전쟁을 도발했음에도, 이를 비롯한 서구에 대해 편향된 생각이 강했다.

파리강화회의는 당연히 왕징웨이의 생각과 다르게 흘러갔다. 그가 공리의 화신으로 인식했던 영국, 미국, 프랑스 등 연합국은 일본의 요구를 승인했고 이 때문에 중국은 회의장을 뛰쳐나와야 했다. 결국 독일의 산둥반도 이권 계승, 만주 이권 반영구화, 남만주와 내몽골 일부 지역에 대한 조차 등 일본의 요구는 5·4운동과 같은 격렬한 배일(排日) 운동이 일어나는 배경이 됐다.

이런 상황에서도 왕징웨이는 연합국 측을 '관대'하게 이해했다. 파리강화회의에서 공리가 지켜지지 못한 것은 구미 각국이 전쟁의 참화를 겪으며, 공리보다 국익을 앞세우는 보수적 성향으로 돌아섰기 때문이라 생각했다. 시간이 지나 영국이나 미국이 원래 모습을 회복하면 중국에 도움을 줄 것이라는 근거 없는 낙관에 지배돼 있었다.

왕징웨이의 국제 평화에 대한 낙관주의는 상호부조와 공존주의를 강조하는 아나키즘적인 호조론(互助論)의 영향도 컸던 것으로 보인다. 그에 따르면 인류 사회의 진화는 경쟁으로부터 호조로 나아가는 것이 정도(正道)였다.

국제정세에 대한 왕징웨이의 이런 판단은 스펜서류의 사회진화론을 비판한 표트르 크로폿킨에게 영향을 받은 것이었다. 크로폿킨의 주장을 통해 경쟁의 결과인 자본주의나 제국주의를 비판하고, 중국 내부의 힘을 모으는 민중 연대보다 국제 공조에 기대를 거는 낙관론으로 기울어진 것이다.

왕징웨이는 이광수처럼 근대주의 세계관, 근대주의에 기초한 국제 관계 인식에 갇혀 있었다. 이런 그에게 새로운 중국을 만들 혁명의 동력을 중국 내부에서 찾기란 쉽지 않았다.

권력을 위해서라면
스승의 대의도 뒤집을 수 있다

공산주의는 민생주의의 이상이고
민생주의는 공산의 실행이다.
양 주의에는 아무런 구별이 없다.
만약 구별한다면 그것은 방법일 뿐이다.

– 「우리가 해야 할 노력」, 『왕징웨이집』(1992)[3]

왕징웨이는 쑨원의 혁명 노선에 따라 초기에는 공산당과의 합작이라는 현실적인 혁명전략을 수용했다. 하지만 점차 공산당 세력이 강해진다고 주장하면서 공산당 토벌정책으로 돌아섰다. 실용적 국공합작론에서 정략적 반공론으로 입장을 바꾼 것이다. 그가 노선을 변경하게 된 배경과 진짜 속내는 무엇일까?

1924년은 중국 근대사에서 특기할 만한 해였다. 코민테른은 1920년 「민족 및 식민지 문제에 관한 결의」에 따라 1921년 상하이에서 결성된 소수 지식인 집단이었던 공산당에 국민당으로 들어가 조직 기반 확대를 지시했다. 이에 따라 1924년 국민당에 공산당원들이 개인적으로 입당하는, 이른바 제1차 국공합작이 이뤄졌으며 혁명적 통일전선이 형성됐다.

이는 미국과 소련의 대외 정책이 충돌하면서 나타난 결과이기도 했다. 1919년 베르사유조약 체결 후 미국은 1921~1922년 워싱턴회의를 개최했다. 그 결과 구미 열강들이 특히 중국에 대한 정책에서 '협조'하자는, 즉 열강끼리 싸우지 말고 중국을 나눠 먹자는 '워싱턴체제'가 1931년 일본이 만주 침략을 감행할 때까지 10여 년간 유지됐다. 이에 소련은 '워싱턴체제'가 제국주의 국가의 '반공 블록'이라고 비판하면서 독자적으로 중국과의 관계를 모색했다.

그런데 제1차 국공합작이 한창 진행 중이던 1925년 쑨원이 사망했다. 오래 지속됐다면 중국의 역사를 바꿔놓을지도 모를 제1차 국공합작의 수명은 그만큼 짧아질 가능성이 커졌다. 쑨원 사망 직전에 그의 유서를 대필한 왕징웨이는 후계자 그룹에 속할 수 있었지만, 당내 정치에서 독자적 주도권을 확보하지 못했다.

결국 왕징웨이는 군권을 장악하고 있던 장제스의 군사력을 끌어들여야 했다. 쑨원 사후 '장·왕' 연합체제가 이뤄진 것이다. 왕징웨이는 군벌과 각 계파 사이에서 적당한 조정을 통해 지위를 유지했지만 독자 세력이 취약해 파벌 간 이해관계와 정치적 상황 변화에 수동적으로 대응하는 입장일 수밖에 없었다.

왕징웨이의 이런 상황을 잘 드러낸 것이 '중산함(中山艦)' 사건이다. 1926년 3월 공산당원인 리즈룽(李之龍)이 중산함을 황푸로 회항하자 장제스는 이를 쿠데타로 간주해 리즈룽을 비롯해 스무 명에 가까운 공산당원과 소련인 고문을

체포했다. 당시 군사위원회 주석이자 국민정부 주석인 왕
징웨이의 권위는 완전히 무시된 것이었다. 결국 무력감을
느낀 그는 5월 중국을 떠났다.

왕징웨이가 떠나고 국민당의 당권과 군권을 완전히 장
악한 장제스는 7월 전군에 동원령을 내려 북벌을 단행
했다. 우한, 난창, 상하이, 난징 등 주요 도시를 점령하고
1927년 광저우에서 우한으로 국민정부를 천도했다.

그러자 국민당 좌파는 장제스를 견제하기 위해 파리에
머물고 있던 왕징웨이를 불러들이려는 영왕(迎汪) 운동을
펼쳤고, 그는 이를 명분으로 1년 만에 상하이로 돌아왔다.
그는 상하이와 난징을 점령한 장제스와 상하이에서 담판
을 벌였다.

북벌에 집중한 장제스는 이 자리에서 왕징웨이에게 분공
(分共), 즉 국공합작 파기를 주장했고 이 조건을 받아들이면
자신은 군사에만 전념할 테니 정무와 당무를 모두 맡으라고
제안했다. 이에 대해 왕징웨이는 연소(聯蘇) 용공(容共), 즉
소련과 연합하고 공산당을 용인하며 부조농공(扶助農工),
즉 노동자와 농민을 돕겠다는 쑨원의 국공합작 기본 틀을
유지해야 한다고 강조했다.

이 무렵 장제스는 우한정부에 합류하지 않고 장시성 난창에서 독자적으로 군대를 지휘했다. 그리고 공산당과 국민당 내 좌파를 숙청한다는 명분으로 4월 12일 상하이 쿠데타를 일으켰다. 이로써 제1차 국공합작은 완전히 와해됐다.

왕징웨이가 합류한 우한정부는 반장(反蔣)운동의 일환으로 쿠데타 5일 후 장제스에게 출당 조치, 모든 직위에서의 해임, 그리고 학살 책임을 묻겠다고 선포했다. 이에 대응해 장제스의 국민당 우파는 이튿날 별도로 난징국민정부를 수립했다. 국민정부가 우한정부와 난징정부 두 개로 나뉘게 된 것이다.

이 대립은 권력 쟁탈전에 불과했다. 중국의 최대 급무인 "반식민지적 상태로부터 해방"과 "독립의 자유평등의 국가"를 만드는 비전이나 실천 방법을 둔 대립은 더더욱 아니었다. 실제로 우한의 왕징웨이는 쑨원의 의도와 달리, 그리고 장제스에게 국공합작을 유지해야 한다고 주장했던 것과 달리 분공정책으로 전환하면서 오히려 장제스보다 더한 반공주의자가 됐다.

사실 왕징웨이는 애초에 국공합작을 두고 공산당을 받

아들이면 국민당 자체가 위험해진다고 생각했다. 그러나 북방 군벌과의 협상이 지지부진하자 국공합작을 활용해야 하는 상황에 직면했다.

왕징웨이가 공산주의와 민생주의에는 "아무런 구별이 없다"면서 쑨원의 혁명을 위한 용공정책과 실용적 국공합작에 찬성하는 입장을 내비친 것도 그 이유였다. 당시 국민당 세력이 공산당에 비해 절대적으로 우위인데다 쑨원이 추진하던 국공합작을 두고 쑨원이 살아 있는 동안 반대할 수도 없었다. 이 때문에 속마음과 달리 그는 국민당 내에서 국공합작을 추진하는 '좌파'로 불렸다.

하지만 왕징웨이는 우한에 도착한 후 공산당의 힘이 커졌다면서 국민정부의 정치적 주도권이 공산당의 손으로 넘어간다고 주장했다. 물론 공산당의 힘이 국공합작 3년 만에 그 정도로 커질 수는 없었다. 당내 정치를 위해 내건 명분이었다. 쑨원 사망 후 속내를 그대로 드러낸 것이다.

왕징웨이는 위기감을 명분으로 우한정부가 주도하던 혁명 노선을 수정하고 퇴각을 결정했다. 공산당이 주장하는 민중운동과 토지혁명에도 반대했다. 당시 그의 국공합작론에서 반공론으로의 방향 전환은 오로지 국민당 내 정치

와 대중운동의 리더십에서 패권을 잡기 위한 헤게모니 확
보책이었다.

자체적 군사력 없이 세력 조정을 통해 권력을 유지해오
던 왕징웨이의 반장운동은 군벌의 반장 저항에 편승하며
동력을 얻었다. 그러나 각지의 군벌이 장제스에게 제압되
면 그 역시 힘을 쓸 수 없었다. 이런 상황에서 그는 1938년
일본과 별도의 '괴뢰'정부를 세우기로 밀약을 맺을 때까지
10여 년 동안 장제스와 분열과 합작을 되풀이했고, 권력투
쟁에서 밀릴 때마다 외유를 떠났다.

그 사이 정치적 주도권 장악을 위해 왕징웨이의 반공정
책은 더욱 확고해졌다. 1936년 12월 12일 시안사변 이후
이뤄진 제2차 국공합작에 대해서도 "공산당 토벌 또한 당
장 해결해야 할 현안"이며, "공산당을 용납하는 일은 후환
을 생각하지 않고 당장 눈앞의 어려움만을 해결하려는 것"
이라고 극력 반대했다.

9년 전 상하이에서 분공을 요구한 장제스에게 쑨원의
뜻을 명분으로 국공합작을 유지해야 한다고 주장한 것과
정반대 상황이 연출된 것이다. 이제 왕징웨이는 당내 권력
장악을 위해 정치적 스승 쑨원의 대의까지 왜곡하면서 배

반했다.

　요컨대 이 시기 왕징웨이에게 조화 추구적 정무 감각은 완전히 사라졌다. 이는 결국 반제의식의 부재와 일맥상통하는 것이었다. 권력만 쥘 수 있다면 반공 논리를 일본에 기댈 언덕으로 설정할 가능성이 커진 셈이다. 그리고 1937년 중일전쟁 발발 후 실제로 '화평'운동과 친일정권 성립으로 치닫게 됐다.

중국이 살 길은
일본과 친하게 지내는 길뿐이다

안내(安內)와 양외(攘外)가 한 가지 일이며,
경중에 따라 구분해야 할 것이 아니라
선후본말에 따라 구분해야 한다. …
스스로 건전하지 못하면서
대외하겠다고 말할 수는 없다. …
안내하지 않고서는 대외할 수 없다.

- 「귀국 후의 단상」, 《대공보》(1937)[4]

왕징웨이는 1930년 잠시 귀국 후, 장제스와 제휴했다가 밀려나기를 반복한 끝에 홍콩으로 나갔다. 권력 싸움에서 밀리면 외유를 반복하던 그는 이제 확신을 갖고 낙관하던 국제 관계를 통해 권력을 장악하는 방식을 구상했다. 일본은 그의 심리와 그가 처한 상황을 포착하고 적절하게 활용할 생각을 하고 있었다.

왕징웨이는 1931년 일본의 만주 침략을 계기로, 이듬해 정적 장제스와 항일을 위한 통합이라는 명분 아래 다시 손을 잡았다. 장제스가 군사위원장으로서 군권, 왕징웨이가 행정원장으로서 당권을 분담하는 형식의 장·왕 연합정권은 1935년까지 난징국민정부를 이끌었다. 물론 장제스의 왕징웨이 견제가 동반된 것이었다.

당시 장·왕 연합정부는 일본 육군의 예상대로 만주 침략에 적극 대응하지 않았다. 일본군과의 전면전에서 승산이 없다고 판단하고 부(不)저항정책을 취했기 때문이다. 전술적 방어정책은 결코 아니었고, 침략에 대한 무대응에 가까웠다. 유일한 대응은 국제연맹에 일본의 침략을 제소하는 외교교섭이었지만, 그마저도 일본이 1933년 3월 국제연맹에서 탈퇴하자 기대할 수 있는 효과도 없었다.

왕징웨이는 외교적 교섭과 장기적 항전 준비를 강조했다. 이를 위해 국내 통일과 강력한 중앙정권을 수립하고자 했는데, 이때의 '국내 통일'은 실질적인 '항전 준비'를 위한 것이 아니었다. 자신의 권력 장악과 이를 위한 반공 토벌에 방점이 있었다. 이것이 전제되지 않은 '항전'은 그에게 무의미했다. 결국 그의 취약한 권력 기반에 비춰볼 때 지속적인 항전은 불가능할 수밖에 없었다.

그러는 사이에 일본 육군은 '만주국' 수립을 넘어 중국 침략을 계속 진행하고 있었다. 1933년에는 봉천군벌 장쉐량(張學良)의 기반인 열하성을 만주국에 합병하는 열하사변을 일으켜 침략 범위를 넓혀갔다.

여기에 5월 탕구정전협정으로 일본군의 만주국 안으로 철수, 만리장성 이남의 비무장지대 설치에 상호 합의했다. 난징국민정부가 사실상 만주국을 인정한 셈이었다. 여세를 몰아 일본 관동군은 1935년부터 1937년까지 3년여간 화북 5개 성을 중국 국민정부에서 분리시키려는 화북분리 공작을 꾀했다.

국민정부의 유화적 대일정책은 왕징웨이의 기본 입장인 부저항, 항전 준비론, 일면저항-일면교섭에 바탕을 둔 '선안내(先安內) 후양외(後攘外)' 정책이었다. 이는 먼저 공산당을 토벌해 내부를 안정시킨 후 일본의 침략을 물리친다는 의미였는데, 실제로는 '선안내'에 방점이 찍혀 있었다.

장제스도 겉으로는 일본의 침략을 비난했다. 그러나 실제로는 타협을 모색하면서 1927년 상하이 쿠데타 이후 1936년 시안사변 직전까지 '선안내'를 위한 공산당 토벌에 주력했다.

'선안내'라는 공통적 입장에서 명분만 항일을 내건 장·왕 연합정권은 장·왕 사이의 권력 싸움 틀에 불과했다. 결국 국민당 내외로부터 국민정부의 '항전 준비'론과 '선안내 후양외' 정책에 대한 반대 여론이 거세게 일어났다. 일본과 유화적 정전 협정 체결을 처리한 왕징웨이와 장제스는 친일파로 지탄받는 상황에 이르렀다.

결국 1935년 11월 1일 왕징웨이는 피격을 당하고 정치 일선에 물러나 요양을 명분으로 다시 외유를 떠났다. 저격의 '명분'대로라면 장제스가 우선순위인데, 혼자만 총을 맞은 그로서는 억울했을 것이다. 그러나 그의 외유 덕분에 장제스의 독주는 더욱 강화됐다.

이런 상황에서 '안내'의 반공보다 '양외'의 대일 항전을 주장한 동북군 총사령관 장쉐량은 장제스를 시안에서 납치 구금해 공산당과의 내전을 중지하고 제2차 국공합작을 통해 일본 제국주의에 맞서 함께 싸울 것을 요구했다. 1936년 12월 이른바 시안사변이 일어난 것이다.

유럽에 있던 왕징웨이는 1937년 1월 귀국 후 상하이에서 또다시 장제스와 만났다. 이 무렵에도 왕징웨이는 "안내와 양외가 한 가지 일"이라면서도 "안내하지 않고서는 대외할 수 없다"는 '선안내 후양외' '일면저항-일면교섭' 정책을 고수했다.

여기에는 왕징웨이가 착각할 만한 배경이 있었다. 중일전쟁을 앞둔 일본은 소련의 개입을 우려하고 소련 침략에 대응해 독일과 공동으로 이익 조치를 취한다는 '방공(防共)협정'을 1936년 10월 체결했다. 그 직후에 시안사변이 일어났으므로, 상하이로 돌아온 그로서는 국제 환경이 반공으로 모아져 자신에게 유리하다고 오인한 것이었다. 이는 권력 쟁취에 대한 그의 주관적 희망을 부풀렸다.

그러나 반공정책을 주장하던 왕징웨이와 달리, 장제스의 난징정부는 시안사변 해결 과정에서 약속한 '일치 항일'과 '국공합작'을 본격 추진했다. 속내와 달리 장제스는 시안사변 이후 쑨원의 노선을 어쩔 수 없이 따르게 됐고, 이미 쑨원의 노선을 등진 왕징웨이는 장제스와 다시 갈등을 빚었다. 불과 9년 전 왕징웨이는 속내를 숨기고 쑨원의 유지를 명분으로 국공합작 유지를 주장했었다. 당시 각을 세웠던 그와 장제스 사이에 정반대 상황이 연출된 것이다.

왕징웨이는 일본의 중국 침략이 시작되자마자 일본과의 평화교섭론을 제기했다. 그로서는 승산이 없는 일본과의 전쟁 대신, 현실성 있는 일본과의 외교교섭이나 공산당 토벌을 통한 국내 통일, 장기전 준비가 '안내'를 위한 대안이었다. 적극 항전은 그의 구상에 들어 있지 않았다.

즉 중일전쟁이 시작되기도 전에 항일전에 대한 왕징웨이의 입장은 대일 강화 또는 친일 전향 두 가지로 정리돼 갔다. 그러나 전자의 대일 강화는 국민정부의 전쟁 의지와 실력이 갖춰졌을 때나 가능한 일이었다. 이런 기본 전제를 염두에 둔 적이 없는 그는 국제 환경이 일본을 대적하기에 적절하지 않고 중국에 우호적이지도 않다면서 대일 강화, 정확하게 말하면 항복해야 한다는 명분 쌓기에 주력했다.

그러나 국제정세는 왕징웨이의 생각과 다르게 진행됐다. 시안사변 후 제2차 국공합작이 이뤄지고 일본이 중일전쟁을 도발한 직후인 1937년 8월 중소불가침조약이 난징에서 체결됐다. 독일과 일본 파시즘 세력의 소련 포위와 유럽과 아시아에 대한 침략전쟁을 저지하기 위한 것이었다. 3년 8개월이 지난 1941년 4월 일소중립조약 체결로 소련의 공군 지원이 중단됐지만, 그해 12월 진주만 피습 직후 미국이 독일과 일본에 선전포고를 하면서 중국에 대한 지원이 이뤄졌다.

사실 피격 이전부터 왕징웨이는 행정원장이었음에도 난징에서 아무런 실권이 없는 무력한 처지였다. 쑨원 사망 후 장제스와 10년 이상 지속된 권력 다툼에서 그는 계속해서 패배했다.

1926년 중산함 사건에서 드러났듯이, 군사력을 장악한 장제스로서는 북벌을 해야 한다는 입장에서 왕징웨이를 정치적으로 활용할 필요가 컸다. 왕징웨이가 여러 군벌 세력의 중재자 역할을 권력 기반으로 삼고 있었기 때문이다. 그러나 군사력이든 정치 세력이든 독자적 기반이 취약했던 그는 근시안적 권력에 집착했다. 그러다 보니 연합한 군벌로부터 수시로 배반당하는 아픔을 겪었으며, 장제스와 권력 다툼에서 밀려날 때마다 외유를 택했다.

왕징웨이는 권력을 장악할 수 있는 군사 및 정치 역량이나 대중적 기반이 뒷받침되지 않는 상황에서 만주사변과 중일전쟁을 겪었다. 결국 이 과정에서 그가 찾은 돌파구는 일본에 의존한 '화평'운동이었다. 이제 그의 길은 정해졌다. 1938년 10월, 그는 일본과 밀약을 맺은 직후 파괴와 약탈을 자행한 책임을 침략자 일본이 아닌 일본과 싸우는 국민당 군에 물었다.

장제스를 누르기 위해
일본과 밀약을 맺다

이제 형〔장제스〕은 쉬운 길을 가고,
나는 어려운 길을 간다.

– 『왕징웨이 정권의 개장과 목장』(1963)[5]

일본 육군은 3개월 안에 전 중국을 점령할 수 있다고 큰소리치면서 상하이사변, 난징대학살을 감행했다. 중국 대륙을 향한 일본의 침략은 파죽지세인 듯 거침없어 보였다. 그러나 실제로는 헤어나기 어려운 침략의 늪으로 빠진 것이었다.

'화평'을 주장한 왕징웨이와 달리, 항전을 고수한 국민정부는 거침없는 기세로 맹렬하게 공격해오는 일본군이 상하이를 점령하고 이어서 수도 난징을 위협하자, 충칭 천도를 결정하고 우선 우한으로 이동했다. 중화민국 정부는 이번에도 또다시 국제연맹에 일본 침략을 막아달라고 요청했다.

그러나 상하이 전투로 화중 지역 이권을 침해당한 영국이나, '정신적 원조'만 거론하는 미국의 중재는 효과가 없었다. 왕징웨이가 우호적으로 봤던 영국과 미국은 계속해서 상황을 관망하는 태도를 보였다. 최종 그의 선택지는 일본이었다.

1930년대 중반 이후 독일은 중국과 일본 양국 모두와 밀접한 관계를 맺고 있었다. 1926년에 체결된 '중독합작'은 일본 해군의 진주만 공습으로 미국이 독일과 일본에 선전포고하는 1941년 말까지 15년간 지속됐다. 당시 국민정부 군인의 군복이나 철모가 독일군과 비슷한 것도 중독합작의 영향이었다.

제1차 세계대전에서 패전국이 돼 산둥반도를 잃은 독일은 새로운 무기와 상품 시장이 필요했으며, 이때 북벌에 주력하던 국민당 정권은 독일에 특별한 관심 대상일 수밖에 없었다. 실제로 국민당의 북벌 전쟁 승리 배경에 독일 군사 고문단의 영향이 컸다는 평가도 있다.

구미 열강이 중국을 사이좋게 나눠 먹자는 워싱턴합의를 깬 일본은 거대한 중국 땅에서 끝없는 전쟁의 늪에 빠져들어 갔다. 초기에는 전면전이 급속히 확대되면서 보급선과 점령지 관리에도 어려움을 겪었다. 3개월이면 중국 점령을 끝낼 수 있다던 일본 육군의 장담과 현실은 너무 달랐다.

이 때문에 1937년 10월 들어 일본은 독일에 중재를 희망했고 교섭을 시도하기도 했다. 그러나 일본군이 난징을 점령하면서 승승장구하자, 일본은 중국에 배상까지 요구하기에 이르렀다. 결국 조정은 없었던 일이 됐다.

급기야 1938년 1월 고노에 후미마로(近衞文麿) 총리는 반성의 기미가 없는 장제스의 국민정부를 상대하지 않고 "말살"시키겠다고 천명했다. 이제 일본은 목표를 노골적으로 드러냈다. 국민정부 분열책으로써 장제스의 국민정부를 부정하고 괴뢰정부를 통한 친일정권을 수립하는 것이었다.

이에 따라 일본의 모든 요구를 수용하자는 국민정부 내 화평파는 '화평'과 '반공'을 내세워 교섭할 것을 주장했다. 독일을 통한 협상 과정에서 일본이 특히 강조한 것도 '용공(容共) 폐기', 즉 국공합작 폐기였다.

왕징웨이 중심의 화평파는 "진정으로 일본 제국과 합작할 수 있는 중국의 신정권의 건립과 발전을 기대한다"는 일본 정부의 성명에 매우 고무돼 적극 교섭에 나섰다. 그리고 1938년 10월경 장제스 국민정부와 다른 정부를 별도로 세우기로 한 밀약을 일본과 맺었다.

그 직후 왕징웨이는 12월 19일 부인, 비서와 함께 충칭의 국민정부를 이탈해 베트남으로 떠났다. 이런 움직임과 때를 맞춰, 고노에 총리는 12월 22일 "동아신질서 건설"을 위해 중일 양국이 "선린 우호, 공동 방공, 경제 제휴"를 진행하자는 성명을 발표했다.

중국에서 구미 세력과 공산주의를 박멸하고, 왕징웨이를 포섭해 중국의 항일전선을 붕괴시키겠다는 속내였다. 이로써 만주와 몽골, 중국을 묶어 '일본권'을 확대한다는 발상이었다. 이에 대해 충칭의 장제스는 4일 후 12월 26일 반박 성명을 발표했다.

그러나 왕징웨이는 일본의 국민당 분열 책동에 정확하게 부응했다. 그는 3일 후인 12월 29일 장제스와 국민당에 화평을 권고하는 전보를 보냈다. 이를 '염전(豔電)'이라고도 부르는데, 당시 전보 비용 절감을 위해 날짜를 한 글자로 대신 표기하는 방식에 따라 염(豔)이 29일을 의미했기 때문이다.

중국과 일본의 각 신문은 호외까지 발행하면서 성명 전문을 포함한 '염전' 뉴스를 퍼 나르기에 바빴다. 이후 왕징웨이와 일본 정부는 사전에 정한 계획에 따라 정치적 선전을 주고받았다.

왕징웨이도 인정했듯 그가 충칭에 남아 항일전쟁에 힘을 보탰다면 사후에 더욱 이름을 얻었을지 모른다. 하지만 그는 그런 기회를 스스로 포기했고, 한간 친일파로 낙인찍힐 충칭 탈출을 감행했다.

왕징웨이는 '화평'운동을 '자기희생'으로 합리화했다. 혁명가로서 자신의 지위와 명성을 희생해 전쟁의 도탄에서 중화 민족을 구한다는 논리였다. 이광수의 '민족 보전을 위한 희생론'과 비슷했다.

그러나 왕징웨이가 난징대학살 1년 후인 1938년 12월 충칭을 탈출한 근본적 이유는 장제스와의 권력투쟁에서 패배한 것이 컸다. 결국 일본을 통해 권력을 잡겠다는 의도였다. 그가 정치적 삶에서 일관되게 추구한 것은 권력 장악이었다.

일본과 밀약을 맺기 직전인 1938년 3월 우한에서 열린 국민당 임시전국대표대회에서 장제스가 국민당 총재로, 왕징웨이가 부총재로 선출됐을 때 왕징웨이는 매우 불쾌한 심정이었다. '화평'운동은 반장운동의 일환으로서, 장제스를 제거하고 권력을 장악한다는 구상하에 침략자 일본에 보인 우호적 제스처였다.

아주 상식적인 이야기 하나를 빼놓을 수 없다. 싸울 생각이 없다는 것을 전제로 백기를 든 상태에서는 어떤 힘도 남아 있지 않다. 이미 백기를 든 '화평'안은 현실적으로 침략자와의 협상력을 전혀 가질 수 없었다.

결국 왕징웨이의 '화평'안은 일본의 중국 침략정책에 활용되는 수단에 불과했다.

친일 괴뢰정권의
탄생

하나의 길은 장제스와 함께 철저 항전을 소리 높이 외치는 것이다. … 또 다른 하나의 길은, 쑨원 선생의 유지를 재차 천명하고 실행하는 것으로 일본에 대해 … 적을 친구로 바꾸는 데 노력하는 것이다. …
첫 번째 길은 망국 멸종의 길이고 두 번째 길은 중국과 동아 부흥의 길이다.

– 「중국과 동아시아」, 《중앙공론》(1939)[6]

왕징웨이는 일본과 비밀 협상 후 1938년 12월 충칭을 탈출해 1년 3개월이 지난 1940년 3월에야 중화민국 난징국민정부를 수립할 수 있었다. 그러나 난징국민정부 주석대리 겸 행정원장이 된 그는 순조롭게 괴뢰정권을 수립하지 못했다. 게다가 민심은 물론, 반장 군벌 세력조차 그를 대놓고 무시하는 상황이 벌어졌다.

왕징웨이를 내세워 장제스 국민정부를 무너뜨리고 중국을 완전 지배하려던 일본의 계산은 완전한 오판이었다. 오히려 국민정부 내에서는 화평파를 일소시켜 항일전쟁을 진행하는 장제스의 정통성과 리더십이 더욱 굳건해지는 계기가 됐다. 대일 '화평'은 장·왕 권력투쟁의 부산물이었고 일본이 그 권력투쟁을 부추기고 정리해주는 역할을 했지만, 이런 상황에서 왕징웨이나 난징국민정부의 활용 가치는 일본이 기대한 것보다 크게 떨어질 수밖에 없었다.

'화친, 반공, 건국'이 구호인 난징국민정부는 국민당 정통성을 살리기 위해 '국기'도 '청천백일기'를 그대로 사용하려 했다. 그러나 침략전쟁 수행이 우선인 관동군은 장제스 군대와 혼동된다는 이유로 단칼에 거절했다. 난징국민정부는 일본이 이전에 세운 다른 괴뢰정부인 중화민국 유신정부 및 임시정부 등을 왕징웨이 정부에 합병하는 형식으로 세워졌지만, 실제로는 이전처럼 관동군에 의해 계속 분할 통치되고 있었다.

일본이 주도하고 지배하는 '동아신질서'하에서 왕징웨이가 주장한 '화평'은 당연히 중국과 일본의 수직 관계를 전제로 했다. 하지만 이와 별개로 세세한 입장 차이도 존재할 수밖에 없었다. 그가 일본과 첫 접촉한 후 난징국민정부가 수립되기까지 2년 2개월이 걸렸고, 이런 사정으로 일본 정부의 공식 승인까지 8개월이 더 소요됐다.

왕징웨이는 '화평'을 적절히 논리화하고 정당화하기 위해 일본의 '동아신질서' 구상을 쑨원의 '대아시아주의(大亞洲主義)'와 연결시켰다. 안창호를 스승으로 여기고 존경한 이광수가, 안창호의 뜻을 친일 논리로 활용했던 것과 비슷하다.

쑨원은 1924년 11월 일본 고베에서의 연설에서 '대아시아주의'를 내세웠었다. 쑨원이 제기한 '대아시아주의'는 중국과 일본이 '공동 영도'하는 아시아연대론이었다. 즉 쑨원의 입장에서 중국과 일본이 '수평적'으로 연대해 아시아의 공동 번영을 이끌어가자는 것이었다. 당시는 '워싱턴체제'하에서 제국주의 열강이 중국 지배를 두고 '균형'을 모색하던 시기였다. 이런 상황을 활용해 일본과의 연대를 주장한 것이다.

'아시아연대론'은 19세기 말 이래 조선, 청, 일본은 물론 동남아시아 지식층 사이에서 시기와 주창자에 따라 표현을 달리하며 여러 형태로 널리 유포됐다. 일본이 수평적 연대를 어긴 것으로 본 안중근의 '동양평화론'도 아시아연대론의 일종이었다. 조소앙이 제국주의의 침략전쟁에 대응해 평화를 구상했듯이 안중근도 진심으로 아시아의 수평적 연대와 동양 평화를 구상한 것이었다.

그러나 아시아연대론은 상식적 수준에서 거론될 만한 이상적 구상이어서 논리적 체계를 갖춘 것도 아니었고, 그럴 수도 없었다. 그러다 보니 각국의 처지나 국제정세에 따라, 그리고 제창자의 의도에 따라 내용이나 초점도 다를 수밖에 없는 정치적 언술에 불과한 경우가 대부분이었다.

특히 아시아 유색인종 국가가 화합해 서구 열강의 침략을 물리치자고 한 일본의 주장에는 반드시 일본이 맹주가 돼야 한다는 필수적 전제가 있었다. 일본의 여러 논자들 중 아시아의 수평적 연대를 염두에 둔 경우는 거의 없었다. 가령 문명화된 일본이 낙후된 조선이나 청과 같은 아시아여서는 안 된다는 19세기 말 후쿠자와 유키치(福澤諭吉)의 탈아론(脫亞論)은 결국 일본이 조선과 청을 침략해서 문명화시켜야 한다는 논리였다.

후쿠자와는 죽기 직전에 쓴 『후쿠자와 자서전(福翁自傳)』 (1899)에서 일본이 청일전쟁으로 중국을 제압해 세계열강 대열에 들어감으로써 자신의 삶도 완성됐다면서, 친구들이 훌륭한 일본의 변화를 보지 못하고 죽은 것을 아쉬워했다. 한편 다루이 도키치(樽井藤吉)는 『대동합방론』(1893)을 통해 일본 혼자 서구에 대항하기보다 일본 지도 아래 조선과 청이 연대하자는 '아시아론'을 주장했다. 즉 탈아론과 질적 차이는 없었다.

이후 일본의 침략 범위가 확대되면서 '아시아연대론'은 '대동아공영권론'으로 얼굴을 달리했다. 일본-조선-만주-중국을 근간으로 한 '동아신질서'에 동남아시아와 남양(南洋) 지역을 추가한 것이다. 침략전쟁 수행을 위한 '일본권'의 배타적인 자급자족 블록 경제를 확대하자는 구상이었다.

왕징웨이는 괴뢰정부 수립 준비에 한창이던 1939년 방송 연설에서 "중국 혁명의 성공 여부는 일본의 양해에 달려 있다"는 쑨원의 생전 주장을 거론하면서 일본과 화평 협력하는 것이 쑨원의 유지라고 주장했다. '대아시아주의'를 선언한 "쑨원의 유지를 새롭게 천명하고 실행해 중일간의 화평을 회복하고 나아가 동아의 화평을 확립하는 것"이 자신에게 주어진 "임무"라는 것이다.

아울러 왕징웨이는 반공이 쑨원의 본래 뜻이기 때문에 방공을 주장하는 자신만 진정한 후계자이며, 공산당과 연합한 장제스는 쑨원의 배신자라고 공격했다. 하지만 쑨원은 속내가 설령 반공이었더라도 현실 정치에서 국공합작을 통해 혁명 구상을 실천하고자 했다. 왕징웨이는 자신의 정당성을 강변하기 위해 정치적 스승인 쑨원을 왜곡하면서 끝까지 '쑨원 팔이'로 일관했다.

게다가 왕징웨이가 쑨원의 '대아시아주의'를 거론하면서 주창한 '화친'은 중국의 주체적 참여가 봉쇄된 것이었다. 일본의 영도가 전제된 '동아신질서'나 '대동아공영'에서 중국의 역할은 종속적 위치에 불과했다.

형식논리대로 쑨원의 '대아시아주의'에서 말하는 중국과 일본의 평등한 연합을 강조하면, 친일정권의 종속성이 드러나 정당성 확보에 어려움이 생길 수 밖에 없었다. 그렇다고 현실에 따라 수직적 일체성을 강조하면 '대아시아주의'의 평등한 연합을 부정하는 모순이 드러나는 꼴이었다. 즉 일본과 중국의 '평등'한 관계는 상정 자체가 불가능한 것이었다.

그러나 권력 장악을 위한 친일의 수레바퀴는 이미 빠른 속도로 굴러가기 시작했다. 왕징웨이는 1940년 난징에서 열린 중일문화협회 창립식에 참석했다. 그 자리에서 중일 양국이 "문화적인 방면에서 공동 노력을 통해 동양 문화를 발양시키면서 쑨원 선생의 대아시아주의와 일본의 동아신질서 주장을 완전히 결합시켜"야 한다면서 양자의 무모한 결합을 다시 주장했다.

주장하는 바의 논리적 모순과 상관없이 왕징웨이에게는 권력 장악이라는 목표가 가장 중요했다. 일본에 종속된 정권이라도 자신을 중심으로 한 국민당 세력이 새로 구성될 중앙정부의 주도권을 잡는 일이 최우선적 가치였다.

왕징웨이는 1939년 일본을 방문해 중국의 정치적 독립과 자신이 중심이 된 중앙정권 수립을 요구했다. '철저 항전'을 하지 않으면서 정치적 독립을 확보하고 화평도 실현할 수 있다는, 손 안 대고 코 풀 수 있다는 착각에서 헤어나지 못했던 것이다. 그러나 일본은 이미 왕징웨이와 만나기 전에 그를 중심으로 한 국민당 신정권 수립이 기대에 못 미친다고 판단했다. 이에 기존에 세운 괴뢰정부 및 기타 당파와 연합한 신정권 수립의 청사진을 마련한 상태였다.

07

어항 속의 권력만 좇던
일본의 꼭두각시

대동아 공동선언은 …
더욱 그 단결을 굳게 해
나라의 이익과 국민의 행복을
더욱 증진시키는 동시에
세계 평화 또한 반드시
이에서 발족하는 것으로 믿는다.

　　　－ 대동아회의 중 왕징웨이의 답사 연설(1943)[7]

초기에 승승장구하던 일본의 침략전쟁은 1942년 6월 네 척의 항공모함이 한순간에 침몰된 미드웨이 해전 대패 이후 전황이 기울기 시작했다. 그에 따라 1942년 말부터 일본의 정계나 중신들 사이에서는 도조 히데키의 전쟁 지도력을 질타하는 퇴진 운동, 이른바 '도각(倒閣)운동'이 일어나기 시작했다.

이런 상황을 만회하기 위해 도조는 1943년 3월 만주국과 난징국민정부, 5월 필리핀, 6~7월 태국과 싱가포르(昭南島), 인도네시아 등 점령지를 순방하는 정치적 퍼포먼스를 연출했다. 또한 도조 내각은 일본을 맹주로 한 대동아공영권 성과를 내외적으로 과시하기 위해, 대동아회의를 11월 도쿄에서 개최해「대동아 공동선언」을 채택하고 이 회의가 '성공적'이라고 자화자찬했다.

대동아회의는 영국의 윈스턴 처칠 수상, 미국의 프랭클린 루스벨트 대통령이 1941년 8월 합의한「대서양헌장」에 대응하는 정치적 성격을 띠었다.

왕징웨이는 중화민국 난징국민정부 주석으로서 '대동아회의'에 참석해 괴뢰정권 수반으로서의 역할을 충실히 수행했다. 여기에는 일본과 중국 외에 버마국, 만주국, 태국, 필리핀, 자유인도 임시정부도 참석했다.

당시 베트남의 호찌민이나 미얀마의 아웅 산 등은 일본의 침략성을 간파했지만, 아시아 민족운동가들은 일제의 유혹에 취약한 측면이 있었다. 서구 제국 폭정에 시달리는 상황에서 "아시아 사람끼리 잘 살아보자"는 꼬임은 그럴듯해 보였다. 더구나 태평양전쟁 초반 속전속결로 '백인군대'를 몰아낸 일본군의 위용은 해방의 꿈을 갖게 하는 착시 현상도 불러왔다.

이 회의는 역사상 처음으로 열린 유색인종만의 '정상'회의였다. 그런데 회의 공용어는 아이러니하게도 적국 언어인 영어와 중국어였다. 이 자리에서 도조는 연설을 통해 서구의 '물질문명'에 대항하는 아시아의 '정신'을 찬양하며 '일본권'의 독자 노선 추구를 강조했다.

물론 경제개발과 관련된 구체적 협력안은 논의되지 않았다. 이는 사실상 불가능했다. 대동아회의는 전황이 크게 밀리는 상황에서 '일본권', 즉 일본의 '정신승리'를 선언하는 자리였기 때문이다.

일본이 설정한 모토는 단순 명료했다. '대동아전쟁'은 '서양 제국주의 침략에 대항해 동아시아를 지키기 위한 전쟁'이고 새로운 세계 질서를 수립하기 위한 전쟁이었다. 그리고 이를 뒷받침한 '대동아공영권'론은 피점령국의 자원과 노동력을 수탈하겠다는 강력한 의도를 담은 슬로건이기도 했다. '미국과 영국의 질곡에서 벗어나자'는 취지 아래 '대동아공영권 건설' '자주독립 존중' '호혜 제휴' 등의 허구적 선언을 담은 「대동아 공동선언」 발표로 대동아회의는 폐회됐다.

당시 왕징웨이는 답사 연설로 대동아회의의 대미를 장식했다. "동아의 정의"를 명시한 「대동아 공동선언」은 "미영의 끊임없는 약탈과 착취를" "일소하고 새롭게 공존공영에 기초한 동아시아의 신천지를 개척"하고 동아시아 각국이 "각각 독립 자주를 확보"해 "융합과 창조에 힘쓰"고 "경제적으로는 호혜를 기조로" "장점과 단점을 서로 보충해 유무상통"을 실천하고 있다면서 공동선언 내용을 반복했다. 끝으로 중국이 빨리 통일돼 "대동아의 책임을 분담"할 수 있는 날을 고대한다면서 연설을 마무리했다.

패전 후 도조가 1947년 극동국제군사재판장에서 변호인을 통해 낭독한 모두(冒頭)진술에 따르면, 대동아회의는 여전히 몽환의 세계에 갇혀 있던 그에게 매우 중요한 의미

를 지닌 일대 이벤트였다. 그는 죽음이 가까워진 그 자리에
서도 대동아정책의 진실된 의의를 강변했다. 왕징웨이도
그와 다르지 않았다.

도조는 일본이 중국과의 불평등조약 잔재를 일소하고,
동아시아 각 민족의 독립 또는 자치를 인정했으며, 대동아
회의를 열어 각국 간 의사소통에 노력하는 등 침략 의사가
없었다고 주장했다. 이 사실을 이들 국가가 증명해준다는
것이다.

그러나 생의 마지막 순간에도 아시아의 식민지민이나
령지민에게 주는 말은 단 한마디도 없었다. 애초에 도조의
뇌리에 존재하지 않았기 때문이다. 이런 역사 인식은 오늘
날에도 여전히 일본의 주류적 흐름을 이룬다.

왕징웨이는 괴뢰정권 수반이 됐지만, 항일전쟁을 회피
한 데 따른 피격으로 후유증을 겪었다. 때문에 치료차 일본
에 거주하는 경우가 많았는데, 그러다 일본 패전이 임박한
1944년 11월 10일 나고야에서 사망했다. 일본은 그의 유
해를 난징의 쑨원 곁에 매장했다.

그러나 파묘를 우려할 정도로 왕징웨이에 대한 중국인
의 시선은 곱지 못했다. 일본 패전 후 5개월여 뒤 1946년 1

월 21일, 왕징웨이의 근거지 난징으로 돌아온 장제스는 그의 무덤을 폭파하라고 지시했다.

PART 3

조소앙

식민지 조선에서
희망을 보다

조소앙 1887~1958

조선민족이 추구해야 할 통합적 이념을 제시한 독립운동가.

교하군에서 태어나 1902년 성균관 입학 후 1904년 황실 특파 유학생으로 도쿄부립제일중학교에 입학했다. 이듬해 교장의 조선인 비하 발언에 동맹휴교를 주도했으며 1906년《대한매일신보》에 민기(民氣)의 중요성을 제기했다. 1908년 메이지대학 고등예과를 거쳐 1909년 법학부 본과에 입학했다.

사회진화론이 도적의 시대를 정당화한 것이라고 비판하며, '진화'란 '강자가 약자를 삼킬 권리'가 아니라 인권 신장, 평화 확립에 있다고 해석했다. 1917년「대동단결선언」과 1919년「대한독립선언서」를 기초해 국민주권국가로의 독립과 "동권동부(同權同富)" "등현등수(等賢等壽)"의 '대한민주'를 선언했다.

이후 2년여간 유럽에서 외교 활동을 펼치며 삼균(三均)주의의 근간인 '평등'을 계급 혁명, 남녀평등, 신분 철폐로, '평화'를 권력 민주화, 전쟁 금지, 국가−민족 간 화해로 정리했다. 정치, 경제와 더불어 교육 균등을 강조한 삼균주의 방략은 1941년「대한민국건국강령」에 구체화됐다.

그러나 해방 정국에서 반탁이 독립운동이고 삼균주의 실천이라고 주장하며 '열린 우파' '이념의 호수'는 좁은 '웅덩이'로 전락했다. 1950년 5·30 선거 때 성북구에서 당선됐지만 한국전쟁 때 납북돼 1958년 9월 북한에서 사망했다. 1989년 정부가 대한민국장을, 이듬해 북한은 조국통일상을 추서했다.

대한제국의 19세 청년,
민권에 눈을 뜨다

금일 한국의 대세를 시험해보라.

민기(民氣)가 있다고 말할 수 있을까?

국권(國權)이 있다고 말할 수 있을까?

…

금일 이렇게 기력을 잃어 극한에 이른지라,

정부에 사람 없음, 국가에 권리 없음 등

한국으로서 다시 없는 불행을 자아낸 것이다.

– 「일진회 평론기」,《대한매일신보》(1906)[1]

조소앙은 그 세대의 지식층이 그랬듯, 이 책이 다루는 여섯 명 모두가 그랬듯 한학과 근대 학문의 세례를 동시에 받았다. 어렸을 때는 조부에게 한학을 배웠고 열여섯 살이 된 1902년 성균관 경학과에 입학했다. 구본신참(舊本新參) 교육으로 개편된 성균관에서 전통 유학과 함께 근대 학제로서 자국의 역사와 지리는 물론 세계사, 세계 지리 등도 학습했다.

성균관 재학 시절인 1903년, 정부 관료들이 산림과 천택(川澤) 등의 이권을 일본에 넘기려 하자 신채호 등과 함께 성토문을 만들어 항의한 일도 있었다. 후에 이를 자신이 참여했던 최초의 학생운동이라고 회고했다. 그때부터 관료가 되기보다 신학문 습득과 개화자강운동에 나서겠다는 생각이 있었던 것으로 보인다. 열일곱 살의 나이로 일본 유학을 결심한 것도 이런 성향에서 비롯됐을 것이다. 1904년 「한일의정서」가 체결됐다는 소식을 접하고 분개해 황실 특파 유학생 선발시험에 응시했다는 회고에서 유추할 수 있다.

이후 조소앙은 최남선, 최린 등 함께 선발된 50명의 황실 특파 유학생들과 지금의 서울역인 남대문역을 떠나 도쿄에 도착했다. 그렇게 도쿄부립제일중학교에 입학했지만, 당시에는 유학생이 현지에 순조롭게 정착하도록 돕는 정책이 부실했다. 억압적이고 통제된 교육 환경과 언어 문제 등의 어려움으로 40퍼센트 이상의 유학생들이 중도 탈락하는 상황이었다. 그도 입학 초기에는 일본어가 미숙해 유학 생활에 여러 어려움을 겪었다.

문제는 또 있었다. 1905년 도쿄부립제일중학교장이 조선 학생은 열등하다는 민족 차별 발언을 하자 조소앙이 분개해 동맹휴교를 주도했던 것이다. 이 때문에 그는 퇴학 처분을 받았는데, 이후 복교하는 사이 1906년 《대한매일신보》에 민기(民氣)의 중요성을 제기하는 「일진회 평론기」를 써서 자신의 생각을 공표했다. 개인적으로는 도쿄에 유학 온 지 2년여가 지났으나 여전히 학교 생활이 순탄하지 못했고, 국가적으로는 을사조약이 체결된 이듬해였다.

이 글에서 조소앙은 "독립, 자유, 부강, 문명의 권리가 민중"에서 "유래"하므로 정부에 "사람 없음", 국가의 "권리 없음"보다 국민의 무기력함이 가장 큰 근심이라면서 민기의 중요성을 강조했다.

조소앙이 이처럼 일찍부터 '민(民)'을 중요하게 인식했던 데는 여러 배경이 있었다. 그중에서도 유학 생활 중 중국인, 일본인 학생들과 교류했던 경험을 빼놓을 수 없다. 이는 일본 유학 시절 1904년 10월 9일부터 1912년 5월 31일까지를 기록한 일기 『동유약초』에 잘 나타나 있다. 그는 한국인 유학생 단체가 주최하는 행사뿐 아니라 중국인, 일본인 학생들 행사에도 적극 참여했다. 새로운 세계에 대한 대한제국 청년의 관심과 학구열은 그만큼 컸고 시야도 넓었다.

이 과정에서 조소앙은 유학 이전 자신의 학문적 기반이었던 중국 사상의 동향을 파악할 수 있었다. 캉유웨이를 통해 유교를 재발견하고 량치차오에게서 중국의 전통에 기초한 대안적 사유를 경험했다.

강제병합 초기 독립운동에 나선 사람들은 조소앙과 같이 중국 청년과의 교류에 적극적이었다. 그 결과 1912년 신규식, 박은식, 신채호, 문일평 등과 쑹자오런(宋敎仁) 등 중국 혁명 인사들은 새로운 아시아를 위해 한국인과 중국인이 함께 가자는 뜻을 담은 비밀결사 신아동제사를 설립하기에 이르렀다. 조소앙도 중국 망명 후 당연히 함께했다.

실제로 아시아 최초로 공화주의를 선언한 신해혁명 주도자들 중에는 일본 유학생 출신들이 많았다. 조소앙에게 당시 중국 유학생의 혁명적 기운과 정치 참여 열기는 새로운 세계를 구상하고 실천하는 훈련의 장이었다.

조소앙이 일본에서 유학했던 시기는 중국 유학생들이 특히 많았던 시기였다. 청조가 과거제를 폐지한 1905년 기준으로 2천여 명의 중국 학생들이 각종 정치운동에 참여하고 있었다. 일본이 러일전쟁에서 승리한 후 1906년에는 중국 유화책의 영향으로 중국인 유학생들이 6천여 명에 이르렀다. 당시 중국에서 일본 유학은 혁명 사상을 키우는 과정이자 관리가 되는 길이기도 했다.

1911년에는 『동유약초』에 중국 관련 언급이 30여 회 등장한다. 신해혁명을 전후해서는 25여 차례나 집중적으로 언급됐는데, 그 해 조소앙은 적어도 5회 이상 중국 유학생의 정치 집회나 강연회에 참석했다. 법학도였던 만큼 신해혁명, 중국 신헌법의 민주적 성격에 관한 관심이 컸다.

조소앙은 세계적 흐름에 주목했다. 러일전쟁 이후 전제 군주제가 무너지고 민권이 신장되며 입헌체제가 수립되는 것이 세계 변화의 대세가 될 것이라고 여겼다. 비슷한 시기 일본에서 1차 유학을 하던 이광수에게는 전혀 안 보였던, 세계사의 중요한 변화를 예리하게 포착한 것이다.

또한 조소앙은 일본의 '자유민권운동'에도 큰 관심을 가졌다. 도쿄부립제일중학교를 졸업한 1907년에는 바바 타츠이(馬場辰猪)의 『천부인권론』(1883)을 번역하기도 했다. 바바는 1875년 이와쿠라사절단 일원으로 영국 유학을 다녀와 귀국 후 '자유민권운동'을 이끈 인물이었다. 민권에 대한 조소앙의 관심은 일찍부터 매우 컸다.

『동유약초』에 따르면 조소앙이 일본의 정치 관련 행사를 견문한 횟수는 31회에 이른다. 정치 연설회, 국회, 모의국회 참관, 동아협회나 동서협회 등 사회 계몽 단체가 주최하는 강연회 방청, 증세 반대운동, 보통선거제 운동, 전차 사유화 반대운동과 같은 대중 시위운동 참관 등 종류도 다양했다.

물론 당시 일본의 대중 시위는 정부가 러일전쟁에서 '승리'했는데도 배상금을 받지 못한 것에 대한 불만이 폭발하며 확산된 것이었다. 이는 침략적 국수주의 경향을 띠면서, 동시에 '다이쇼(大正) 데모크라시'를 낳는 한 배경도 됐다.

한편 1909년 조소앙이 입학한 메이지대학 법학과는 일본 법학계에서 국권주의 학풍을 이끌던 도쿄제국대학과 대적하던 민권주의 학풍의 대학이었다. 도쿄제국대학 중심의 국권주의 학풍은 메이지 헌법 초기의 프랑스 법학의 영향을 약화시키고 독일 법학 체계를 중시하는 전통으로서, 인권보다 국권을 중시했다.

이에 비해 '자유민권운동'을 전개한 법학자들은 프랑스의 자연법사상에 기초해 천부인권론을 주장하면서 국권주의 법학을 비판하고 '보통선거'제를 중심으로 한 민권주의 법학을 확립하고자 했다. 메이지대학을 설립한 기시모토 타츠오(岸本辰雄) 등이 민권주의 경향의 법학자였다.

도쿄부립제일중학교에서 동맹휴교를 주도하고 퇴학당한 뒤 메이지대학 법학과 선배 최석하를 방문한 시점도 「일진회 평론기」를 쓰기 직전인 1906년 1월이었다. 이미 메이지대학 법학과에 입학하기 전에 그 학풍을 알고 선배에게 확인했을 것이다.

이를 통해 볼 때 조소앙의 민권의식은 메이지대학 입학 전부터 이미 중국, 일본 학생들과의 교류, 그리고 자신만의 탐구 등을 통해 형성된 것이었다. 그렇게 형성된 민권의식을 바탕으로 민권주의 경향의 메이지대학 법학과 입학을 선택했다고 볼 수 있다.

대한제(帝)국하의 신민으로서 일본 제국에 유학 중인 열아홉 살의 청년이 '국민' 개념을 국가의 근간으로 언급한 것은 위험한 혁명적인 발언이었다. 물론 조소앙은 왕조 국가에서 전통 교육을 받으며 성장한 세대였던 만큼, 유학생 시절에는 군주제 부정론으로까지 나아가지 못했다. 그러나 메이지대학 입학 전부터 이미 입헌군주제 등 군주권 제한과 민권 신장에 대해 고민과 탐구를 거듭했다는 것을 알 수 있다.

이런 선택과 행동, 사고의 변화와 발전이 조소앙이 다른 관비 유학생과 다른 진로를 선택하는 동력이 됐을 것이다. 국내외를 떠나 사회 곳곳에 이런 사상적 변화 흐름이 하나하나 쌓여 1907년 이후 대한제국하에서도 신민회운동과 함께 주권재민의 공화국이 거론될 수 있었다.

번민으로 가득 찬
재일 유학생의 일기

내가 동쪽으로 유학 온 지 어느덧 8년이 되었다. 옛일을 더듬어 생각해보니 흐느끼며 통곡할 일이 많았다. 내가 나라의 은혜에 보답한 것이 털끝만큼이라도 있었는가? 고개 숙이고 학교에 매일 가는 것이 하루의 일과였다. 이것이 어찌 중생을 구제하는 길이겠는가?

– 『동유약초』(1911)[2]

조소앙은 8년여 도쿄 유학 생활의 기록을 일기 『동유약초』로 남겼다. 『동유약초』는 유일하게 남아 있는 황실 특파 유학생의 유학 생활 전 과정을 담고 있는 귀중한 자료이다. 격동의 20세기 초 한국 근대사를 보낸 젊은 유학생의 깊은 고민과 강렬한 투지가 생생하게 드러나 있다.

조소앙은 고민 끝에 입학한 메이지대학에서 전공인 법학 공부에 큰 흥미를 갖지 못했다. 결석도 잦았고, 시험 대비도 부실했다. 왜 그랬을까? 가장 큰 이유는 1910년 강제 병합을 겪으며 적국인 일본에서 유학하고 있는 비극적 상황 때문이었다.

조소앙은 일기에서 본과 1학년생이었던 1910년 자신의 처지를 역사상 유례없는 비극적 운명을 짊어진 사람으로 묘사했다. 스스로 심리 상태를 "우울"이라고 쓰고 "나라가 망하니 몸도 병든" 상황이라고 적었다. 정신적으로 큰 방황을 하던 시기에 대학에서의 공부가 제대로 다가올 리 없었다.

우연히도 조소앙이 진로를 모색하는 중요한 시기마다 나라가 큰 위기를 겪는 현실이 맞물렸다. 1904년 「한일의정서」 체결을 계기로 성균관을 중퇴하고 일본 유학을 결심했고, 1905년 을사조약 체결 이후 도쿄부립제일중학교에서 퇴학, 복교 후 큰 고민 끝에 입학한 메이지대학에서의 학업 부실도 국망(國亡)을 전후한 시기에 그가 보여준 모습이었다.

조소앙은 다른 유학생과 달리 개인적 출세나 입신양명을 우선적으로 생각하지는 않은 것으로 보인다. 청년 시절, 나라의 처지와 자신의 감정을 일체화하면서 극심한 번민과 방황의 유학 생활을 보낸 것도 이 때문이었다.

강제병합 직후 조소앙은 전공인 법학보다 종교와 철학에 심취했다. 몸과 마음의 병을 앓으면서 교회에서 세례를 받고 공자, 불교, 이슬람교 경전, 아르투어 쇼펜하우어의 책들을 탐독했다. 그의 고민과 탐색을 위한 노력이 짐작된다.

종교 생활과 독서를 통한 철학적 사유는 1910년 전후 조소앙이 정신적 위기를 극복하는 데 큰 도움이 됐다. 유교와 도교 계통의 한적(漢籍)뿐 아니라 기독교, 불교, 이슬람교 등 여러 종교와 철학 서적을 두루 섭렵하면서 국망에 따른 정신적 공황 상태를 벗어나 하나하나 자신의 세계를 만들어갔다.

아픈 와중에도 성경 읽기 모임에 참여하거나, 『도덕경』

을 읽다가 다시 『논어』나 『맹자』로 돌아와 밤을 새우거나 『시경』을 읽는 생활이 계속됐다. 개인과 사회를 구하기 위한 깊은 번민의 시간이 이어진 것이다.

루쉰의 삶에서 나타나는 특징이 고민 속 '자득자결'의 과정이라면, 조소앙은 '열린 호수'와 같았다. 그는 넓은 분야를 섭렵함으로써 다양한 사상을 소화해 자기 것으로 만들었다. 이런 사상적 섭렵 과정은 뒤에 서술할 육성교(六聖敎) 창시로 이어지고 그 취지는 1919년 그가 기초한 「대한독립선언서」에 집약돼 나타났다.

물론 조소앙이 침잠한 채 고민만 한 것은 아니었다. 번민의 늪에 빠져 허우적대지 않고, 할 수 있는 실천 방도를 찾아 실행에 옮겼다. 황실 특파 유학생 중심의 공수회 대표로서, 각종 유학생 단체의 통합에 관여한 것도 그 일환이었다. 1910년 대한흥학회 편찬부장, 총무 등 간부로 활동하며 윤치호와 김규식에게 연락을 보내 국내와의 연결을 꾀하는 한편, 도쿄에서 대한흥학회 주최 '합방' 반대 집회 개최도 시도했다.

이 사건으로 조소앙은 경찰에 체포돼 20여 일간이나 심문을 받았고 이후의 대학 생활은 감시당하는 것이 일상이었다. 1910년부터 1911년 말까지 매일 순사가 뒤따랐다. 1911년 12월 31일 일요일에 미행하던 코마츠(小松) 순사가 "내일은 정월 초하루니… 내일부터 3, 4일간 수시로 와서 보고하고 출입한 대강을 말해주길 바란다"는 말까지 할 정도였다.

한말 일본으로 유학했던 학생들 대부분은 어느 정도의 계몽의식과 민족의식을 갖고 있었다. 그러나 1905년 이후 설립된 유학생 단체인 대한학회, 태극학회, 대한흥학회에서 임원 등으로 활동했던 인원 228명 중 민족운동에 동참한 사람은 몇 되지 않았다. 이후의 친일 행위와 상관없이, 참여 경력이 잠시라도 확인되는 인물은 겨우 17명 정도였다.

1904년 황실 특파 유학생으로 파견된 50명 중 독립운동에 참여한 경우는 조소앙, 최린, 최남선, 김지간 4명뿐이었고, 그나마 끝까지 독립운동가로 계속 활동한 사람은 조소앙뿐이었다. 한말 유학생의 대부분은 유학 생활에서 배운 근대 학문을 활용해 조선총독부의 관리나 사업가 등으로 개인을 위한 삶을 살았다.

하지만 조소앙은 여타 유학생과 달랐다. 그의 진로와 성적은 나라의 흥망과 연결돼 있었다. 대부분의 유학생이 법학, 정치학, 경제학 등 사회과학에 심취하며 엘리트주의적 계몽의식으로 세상을 바라보고 또 좌절했지만, 이 무렵의 그는 종교인이자 사상가로서의 면모를 보였다. 이는 이후 민족운동가로서 그의 삶이 시작되는 지점이기도 했다.

강자라고 약자를 삼킬
권리는 없다

오후에 평화연설회에 가서 방청했다. 미국인이
말하기를 평화회는 부전(不戰)을 도모하는 데 힘
쓰고 인류의 행복을 증진하는 것이라고 한다.
도덕상, 경제상, 생리상으로 전쟁을 없앨 수 있
다고 한다. … 와서 듣는 자가 100여 명에 지나
지 않는다. 일본인들에게 냉소를 당하고 있음을
가히 알 수 있다.

— 『동유약초』(1911)[3]

세계사적으로 근대가 전개된 시기, 조선을 포함한 동아시아의 젊은 지식층 대부분은 제국주의적 사회진화론에 함몰되는 경향을 보였다. 힘의 우열에 따라, 패배한 자의 완전한 소멸을 요구하던 강자의 논리에 침략을 당한 자들도 빠져들어 갔다.

지금 생각해보면 의문이 생기지만, 제국주의 침략이 대세이고 당연시되던 19세기 말 20세기 초에는 세계 어느 곳이든 그랬다. 약육강식과 우승열패로 무장한 사회진화론이 인간과 사회를 움직이는 유일한 원리처럼 군림하면서 침략에 대한 저항 동력이나 정체성을 무력화시켰다.

일본은 이제 막 제국주의 국가로 발돋움하고 있었고, 그곳으로 건너온 조소앙뿐 아니라 이광수, 왕징웨이, 루쉰도 마찬가지로 사회진화론을 접했다. 도쿄에서 유학 생활을 했던 한국과 청의 청년에게 사회진화론은 고민을 거듭하지 않을 수 없는 '큰 산'이었다.

그러나 조소앙이나 루쉰처럼 큰 산을 넘어선 경우는 소수였다. 중간에 힘에 부쳐 주저앉는 경우가 대부분이었다. 이광수처럼 아예 처음부터 큰 산에 압도돼 고민할 생각도 하지 않고 극단적인 사회진화론자가 되는 경우도 적지 않왔다. 왕징웨이도 비슷했다. 이들은 결국 일본의 침략 논리와 자신을 일치시키는 수준까지 갔다.

현실적으로 조선왕조-대한제국은 무기력했고, 이제까지 진리로 받아들였던 성리학적 세계관은 제국주의 침략 앞에 속절없이 무너졌다. 이 과정에서 우리도 강하면 생존할 수 있다는 자강(自强)론의 겉모습을 띤 사회진화론이 유학생들 사이에 급속히 확산됐다. 이때 그들이 갖고 있던 미성숙한 계몽주의적 엘리트 의식은 사회진화론이 광범위하게 수용되는 기반이 됐다.

대부분의 유학생들이 백성을 우둔한 존재로 규정하고 그 속에 자신들은 포함되지 않는다는 자의식 속에 빠져 있었다. 제국주의 지배를 우승열패 논리로 합리화한 사회진화론적 위계화에 따라 백성을 '문명인'으로 만들어야 한다는 함정에 빠진 것이다. 엘리트주의에 파고든 사회진화론적 사고방식은 자신의 말을 이해하지 못하고 따르지 않는 민중에 대한 실망, 나아가 혐오로 이어지기도 했다.

한말 유학생들 대부분이 현실에 순응한 채 개인의 안위를 택했던 것도, 이광수처럼 독립운동에 투신했더라도 많은 경우 1920년대에 접어들며 포기했던 것도 같은 이유였다. 그들은 엘리트주의적 사회진화론에 입각해 민중 혐오를 체화했다.

조소앙은 어땠을까? 물론 그도 제국주의와 함께 들어온 근대를 인정했고, 그것이 만들어 낸 변화를 긍정했다. 그러나 그는 거듭된 독자적 고민 속에서 사회진화론을 전혀 다른 양태로 소화했다.

조소앙은 '진화'의 개념을 인권의 신장과 평화의 확립 등으로 전환시켰다. 진화를 인정하지만 진화의 개념을 '강자가 약자를 삼킬 권리'라고 보는 것을 부정했다. 결은 조금 다르지만, 루쉰이나 후세 다쓰지(布施辰治)의 고민 과정과 비슷했다. 조소앙은 확실히 같은 시기 여느 조선인 유학생들과 다른 모습을 보였다. 자유민권의식에 대한 그의 탐구열 때문만은 결코 아니었다. 그 배경이나 동력은 무엇일까?

1905년경까지만 해도 조소앙은 일본의 국권 침탈을 비판하면서도, 일본이 이뤄낸 근대 문명을 선망의 눈으로 바라봤다. 근대 '문명국가'로 성공한 일본과 약소국 한국을 대비하면서 한국의 무능함을 자책하는 모습은 여느 유학생들과 비슷했다.

그런데 도쿄부립제일중학교를 졸업하던 1907년부터

일본을 보는 시각에 큰 변화가 생겼다. 그사이 사고의 폭이 넓어진 데는 '헤이그 밀사사건'으로 고종이 강제 폐위되는 상황이 큰 영향을 미친 것으로 보인다. 헤이그 밀사사건 이후 일본 사회는 군부와 관료뿐 아니라 일반 국민조차 한국 침략을 정당화하면서 환호하는 여론에 압도돼 갔다. 조소앙은 '야만'의 현상을 현장에서 직접 확인하면서 일본이 '문명국가'인가에 대한 깊은 회의에 빠졌다.

이제 조소앙은 더 이상 일본과 일본인을 근대의 모범 국가와 모범 국민으로 인식하지 않았다. 1907년경 그가 본 일본은 동양 평화와 한국 독립에 대한 국제적 약속을 저버린 배신의 나라였다. 일본을 평가하는 관점에 근본적인 변화가 생긴 것이다. 그는 근대를 선도하던 문명 부강이라는 물질적 가치보다 '신의' '합법성' '정의' 등과 같은 도덕적, 인간적 가치를 기준으로 세상을 바라보기 시작했다.

조소앙의 독자적인 사고 영역도 확대됐다. 『동유약초』에는 강제병합 이후 한국에 대한 일본인의 악의적 왜곡을 비판하고 반감을 표출하는 내용이 많이 보인다. 1910년 12월 7일 일기에는 한국을 대상으로 한 식민정책 운운하는 연설회를 다녀와서 울분을 토하기도 했다.

'평화연설회'를 방청한 후 적은 1911년 11월 10일 일기에는 일본인이 '평화'를 냉소적으로 대한다고 적었다. 이 무렵 '평화'라는 가치를 근본적으로 탐구하기 시작한 것으로 보인다. 국가 간 경쟁이나 침략을 넘어 '평화'의 개념에 따라, 제국주의 국제질서를 비판적으로 바라보는 시야가 확장된 것이다.

이런 사고 과정을 거쳐 사회진화론적 제국주의 인식은 궁극적으로 힘의 논리에 의한 국가 문제 해결, 즉 전쟁으로 발현될 뿐이며 이를 극복하려면 결국 '평화'라는 방법을 끊임없이 탐구해야 한다는 결론에 이르렀다. 제국주의에 지배받는 나라의 구성원으로서 쉽지 않은 발상이었다.

평화에 대한 탐구는 일본 야스쿠니신사를 보는 인식의 변화로 이어졌다. 일본 유학 초기 조소앙은 야스쿠니신사를 한국의 장충단 같은 추모 시설로 이해했다. 그리고 천황이 참석하는 제사 의식을 참관하면서 근대국가 일본의 성대함에 감탄하기도 했다.

장충단은 1895년 을미사변 때 순직한 홍계훈, 이경직 등의 혼을 위로하기 위해 1900년에 세운 제단이었다. 후에 임오군란, 갑신정변 때 사망한 관료들도 합사했지만 조선총독부에 의해 폐사된 후 1920년대에 공원으로 조성됐다. 즉 침략전쟁에 동원됐던 전사자가 '추모' 대상의 중심이 된 야스쿠니신사와 장충단은 같은 선상에서 비교할 수 없는 공간인 것이다.

1911년 5월 7일 조소앙은 일기 속 창작시를 통해 크게 달라진 생각을 드러냈다. 그는 침략전쟁에 참여했다가 사망한 일본인 군인까지 제국주의의 희생자로 그렸다. 희생자라는 사실조차 깨닫지 못한 채, 전쟁을 고무하는 군국주의적 종교의식과 이런 논리에 무비판적으로 동원되는 일본의 상황을 비판했다.

조소앙의 평화 관념은 식민지민뿐 아니라 일본인 희생자 또한 제국주의의 피해자라는 인식에 이르렀다. 제국주의 국가 내에서도 동원되고 희생되는 민중이 있음을 인지한 것이다. 제국주의 국가의 국민과 식민지민을 아우르는 평화와 인권 인식은 당시 일본은 물론 구미 학자에게서도 보기 어려운 사상이었다.

이에 따라 사회진화론은 조소앙에게 '녹림(綠林) 시대', 즉 도적이 난무하는 시대를 정당화한 것에 불과했다. 그는 "강자가 약자를 삼킬 권리"를 전혀 인정하지 않았다. 루쉰

이 사회진화론을 짐승의 본성을 이론화한 것일 뿐이라고
정리한 것과 궤를 같이 한다.

조소앙이 도출한 '평화' 개념은 당대의 대다수 조선인 유
학생들과 결을 달리 하는 웅대한 독자성을 보여준다. 침략
을 당연시하는 사회진화론이 온전히 체제 내로 흡수된 신
흥 제국주의 국가, 일본의 한복판에서 이뤄낸 성과였다.

민주와 평등을 표방한
최초의 독립선언서

군국주의와 전제정치를 없애버림으로써 민족 평
등을 전 지구에 두루 펼치려는 것이니 이것이 바
로 우리 독립의 첫 번째 의미인 것이다. … 모든 동
포들에 동등한 권리와 동등한 재산을 베풂으로써
남자와 여자 그리고 가난한 자와 부자가 고르게
살 수 있도록 하며 … 모두가 동등한 지식과 동등
한 수명을 누리도록 하여 온 세상의 인류를 바로
잡고자 하는 것이니, 이것이 바로 우리가 나라를
세우면서 내세우는 깃발인 것이다.

– 「대한독립선언서」(1919)[4]

조소앙은 강제병합 직후 생긴 심리적 우울과 좌절을 종교와 철학에 몰입하면서 내면의 힘으로 이겨냈다. 한때는 기독교 신앙을 받아들이고, 그 후 유교, 불교, 이슬람교 등 동서양의 모든 종교와 철학을 탐구했다. 이런 숙고의 시간은 결국 이들을 통합한 새로운 가치관을 만들어야겠다는 결심으로 나아갔다.

이에 따라 조소앙은 1915년 단군, 예수, 석가, 마호메트, 공자, 소크라테스 6인의 성현을 모두 일신(一神)의 아들로 보고 통합하는 육성교를 창시했다. 종교 지도자를 자처한 것이다. 그의 종교적 사색은 이후 삼균(三均)주의를 정립할 때까지의 사상적 궤적을 돌아볼 때 매우 중요한 의미를 담고 있다.

각 종교를 섭렵하며 평화를 고민하던 조소앙은 국가주권의 회복 동력을 자연법 그 자체인 신의 명령에서 점차 단군 자손인 "이천만 형제자매"로 전환시켜 갔다. 종교적 사색을 통해 깊이가 쌓인 '보편적 가치관'은 이후 민족과 세계 문제를 분리해 사고하지 않고 통합적으로 해결해야 한다는 그의 독자적 인식으로 이어졌다.

물론 1910년대에 조소앙이 종교적 사색에만 갇혀 있었던 것은 아니다. 실천 속에서 추상적 사고가 구체화되는 과정을 밟아갔다. 그는 1912년 메이지대학을 졸업하고 잠시 귀국한 뒤 이듬해, 유학 시절부터 계획했던 중국으로의 망명을 결행했다. 상하이에서 신규식, 박은식, 신채호 등과 함께 독립운동 단체인 동제사 활동을 시작으로 독립운동이라는 힘겨운 실천의 장에 발을 내디뎠다.

그리고 제1차 세계대전 와중인 1917년, 조소앙은 자신이 초안을 작성한 「대동단결선언」을 상하이에서 신규식, 박용만, 박은식, 신채호 등과 공동 명의로 발표했다. 이 선언문은 해외 독립운동을 통일적으로 지도할 기관을 수립하기 위해 각 단체 대표자 회의를 개최하자는 제안을 담고 있었다. 이는 대한민국임시정부 수립의 기반을 닦았다는 점에서 의미가 있으며, 삼균주의로 정립되는 그의 사상적 씨앗을 담고 있다는 점에서도 중요하다.

「대동단결선언」의 가장 중요한 의의는 '민권'을 정립했다는 점에 있다. 주권 수수는 한민족 사이에서만 이뤄지는 것이 "불문법의 성헌"이기 때문에 "민족사의 불문율에 따라" '한일합병조약'으로 이민족에게 주권을 양도함으로써 한국의 주권이 사라진 것이 아니라, 황제인 순종이 포기한 주권이 민권으로 넘어왔다는 것이다.

이는 매우 의미심장한 역사적 선언이었다. 한마디로 말해 되찾을 나라가 국민주권국가임을 표방한 최초의 독립선언서였다. 이와 같은 민권 개념은 조소앙이 도쿄 유학 시절부터 키워갔던 민권의식이 성숙하게 정리되는 과정에서 나온 산물이었다. 비슷한 시기 이광수에게는 전혀 보이지 않았던 점이다.

1907년 신민회가 조직되고 운동을 시작한 이래, 10여 년이 지나면서 독립운동가들 사이에는 '민'이 되찾을 나라의 주체가 돼야 한다는 생각이 보편적으로 수용됐다. 주권재민 인식의 확산 덕분에 대한제국을 회복하고 군주정을 유지해야 한다는 복벽(復辟)주의는 더 이상 지배적 논리로 자리 잡을 수 없게 됐다.

그리고 「대동단결선언」 발표 뒤 약 2년이 지난 1919년, 조소앙은 김교헌, 김규식, 김동삼 등 39인 명의로 「대한독립선언서」를 작성했다. 「대한독립선언서」는 "동권동부(同權同富)" "등현등수(等賢等壽)"의 독립국가 지향점으로 '민주'와 '평등'을 표방함으로써, 제1차 세계대전 후에 새로운 세계 질서를 모색했다는 의의가 있다. 일제의 탈법, 무도한 점령을 끝내고 "대한민주의 자유를 선포"한 것이다.

「대동단결선언」이 민권, 즉 군주권에서 민권으로의 주권 양도 개념을 담고 있다면, 「대한독립선언서」는 삼균주의의 근간인 평등 인식을 강하게 내포하고 있다. 이는 한 달 뒤 최남선의 기초로 발표된 「기미독립선언문」과의 큰 차이다.

「대한독립선언서」를 통해 조소앙은 재산과 권리뿐 아니라 지식과 건강까지 평등한 나라를 만들어야 함을 밝혔다. 그리고 이때의 평등은 나라 안에서뿐 아니라 나라와 나라 사이에서도 이뤄져야 한다고 역설했다.

이와 같은 평등 개념은 훗날 1941년 「대한민국건국강령」에 이르러 체계적으로 정리됐다. 「대한민국건국강령」에서 내세운 '혁명적 삼균 제도'로서의 보통선거제도 실시를 통한 정치 평등, 토지 국유제를 통한 경제 평등, 국비 교육을 통한 교육 평등의 씨앗은 이미 「대한독립선언서」에 심어져 있었다.

그러나 1910년대 조소앙의 초기 사상과 실천이 담긴 「대동단결선언」이나 「대한독립선언서」는 추상적이고 정서적인 측면이 강했다. 당시에 그는 한민족의 독립투쟁을 인류 사회의 보편적 이상을 위한 자기희생적 투쟁으로 이해했다. 그리고 그 투쟁을 고무하는 것을 개개인의 이익과 권리 실현이라는 현실적 동기보다 상제 등 "신의 명령"이라는 종교적 사명감으로 해석했다. 독립운동이 종교적 사명감이 투철한 소수 선각자의 자기희생적 투쟁으로 읽힐 여지도 있었다.

물론 조소앙이 자신과 민중을 구별하는 엘리트주의와 거리를 두고 있었다는 점은 분명하다. 그는 당시 대다수 유학생들이 갖고 있던 제국주의적 사회진화론을 평화라는 가치를 통해 극복하고자 했다. 하지만 그도 선각자라는 엘리트주의 관점에서 자유롭지는 못했다. 1910년대는 독립운동가들 사이에서조차 여전히 지역이나 신분 등 출신을 따지는 분위기가 존재했다. 그런 시대적 한계를 혼자 뛰어넘을 수는 없었다.

그러나 이런 한계를 극복하는 계기도 머지않아 마련됐다. 이는 조소앙에게도, 그 시대를 살았던 조선인들 대부분에게도 심리적이고 실천적인 전환의 계기를 만들었다. 그 후로는 현실 속에 뿌리를 둔 독립운동의 실천적 지도 이념이 등장했다. 바로 3·1운동이었다.

3·1운동의 충격,
선각자 의식을 버리다

기운이 농숙하고 그 시기를 포착하면 우리 민족
보다 더 단결이 강한 민족도 다시 없는 것을 나
는 3·1운동에서 발견하고 교훈받았다.

— 「3.1운동과 나」, 《자유신문》(1946)⁵

20세기 전반기를 살아갔던 조선인에게 3·1운동은 저마다의 방식으로 잊기 어려운 기억일 수밖에 없다. 적어도 두 달 이상 전국에 걸쳐 '거족적으로' 진행된 3·1운동은 많은 희생자들을 낳았지만, 그만큼 큰 변화를 불러왔다.

이는 청년이든 장년이든, 남성이든 여성이든, 국내외 독립운동가든 친일파든 상관없이, 심지어 일본 제국주의에까지 특별한 기억으로 각인됐다. 다만 기억의 내용과 형태가 다를 뿐이었다.

조소앙에게도 3·1운동은 엄청난 충격이었고 그의 생각을 변화시키는 일대 사건이었다. 이전까지 그는 도쿄 유학 시절에 인식한 대로, 사회진화론에 함몰되지 않은 독자적 사고로 '민권'을 이해했다. 이는 1919년 「대한독립선언서」를 작성할 때까지도 동일했다. 따라서 여느 지식층처럼 노골적인 민중 혐오나 폄하를 드러내지는 않았지만, 독립운동은 선각자, 즉 엘리트가 이끄는 신성한 투쟁이라는 생각도 함께 갖고 있었다.

3·1운동에 대한 여러 회고에서 조소앙은 엘리트주의 인식에 빠져 있던 과거를 고백했다. 해방 직후 1946년 《자유신문》에 기고한 「3.1운동과 나」라는 글을 보면 3·1운동 이

전의 그는 "민족의 단결성 결여를 개탄하고 실망"한 상황이었다. 열심히 활동하는 해외 독립운동가와 달리, 국내 민중은 독립의 숭고한 의미를 모르고 신성한 항일투쟁 정신을 갖지 못한 존재라고 생각했다. 민중이 침묵한 채 수동적이고 소극적이라고 여겼다.

민중을 대하는 입장에서 보면 3·1운동 이전까지는 조소앙과 이광수 사이에 질적으로 큰 차이는 없었다고 볼 수도 있다. 그러나 3·1운동 이후 둘 사이의 간격이 점점 넓어졌고, 결국 1938년 이후에는 '적대적'으로 바뀌었다. 3·1운동의 경험을 어떻게 소화했는가에서 나타난 차이기도 했다.

이광수는 3·1운동 이전 2·8 독립운동 때부터 누구보다 열심히 1919년을 보냈다. 상하이로 건너가 대한민국임시정부에 참여해 기관지 《독립》의 책임을 맡아 반일 논설을 집필했다. 그러나 갑자기 폭발했던 열정은 길게 가지 못한 채 2년여 만에 수그러들었다. 뿐만 아니라 정반대 방향으로 급전환했다.

1921년 평생의 스승 안창호의 만류에도 귀국을 택한 이광수는 조선에는 "유치한 자유론, 평등론이 성행하며 사회의 발전을 저해함이 자못 크고" 조선인은 "아무런 단체 생활도 영위치 못할 것"이라는 비관적 결론을 내렸다. 그리고 1922년 발표한 「민족개조론」에서 3·1운동을 "무지몽매한 야만 인종"이 행했던 우연한 변화로 폄하했다.

누구보다 열정적이었던 이광수는 왜 2년 만에 싸늘하게 식었을까? 3·1운동 이후 그의 민중 불신, 우민관은 더 극심해졌다. 결국 독립을 이루지 못하고 '실패'했다는 결과에 대한 실망, 그리고 열정을 품고 떠났던 상하이에서의 독립운동가 생활이 줬던 피폐함 등이 그를 금세 좌절하게 만들었다.

바로 이 지점에서 조소앙은 크게 달랐다. 그는 독립을 이뤄내지 못한 결과만으로 단기적 관점에서 '실패'했다고 평가하지 않았다. 오히려 전 민족적 항쟁 과정을 보면서 장기적 관점에서 희망을 발견했다. 상황은 다르지만, 루쉰이 절망할 수밖에 없는 중국 현실 속에서도 희망을 본 것과 비슷하다.

근대주의적 사회진화론에 함몰된 지식인과, 그 틀에서 완전히 자유로울 수는 없더라도 나름의 방식으로 벗어나 자기 것을 추구했던 지식인의 차이기도 했다. 개인의 성격 측면에서 본다면, 정신적 나약함에서 비롯된 비관주의와 여러 사상을 섭렵한 후 소화하는 '열린 호수'의 넓은 품에서 비롯된 낙관주의의 차이일 수도 있겠다.

수동적이고 침묵하는 존재라고 생각했던 민중이 일으킨 전 민족적, 전국적 3·1운동은 민중에 대한 조소앙의 생각을 일거에 바꿔버렸다. 기운과 "시기를 포착하면 우리 민족보다 더 단결이 강한 민족"이 없다는 점을 3·1운동을 통해 발견한 것이다.

조소앙이 해방 직후 작성한 「3.1운동과 나」 또한 그 시기 다른 담론들과 차별적이다. 3·1운동의 국제적 배경으로 미국 대통령 우드로 윌슨의 '민족자결주의'를 거론했던 일반적 논의와 달리, 그는 1911년 중국의 신해혁명과 1917년 러시아혁명을 지적했다. '열린 호수'로서 폭넓게 탐색하는 그의 특징이 드러나는 부분이다.

사실 러시아혁명의 영향은 이광수가 기초한 「2·8 독립선언서」에도 배어 있었다. 3·1운동의 국제적 배경으로서 신해혁명과 러시아혁명은 국제정세를 민감하게 주시하며 유학생과 교류해온 국내외 독립운동가에게 큰 사상적 충격을 안겨줬다.

이후 3·1운동 15주년을 맞아 1934년에 쓴 「3.1운동의 장처와 단처」라는 글에서는 3·1운동 이전과 비교해 조소앙의 사고가 질적으로 달라졌고 실천의 구체성이 높아졌음이 드러난다. 그는 3·1운동의 큰 특징이자 장점으로 "각 계급의 정치적 협동"과 "대중적 직접행동"을 들었다. 그러면서 대중의 단결된 행동은 모든 운동의 종합적, 발전적 형태이며 적을 두렵게 하고 위축시키는 유효한 수단이라고 강조했다.

이전까지는 암흑의 현실을 벗어나는 매개체를 신과 종교 등 초월적 범주나 선각자에게서 찾았지만, 3·1운동을 경험하면서 독립운동의 동력을 현실의 민중에게서 찾은 것이다. 더 나아가 어떻게 하면 다양한 민중과 함께 독립운동을 해나갈 수 있는가 하는 방법론, 운동 방략을 고민하기 시작했다.

3·1운동은 사회진화론을 극복했음에도 조소앙에게 남아 있던 엘리트주의 인식을 벗어나게 해줬고, 독립운동을 실천하는 과정에서 이전까지의 추상적 '민' 의식이 구체적이고 확고하게 정립되는 분기점이 됐다.

06

독립운동에서
평등론을 길어내다

무엇을 민족 전체의 행복이라 하는가?
그것은 정치 권리의 동등함,
생활 권리의 동등함,
그리고 배울 권리의 동등함이다.

– 「한국의 현상과 그 혁명 추세」(1930)[6]

3·1운동 직후, 조소앙은 활동 무대를 유럽으로 넓혔다. 첫 시작은 파리였다. 당시 그곳에서는 제1차 세계대전 승전국들의 전후 처리를 위해 파리강화회의가 열렸다. 대한민국임시정부의 공식 대표로 김규식이 파견됐다. 이를 지원하기 위해 그곳에 도착한 조소앙은 기대와 다른 상황에 큰 실망을 할 수밖에 없었다.

일본이 승전국의 일원이었던 상황에서 조선의 독립 문제는 회의 중에 거론조차 되지 않았다. 파리강화회의의 슬로건처럼 여겨진 '민족자결주의'는 패전국인 독일제국, 오스트리아-헝가리제국, 오스만제국의 식민지에만 한정된 허울뿐인 메시지였다. 이 회의에서 독일이 지배하던 산둥반도 이권을 일본에 뺏기게 된 중국의 입장도 마찬가지였다.

낙담할 수밖에 없는 상황이었다. 그러나 '민'이라는 희망의 동력을 3·1운동이라는 구체적 현실 속에서 확인한 조소앙은 여기에서 포기하지 않았다. 이후 그는 유럽 각국을 순방하며 파리에서 수행하고자 했던 외교 활동을 전개했다. 이때의 경험은 훗날 삼균주의를 체계화하는 데 큰 영향을 미쳤다.

1919년 스위스에서 열린 만국사회당대회에 참석한 조소앙은 조선 독립 승인 결의안을 제출해 통과시키고, 1920년 3월 네덜란드에서 열린 만국사회당 집행위원회에도 참석해 조선의 독립 문제를 국제연맹에 제출하도록 요구하는 등 한발 더 나아간 실천을 보였다.

물론 유럽 각국이 정부 차원에서 한국의 독립을 승인한 것은 결코 아니었다. 이는 각국 내 사회민주주의 정당 차원의 승인에 불과했다. 그러나 이런 행보로 식민지 조선의 현실과 세계 근대사의 식민지 문제가 제국주의 국가들이 모여 있는 유럽 한복판에 본격적으로 알려졌다. 그런 점에서 분명 한국 독립운동사의 상징적 사건이었다.

이후 조소앙은 영국으로 건너가 영국 노동당 협조를 얻어 영국 하원의 조선 독립에 관한 4개 질문안을 제출했으며, 소련에서 개최된 10월혁명 기념대회와 모스크바 공산당대회에 참석했다. 2년여 동안 사회민주주의, 공산주의, 자본주의를 대표하는 각국 세력을 만난 그는 상하이 임시정부로 돌아왔다.

조선의 독립 문제를 알렸던 만국사회당대회에서의 활동은 이후 조소앙의 사상적 궤적에 큰 영향을 끼쳤다. 자본주의, 제국주의 비판 논리는 더욱 정연해졌다. 사회민주주의, 아나키즘, 공산주의에 대해 비판적으로 정리하는 시간도 가질 수 있었다.

이 과정에서 삼균 사상의 근간인 '평등' 개념을 계급 혁명, 남녀평등, 신분 철폐 등으로 구체화하고, '평화' 개념을 권력의 민주화, 나아가서 전쟁 금지, 국가 간-민족 간 화해로 확대했다.

조소앙은 독립운동 전선에 발을 디딘 후에도 어느 한쪽에 치우치지 않고 다양한 생각을 포섭했다. 이를 통해 끊임없이 지적 역량을 키워갔다는 점은 동료들도 인정하는 사실이었다. 이에 1917년 「대동단결선언」 이래 1941년 「대한민국건국강령」에 이르기까지, 한국 독립운동 역사에서 주요하게 거론되는 발표문은 그에게 초안 작성이 맡겨졌다. 그는 묵묵히 이를 감당했다.

3·1운동 후 요원의 불길처럼 타올랐던 해외에서의 독립운동 열기는 일제의 탄압과 독립운동 세력 내부의 갈등 등이 원인이 돼 1920년대 중반 침체기에 빠졌다. 이런 상황에서 이념과 지역 대립으로 분열된 운동 진영을 통일하고, 새 활로를 모색하고자 민족유일당운동이 전개됐다. 국내

에서 전개된 신간회 운동과 궤를 같이하는 움직임이었다.

1927년 결성된 한국유일독립당 상해촉성회에서 조소앙은 안창호, 이동녕, 김구 등과 함께 상임위원으로 참여했다. 그러나 민족유일당운동은 이념과 방법론의 차이를 극복하지 못하고 실패했다. 이후 독립운동 진영은 유일당을 조직하기보다 이념과 정파별로 독자적 정당을 결성하는 방향으로 나아갔다.

그렇게 1930년 조소앙은 안창호, 이동녕, 김구 등과 한국독립당을 결성했다. 한국독립당은 임시정부를 뒷받침하는 여당 성격의 정당으로, 조소앙은 결성 초기부터 발기위원으로 참여하며 당의 및 당강 기초위원으로서 삼균주의에 따른 정강과 정책을 작성했다. 1931년 한국독립당의 조직, 활동, 주의, 정강, 정책 등을 소개한 「한국독립당의 근상」에는 정치, 경제, 교육의 '균등'이라는 삼균주의의 구체적인 이론과 내용이 담겨 있다.

그런데 「한국독립당의 근상」을 이해하기 위해서는 그보다 1년 전에 탈고한 조소앙의 다른 글을 먼저 봐야 한다. 1930년 탈고 후 1932년에 간행된 『소앙집』 상편에 수록된 「한국의 현상과 그 혁명 추세」이다. 초판본 기준으로

124쪽, 여섯 개의 장으로 구성된 긴 글을 통해 그는 한국 독립운동의 역사를 자신만의 관점에서 정리 분석했다.

특히 5장에서는 정치, 경제, 교육 균등을 핵심으로 한 삼균주의 문제의식에 따라 정치적 유린, 경제적 파멸, 교육적 탄압의 현실을 분석한 뒤 고대에서 현대에 이르는 혁명 역사를 논했다. 삼균주의를 한국 혁명의 발전 과정에 따른 역사적 결과물로 인식한 것이다.

조소앙은 흥선대원군의 개혁, 갑신정변, 동학농민운동, 3·1운동 등으로 이어진 한국 혁명의 주체가 소수의 귀족 및 지식 계급에서 청년 학생과 노농 계급으로까지 확대됨으로써 민중운동 성격으로 발전했다고 봤다. 노동자, 농민 계급을 민중의 한 주체로 구분 지어 설정하면서도 특별히 청년 학생이라는 주체를 설정했다는 점은 균등의 대상으로 정치, 경제와 함께 교육을 설정한 그의 독특한 관점과 연결된다.

조소앙이 교육을 중시했다는 사실은 1919년 「대한독립선언서」에도 드러나 있지만, 혁명을 이끌 민중으로 특별히 청년 학생을 호명한 것은 1929년의 광주학생항일운동에 주목한 결과였다. 실제로 「한국의 현상과 그 혁명 추세」의 마지막 6장 '광주혁명의 진상'에서는 하나의 장 전체를 온전히 광주학생항일운동을 설명하고 분석하는 데 할애했다.

3·1운동을 목격한 이후 국내 민중의 움직임을 주시하던 조소앙은 국내 독립운동의 역량이 청년 학생에게 있다는 것을 광주학생항일운동을 통해 확인했다. 실제로 일제강점기는 물론 해방 후 1980년대까지 한국 민주화운동의 한 주력은 학생운동이었다.

이처럼 1930년에 탈고한「한국의 현상과 그 혁명 추세」가 삼균주의 관점에서 정리한 한국 혁명의 역사서라면, 이듬해 발표한「한국독립당의 근상」은 이를 바탕으로 정리한 정치적 팸플릿에 해당한다. 국가건설론을 명확하게 천명하면서, 현실적이고 구체적인 방안을 제시했다는 점에서 이전의 글들과 차별적이다.

> 한국독립당이 표방하는 주의는 과연 무엇인가? '사람과 사람, 민족과 민족, 국가와 국가의 균등한 생활을 주의로 삼는다'라는 것이다. 어떻게 사람과 사람의 균등을 실현할 수 있는가? 정치균등화, 경제균등화, 교육균등화가 그것이다.[7]

한국독립당은 「한국독립당의 근상」에 근거해 8대 당강을 설정했다. 특히 정치, 경제, 교육의 균등을 실현해야 한다는 삼균주의는 한국독립당의 공식 당강으로 채택되면서 구체적이고 체계화되기 시작했다.

대한민국의 건국이념이 된
삼균주의

제3장 건국

一. 적의 일체 통치기구를 국내에서 완전히 박멸하고 국가의 수도를 정하고 중앙정부와 중앙의회의 정식 활동으로 주권을 행사하며 선거와 입법과 임관(任官)과 군사와 외교와 경제 등에 관한 국가의 정령이 자유로 행사되어 삼균제도의 강령과 정책을 국내에 시행하기 시작하는 과정을 건국의 제1기라 함.

– 「대한민국건국강령」(1941)[8]

1930년 한국독립당 결성 후 조소앙의 여정은 복잡했다. 1932년 이봉창, 윤봉길 의거를 계기로 대한민국임시정부가 상하이에서 항저우로 옮길 때 그도 동행했다. 한편 1935년 민족유일당운동이 다시 시도돼 김원봉 주도로 조선민족혁명당이 결성됐을 때도 한국독립당 대표로서 적극 참여했다.

그러나 정강과 정책을 기초하는 과정에서 의열단 계열과 노선 갈등이 빚어졌다. 민족유일당운동의 대의에 따라 조선민족혁명당에 참여했지만, 의열단의 아나키즘 경향 때문에 정강이나 정책을 구체적으로 구상하는 데 합의점을 찾기 어려웠을 수 있다. 결국 조소앙은 조선민족혁명당에서 이탈해 한국독립당을 재건했다.

그렇게 민족유일당운동은 다시 실패로 돌아갔다. 이 과정에서 조소앙은 이념적 차이가 있는 세력의 연합이 어려운 일이라 판단하고 두 가지 방식으로 대응했다.

첫째, 우익 민족주의 정당과 연합전선을 모색했다. 1937년 조소앙이 이끄는 재건파 한국독립당은 김구의 한국국민당, 이청천의 조선혁명당 등과 통합을 시도했고 마침내 1940년 통합 한국독립당을 결성했다. 그렇게 조소앙은 통합 한국독립당이 주도해 임시정부가 1941년 발표한 「대한민국건국강령」의 초안을 작성했다.

둘째, 갈등의 대상이었던 김원봉 세력을 비판했다. 이전부터 조소앙은 사회진화론을 극복하고 민권과 평화, 평등을 추구하고자 했다. 이에 따라 '대동사상'에 기초해 사회민주주의, 공산주의, 아나키즘 등을 아우르면서 삼균주의의 근간을 구체화하고 체계화했다. 사상적으로나 정치적으로나 좌파, 적어도 중도좌파 계열과 친연성이 클 수밖에 없었다.

그러나 조소앙의 정치적 뿌리는 민족주의, 우파 계열이었다. 따라서 현실의 운동 과정에서 발생하는 갈등 국면에서는 정치적 선택을 분명하게 했다. 일단 통합 한국독립당의 의미를 강조하기 위해 지도 이념인 삼균주의가 공산주의나 아나키즘과 다르다는 점을 부각시켰다.

그렇다고 해서 조소앙이 조선민족혁명당을 적대적으로 설정한 것은 아니다. 한국독립당 당원들이 조선민족혁명당에 개인적으로 머물러 있는 것을 인정했고, 조선민족혁명당이 '한국독립당의 당의와 정강의 대부분을 채용'하고 있기 때문에 '우의 단체'로서 '민족적 연대 관계'를 견지해야 한다고 강조했다. 느슨한 형태의 협동전선을 유지하고 있었다.

사실 아나키스트였던 의열단장 김원봉은 굳이 이념적 스펙트럼으로 구분한다면, 우파와 친연성을 갖고 아나키스트에서 중도좌파로 전환한 독립운동가였다. 소수의 의열 투쟁에 한계를 느끼고 중국 국민당이 제1차 국공합작을 계기로 설립한 황푸군관학교에 입학한 그는 조선의용대를 이끌다가 1942년 광복군 부사령으로 임시정부에 합류했다. 협동전선의 큰 성과라고 할 수 있다.

이는 곧 삼균주의를 실현하기 위해 정치 세력의 외연을 넓히려는 시도이기도 했다. 실제로 조소앙은 1910년대부터 '균등'이라는 가치를 계속 발전시켜 갔다. 이와 같은 과정을 거쳐 삼균주의 '균등' 방략은 구체성이 커지는 한편 「대한민국건국강령」에서 체계적으로 정리될 수 있었다. 특히 국가를 탈환하는 복국(復國) 단계를 넘어 건국(建國) 단계를 제시한 3장에는 정치, 경제, 교육에서 시행해야 할 정책이 구체적으로 기술돼 있다.

경제 균등에는 무상 의료나 노동권 보장, 교육 균등에는 자치 능력 양성, 교과서 무료 분급 등 구체적 정책까지 거론됐다. 「한국독립당의 근상」이나 한국독립당 8대 당강과 비교해보면 매우 구체적으로 발전한 것이다.

이와 관련해 「대한민국건국강령」에 나타나 있는 임시정부의 국가건설론에 대해 고등학교 교과서에서는 다음과 같이 서술하고 있다.

> 대한민국임시정부는 조소앙의 삼균주의에 입각한 대한민국건국강령을 발표하였다(1941). 건국강령은 대한민국임시정부가 제시한 신국가 건설계획으로, 보통선거를 통한 민주공화국 건설, 토지개혁, 주요산업 국유화, 남녀평등, 의무교육제도의 실시 등의 주장을 담고 있다.[9]

이에 대해서는 부연 설명이 필요하다. 임시정부의 경제정책안은 삼균주의 원칙에 따라 명확한 토지개혁 방침 위에서 도출한 것으로, 주요 산업의 국유 및 국영을 특정 이념의 산물로 제한해서 봐서는 안 된다. 오히려 좌우 이념의 경제정책을 수렴한 것이라는 점을 주목해야 한다.

이는 국가를 상실하고 일본 자본이 조선 경제를 독점적

으로 지배했던 식민지자본주의의 현실에서 자연스럽게 제기된 구상이었다. 집권 세력의 이념 여하와는 관계가 없었다. 새로운 국가는 나중에 민간 불하를 하더라도 일단 먼저 주요 산업을 국영하는 수순부터 밟아야 하기 때문이다.

또한 국유 및 국영은 실제 운영에서 '경제계획'을 수반할 수밖에 없다. 1945년 해방 직후 발표된 「재중경 한국독립당 제5차 대표자대회 선언」에 따르면 한국독립당 당강은 "계획경제제도를 확립"해서 "균등사회의 행복생활을 보장"해야 한다고 규정돼 있다.

실제로 해방 후 한국 자본주의 전개 과정을 보더라도 정부 수립 직후부터 1996년까지 반세기 동안 '산업부흥5개년계획' '경제부흥5개년계획' '경제개발3개년계획' '경제개발5개년계획' '경제·사회개발5개년계획' '경제·사회발전5개년계획' 등 시대의 변화를 반영한 각종 명칭의 '경제계획'이 이뤄져 왔다.

해방 후 토지개혁은 지주층의 이해관계에 민감했던 한국민주당조차 방식, '유상매상 유상분배 원칙'만 다를 뿐 토지제도의 합리적 재편의 필요성을 공감하고 있었다. 실제로 어느 나라에서든 자본주의 경제의 선순환을 위해 일정 단계에서 토지개혁은 필수적이다. 일례로 1945년 말에 열린 좌우 경제 이론가 토론회에서도 이념적 차이를 떠나, 토지개혁의 필요성에 공감했다. 좌우 세력 간에 이해관계가 수렴된 것이다.

이처럼 해방 직후 '열린 우파'의 입장을 총괄한 삼균주의는 경제정책의 기본 구상으로서, 대세적 흐름으로 수렴됐다. 그만큼 이념을 떠나, 통합의 여지를 최대한 넓히는 방략이었다. 조소앙의 삼균주의 구상이 임시정부기, 해방 직후부터 「제헌헌법」 제정에 이르는 시기까지의 다양한 헌법 구상에서 어떤 외국 헌법이나 관련 문서 못지않게 강한 영향력을 발휘했던 것도 이 때문이었다. 특히 국민의 기본 의무와 경제의 장은 압도적 영향력을 발휘했다.

조소앙의 이런 사상을 희석시키는 내용이 헌법에 대거 수용된 것은 5·16 쿠데타 세력에 의해 이뤄진 1962년 개헌 이후였다. 오늘날 승자 독식으로 균열된 정치구조와 양극화로 대립된 경제와 교육 구조 속에서 삼균주의가 남긴 의미는 더욱 크다. 합의에 의한 통치, 균등 경제, 차별 없는 교육을 강조한 그의 헌법사상은 새로운 헌법 대안을 마련하고자 할 때 중요한 자산이 될 수밖에 없다.

일본은 졌지만
주권은 아직 광복되지 않았다

우리는 제1보로 국가를 광복한 다음에 제2보로 국
가의 모든 대중을 동원하여 제3보에야 국가의 유
지발전에 필요한 과학적 시설로써 … 정치, 경제,
교육의 삼균제도를 철저한 혁명적 방식으로 건립
할 것을 갈구한다.

－ 「삼균의 대로」(1946)[10]

1945년 8월 15일 해방은 일본 제국주의의 압제에서 벗어나 독립국가를 건설하는 기회의 장이었다. 비밀리에 이뤄졌던 독립운동가의 활동은 해방과 동시에 공개적이고 대중적인 정치활동이 됐다. 친일 세력까지 포함해 해방 후 한반도에는 '3인 1당'이라 일컬을 정도로 정당이 난립했다. 이합집산과 정치투쟁의 장이 시작된 것이다.

이런 상황에서 '열린 우파'의 입장을 총괄한 삼균주의는 이념의 차이를 넘어 통합의 여지를 최대한 넓히는 방략이었다. 그러나 문제가 있었다. 해방 정국에서의 통합-연합 구상은 대한민국임시정부를 중심으로 진행해야 한다는 전제가 너무 강했다.

냉정하게 평가한다면 임시정부나 조소앙의 '고집'은 해방 후의 상황 판단을 그르치고 전체 판국을 어그러뜨리는 한 원인으로 작용했다. 해방 후의 새로운 장에서 그의 정치역정은 임시정부 세력과 함께였다. 당시 임시정부 요인들은 정부 자격으로 귀국을 시도했지만 미국이 임시정부를 인정하지 않아 결국 두 차례로 나뉘어 개인 자격으로 귀국했다. 그도 1945년 12월 2일 2진으로 귀국했다.

임시정부가 귀국하면서 내세운 논리는 '임정중심론'이

었다. 그러나 미군정은 해방 후 현실적으로 남한을 '점령'하고 '통치'하는 주체였다. 이런 상황을 틈타 우후죽순처럼 생겨난 수많은 정치 세력들 또한 임시정부의 주장에 흔쾌히 동의하지 않았다. 당연하게 기대했던 것과 달리 임시정부가 수많은 정치 세력 중 하나로 대접받는, 조소앙으로서는 기막힌 상황이 벌어진 것이다.

물론 이승만을 중심으로 한 독립촉성중앙협의회나 김성수, 송진우 중심의 한국민주당 등은 해방 직후 '임정봉대론'을 내세우기는 했다. 그러나 당시는 좌파, 중도좌파, 중도우파 세력이 연합해 조선인민공화국을 선포하며 세력을 결집하기 시작한 상황이었다. 즉 이에 대응하기 위해 임시정부를 내세워 그 시점에서 수세에 몰렸던 자신들의 세력을 지키고자 하는 정략적 방편의 성격이 컸다.

이런 상황에서 조소앙은 "각 정당 혹은 각 혁명운동이 집결될 때 비로소 통일되는 것이다. 좌우익이 함께 모여, 거기에 헤게모니를 누가 잡느냐 하는 문제가 대두될 때는 과거 신간회 모양으로 통일에 실패될까 염려되는 바"라며 임정 중심의 통일전선을 강조했다.

그러나 임시정부 세력이 통일국가 수립을 위한 좌파와

의 연합전선에 적극적인 자세를 취한 것도 아니었다. 어떻게 보면 임시정부가 '정통성'을 당연하게 생각하거나 과신하면서도, 미군정하에서 기대와 다른 상황이 벌어지는 것에 대한 대응책으로 오히려 더 강하게 밀어붙인 측면도 보인다.

불안정한 정국은 모스크바3상회의에서의 신탁통치에 관한 결정을 1945년 12월 27일 《동아일보》가 오보하며 결정적으로 폭발했다. 사실 모스크바3상회의에서 가장 중요한 결정 사항은 신탁통치보다 통일 정부를 세우기 위한 '민주주의 임시정부'의 수립이었다.

적어도 이때까지는 한반도에 진주한 무력적 실체인 미국과 소련은 동상이몽이었다 하더라도 한반도 통일 정부 수립에 대해서는 합의한 것이다. 그에 비하면 미국, 영국, 중국, 소련 4개국의 신탁통치안은 민주주의 임시정부와 협의해 결정하되 "최장 5년"이라는 시한이 설정된 부수적 사안이었다.

한반도와 상황은 다르지만, 1938년 독일에 병합돼 제2차 세계대전의 패전국이 된 오스트리아의 경우 비교 사례가 될 수 있다. 좌우 연립정부를 유지한 가운데, 10년 동안 미국, 영국, 프랑스, 소련의 점령통치를 받은 오스트리아는 이후 1955년 중립국으로서 통일국가를 이뤘다. 냉전체제로 분류한다면, 양자 모두 신탁통치와 점령통치 주체의 자유 진영 대 공산 진영의 비율은 3 대 1로 같았다.

그러나 조소앙은 1945년 말 임시정부 대변인, 한국독립당 부위원장으로서 신탁통치 반대운동을 위한 '경교장회의'에 참석했다. 이에 미군정청 사령장관 존 하지(John Reed Hodge)는 김구, 신익희 등과 더불어 반탁운동의 전면에 나선 그를 소환해 경고하기도 했다.

한편 1946년 조소앙은 이승만의 미국행에 즈음해 '이승만의 민족 외교'를 후원하기 위한 한국민족대표외교사절후원회를 조직했다. 위원장은 김구, 부위원장은 자신과 김성수 등이 맡았다. 그리고 이듬해 반탁독립투쟁위원회를 결성하기에 이른다.

임시정부는 신탁통치가 "민족자결의 원칙을 고수하는 한국 민족의 총의에 위반된다"는 결의문을 미국과 소련 등에 보내는 한편, 반탁운동을 '독립운동의 재출발'로 규정했다. 1946년 들어 좌익 세력은 한국에 민주주의 임시정부를 세운다는 모스크바3상회의 결정에 총체적 지지로 입장을 선회했다. 임시정부의 강력한 반탁운동은 이런 상황과 맞물린 결정이었다.

가장 핵심적인 결정 사항인 민주주의 임시정부를 수립한다는 내용은 뒤로 물린 채, 지엽적 사항인 신탁통치 문제를 두고 각 정치 세력의 대립과 갈등은 폭발했다. 그 중심에 임시정부가 있었고 조소앙은 반탁운동 논리를 개발했다. 이견을 조율하면서 수렴한다는 타협의 여지는 완전히 배제됐다.

조소앙은 한민족이 수십 년간 독립운동을 전개했고, 이전부터 '국제 공관론' '신탁 관리' 등 자주독립에 반하는 어떤 주장에도 반대해왔다면서 신탁통치 반대가 곧 독립운동이고 그 반대는 자주독립이 아니라고 주장했다. 임시정부의 반탁운동은 선명한 논리를 드러내며 일시적으로 정국의 주도권을 확보할 수 있었다.

그러나 동시에 이전까지 임시정부에서 함께 활동했던 김원봉, 김성숙 등이 임시정부의 편향적 노선을 비판하며 이탈하는 역효과도 불러왔다. 반탁운동을 계기로 임시정부 세력이 나뉘어, 조소앙 등 우익 세력만 한국독립당에서 활동하는 상황이 된 것이다.

즉 '열린 우파'는 정작 진가를 발휘해야 할 해방 정국에서 거꾸로 '닫힌 우파'로 협소해지고 말았다. 반탁운동만 독립운동이라고 규정하는 비타협적이고 배타적인 발언의 진원지가 된 것이다. 이런 상황은 사회의 균등, 세계 일가와의 평화를 주장하던 삼균주의 사상에 조응할 수 없었다. 그러나 조소앙은 1946년《서울신문》에 발표한 「삼균의 대로」에서 반탁운동을 삼균주의 실천의 연장이라고 강조했다.

「삼균의 대로」에서 조소앙은 해방 후 정국을 두고, 연합군의 승리로 일본 제국주의는 무너졌으나 "아직도 우리 국토와 주권은 완전히 광복되지 않은" 상황이라고 진단했다. 이런 진단의 근저에는 신탁통치 문제가 있었다. 그에게 해방 정국은 기본적으로 해방 이전 상황, 즉 「대한민국건국강령」에서 규정한 복국 단계에 머물러 있었다. 그런 관점에서 반탁운동을 독립운동으로 규정하는 배타적 모습까지 보인 것이다.

조소앙에게 삼균주의를 실행하는 방식이란 해방 후 1946년 시점에서도 여전히 '복국'을 통한 '혁명적 방법'에 따르는 것이었다. 이에 반탁운동을 독립운동 단계로 규정함으로써 아직 '혁명적 방법'에 따라야 한다는 논리로 설명했다.

이 무렵 조소앙의 정치적 구상은 같은 기호파로서 그가 그토록 따랐던 이승만과는 달랐지만, 결국 임시정부를 중심으로 한 집권이었고 이를 통해 삼균주의를 실천하려 했던 것으로 보인다. 실제로 그는 반탁운동을 전개하면서도 '골고루 알고, 골고루 벌고, 골고루 하자'는 구호를 내세운 삼균주의청년동맹을 결성했다.

삼균주의청년동맹은 주로 빈민 청년을 대상으로 한 청년 조직이었다. 과학적 노동 문화 건설, 빈민 학회 조직, 빈민 연맹 조직, 빈민 조합 조직, 삼균주의 세계 실현 등 다섯 가지 실천 방침을 정했는데, 혁명적 방법으로 민족 독립을 달성하고 삼균주의 이상을 실현한다는 목적하의 전위 조직 성격을 띠었다.

삼균주의는 일제강점기 해외 독립운동 진영이 이념과 세력에 따라 분열하는 안타까운 상황에서 태동했다. 그런 만큼 연합할 수 있는 구체적인 근거와 내용을 실천 과정에서 체득했다는 점은 삼균주의가 내포한 귀중한 가치였다. 독립운동을 넘어 해방된 조국의 건설 방향을 집대성한 '열

린 우파'의 실천적 고민과 사색 끝에 나온 사상적 귀결이
었다.

　그러나 바다처럼 넓었던 '이념의 호수'는 반탁운동을 계
기로 강한 배타성을 띠고 말았다. 좁은 '웅덩이'로 전락한
호수는 급격하게 메말라 가고 있었다.

여전히 과제로
남은 꿈

우리 민중은 무산계급 독재도 자본주의 특권계급
의 사이비적 민주주의 정치도 원하는 바가 아니
요, 오직 대한민국의 헌법에 제정된 균등사회의
완전 실현만을 갈구할 뿐이다. 이것은 인류의 이
상이 지향하는 정상적 요구이며 그 실현을 촉진함
은 우리 민족에게 부여된 민족적 최대과업이다.

– 「사회당 결당대회 선언서」(1948)[11]

1941년 「대한민국건국강령」에 반영된 삼균주의는 결코 추상적 이념이 아니었다. 좌우 세력을 아울러 국가 건설을 이루려는 현실적인 정책안이었다. 그러나 해방 정국은 국가 건설 관련 정책안을 토론하고 실현할 수 있는 환경이 아니었다.

조소앙도 삼균주의 실행을 위한 정책보다 반탁운동이라는 극렬한 정치투쟁의 장에 적극적으로 나섰다. 제국주의 침략을 극복하고 새로운 바탕에서 국가를 재건해야 하는 신생국이 일반적으로 겪는 모습이기도 했다. 게다가 한반도는 이미 시작되고 있던 냉전의 최전선에 놓인 상황에서 그 갈등과 대립의 폭이 더욱 크게 확대됐다.

1946년부터 이듬해까지 좌우합작운동이 전개되기도 했지만, 조소앙과 한국독립당은 미군정하의 입법기관인 민주의원 설치가 민족 자주성과 거리가 있다고 거부하며 계속 반탁운동을 진행했다. 반탁운동은 이 시기 그에게 곧 신념이었다. 하지만 이런 행보는 결국 고립을 자초했고 안재홍 계열까지 빠져 나가면서 한국독립당의 당세도 크게 약화됐다.

이 와중에 1947년 조소앙은 장덕수 암살의 배후라는 여론이 일면서 경찰에 연행되는 수모까지 겪어야 했다. 정계 은퇴까지 발표할 정도로 그가 받은 충격은 너무나 컸다.

반탁을 전제로 내걸며 좌우합작운동을 소극적으로 대해 온 조소앙은 1948년 1월 남북협상을 전격 추진했다. 분단 정부 수립이 가시화된 상황에서 통일 정부 수립운동의 일 환으로 진행한 것이다. 그에게 단독정부 수립만은 반드시 막아야 할 민족적 과제였다. 반탁운동에 앞장서며 좌우합 작운동에는 미온적이었지만, 남한만의 단독정부 수립은 절대로 용납할 수 없었다. 평생을 존경해왔던 이승만과도 이번에는 뜻이 달랐다.

그러나 4월 남북협상이 성과 없이 종료되고 미군정과 단독정부 세력의 주도로 5·10 총선거가 치러지자 단독선 거에 불참했던 한국독립당은 선거 이후 정부 수립에 협력 할 것인가를 놓고 의견이 갈라졌다.

이런 상황에서 조소앙은 북한이 단일 정권을 세울 준비 를 이미 다 끝낸 상황에서 남북협상은 실패했다고 규정했 다. 이에 따라 그는 단독정부 수립에 찬성하고 이승만 정부 와 협력하겠다는 입장으로 전환한다고 선언했다. 이런 그 의 주장을 김구와 김규식은 수용할 수 없었다. 결국 1948

년 10월, 조소앙은 26여 년간 몸담아 왔던 대한민국임시정부 및 한국독립당과 결별하고 1948년 12월 사회당을 창당하며 독자 노선을 걷기 시작했다.

조소앙이 1948년 「사회당 결당대회 선언서」에서 강조한 내용은 삼균주의에 입각한 정책안이었다. 헌법에 명시된 균등사회의 완전한 실현을 주장하면서 화평 통일 노선과 내각책임제, 단원제를 지지했으며 정치, 경제, 교육 부문의 구체적 정책 방향을 제시했다. 1946년에 발표한 「삼균의 대로」에서 아직 독립운동 단계라고 주장했던 것과 비교하면 2년 사이에 큰 차이를 드러낸 것이다.

결코 원하지 않았던 불완전한 분단 정부 수립이지만 조소앙은 이제 1941년 「대한민국건국강령」에서 제시했던 복국 단계가 아닌 건국 단계에 들어섰다고 파악했다. 삼균주의의 제도적 실행에 중점을 두는 것으로 정치적 판단을 바꾼 것이다. 「삼균의 대로」에서 혁명적 방법을 통한 반탁운동을 주장했다면, 「사회당 결당대회 선언서」에서는 의회주의자로서 의회 진출과 권력 장악, 그리고 이를 통한 삼균주의 정책 실현을 목표로 설정했다.

사회당 창당 후 조소앙은 1950년 5·30 총선거에서 성북구에 출마해 전국 최다득표인 3만 4035표를 얻어 경쟁 후보인 조병옥을 누르고 당선됐다. 그러나 곧바로 6·25전 쟁이 발발했고 납북되면서 의회를 통한 삼균주의 정책 실현은 물거품이 되고 말았다. 납북 후 그는 북한에서 중립화 통일 방안 마련에 힘썼으며 1958년 9월에 사망했다고 알려진다.

1980년대까지 한국에서는 조소앙의 '납북'을 '월북'으로 분류하고 독립운동 공적 인정은커녕 거론조차 금기시했다. 이 와중에도 1970년 삼균학회가 『소앙선생문집』을 간행하고 조소앙이 공산주의자가 아니라 납북됐다는 사실을 지적하면서 복권을 위한 움직임이 일었다. 이후 1984년 조소앙의 사망 소식이 전해진 뒤 유해 없는 장례식을 치렀으며 경기도 양주군 선영 근처에 가묘를 안장했다.

학계가 조소앙을 재조명하기 시작한 것은 1987년 6월 항쟁 전후였다. 그 결과 1989년 정부는 그에게 건국훈장 최고 등급인 대한민국장을 추서했다. 이듬해 북한에서도 조국통일상을 추서하며 그의 정치적 삶은 완전히 복권됐다.

「사회당 결당대회 선언서」에서 조소앙이 주장한 내용은 이렇게 요약된다. "무산계급 독재도 자본주의 특권계급의 사이비적 민주주의 정치도" 아닌 "오직 대한민국의 헌법에 제정된 균등사회의 완전 실현"과 "개인 대 개인, 민족 대 민족, 국가 대 국가 간에 평등호조를 원칙으로 한 자유와 평화와 안전을 누릴 수 있는 사회"의 실현은 "인류의 이상"이자 "우리 민족에게 부여된 민족적 최대과업이다."

지금으로부터 70여 년 전인 1948년의 주장이지만 조소앙의 주장은 아직까지 한반도에서 여전히 추구해야 할 과제로 남아 있다. 그는 거대한 호수처럼 여러 이념과 철학의 대립을 최소화하면서 연합의 여지를 넓히려 한 '열린 우파'였으며, 그에 따른 삼균주의는 실천 가능한 정책을 집약한 공약수였다. 해방 후 이를 실천할 수 있는 시공간에서 왜 '닫힌 우파'로 왜소화됐는지를 점검하는 것은 한반도의 미래를 위한 중요한 연구 대상이 아닐 수 없다.

한국 현대사에서 남북 각각의 구성원에게 주입된 이념은 외삽된 측면이 강했다. 지배 권력 역시 자신의 역량과 리더십만으로 권력을 구축한 것이 아니어서 적대성을 더욱 노골적으로 드러냈다. 21세기에는 이념에 대한 교조적 관성에서 벗어나야 한다. 현실에 기초해 '선택과 조합이 가능한' 실용적 관점으로의 전환이 필요하다.

조소앙이 일제강점기 긴 세월 힘들게 만들어간 '열린 우파'의 삼균주의는 그동안 전쟁과 적대감 속에서 배제돼 왔다. 하지만 현재는, 일제강점기 절망 속에서도 독립운동의 희망을 키워갔듯이 남북 협력과 평화공존의 시대를 열어가야할 때이다. 다시 삼균주의 정신을 되돌아볼 때이다. 이광수나 왕징웨이처럼 지치거나 한눈팔다 구덩이에 빠져서는 안 된다. 조소앙에 대한 재평가는 이제 시작이다.

PART 4

이광수

근대의 힘을 추종하며
내선일체를 부르짖다

이광수 1892~1950

근대를 힘으로 인식하고 조선인이 일제에 귀의할 것을 주장하다가, 해방 후에는 친일 옹호 논리를 편 친일 문인.

평안북도 정주에서 태어났다. 1904년 러일전쟁의 일본군을 동경의 대상으로 삼고, 1915~1918년 2차 유학 시기 '문명(文名)'을 드러낼 즈음 일본의 '힘'은 곧 근대이며, 독립은 불가능하다고 생각했다. 1917년 「무정」을 발표한 해에 집필한 「오도답파여행」에서 식민 지배의 우월함을 강조했다.

계몽을 통한 '막연한' 변화의 희망을 품었던 그는 과시욕이 강했던 만큼, 당시의 분위기에 휩쓸려 2·8 독립운동과 대한민국 임시정부에 참여하는 '돌출'적 모습도 보였다. 그러나 2년 만에 귀국해 '힘'을 숭앙하는 근대주의 세계관으로 다시 돌아왔다.

민족개조를 통해 구현하고자 했던 '비정치적' 조선인은 허구적 주체였고, 스승 안창호가 새로운 역사를 이끌어갈 실체적 주체로서 설정한 '신민(新民)'과 완전히 달랐다. 중일전쟁으로 "마음의 문을 열어" 젖힌 그는 조선인임을 버리고 "피와 살과 뼈가 일본인이 되"라며 조선 청년을 전쟁터로 내몰았다. '내선일체' 몽환에 빠진 채 선전 활동에 적극 나서기 시작했다.

혼자 북 치고 장구 치면서 적극 친일 활동을 즐겼지만 해방과 함께 '명망'은 훼손됐다. 1948년 출간한 『나의 고백』에는 친일용서론, 친일공범론, 친일파 능력활용론, 자기희생론의 변호가 담겨 있다. '민족의 지도자'를 자임한 친일이 '민족을 위한 희생'이었다는 궤변은 왕징웨이의 변명과 판박이다.

01

힘센 자만
살 권리가 있다

초라한 조선의 꼬락서니가 분명히 눈에 띄운다.
저 발가벗은 산을 보아라. 저 바짝 마른 개천을 보
아라. 풀이며 나무까지도 오랜 가뭄에 투습이 들
어서 계모의 손에 자라나는 계집애 모양으로 차마
볼 수 없게 가엽게 되었다. 그러나 이제 비가 올 터
이지 시원하고 기름 같은 비가 올 터이지.

– 「동경에서 경성까지」, 《청춘》(1917)[1]

일본 유학은 19세기 말 20세기 초 조선은 물론 중국 등 동남아시아의 청년이 근대적 지식을 얻는 주요 경로 중 하나였다. 루쉰, 왕징웨이, 조소앙, 이광수 모두 비슷한 시기에 일본 유학을 경험했다. 그러나 각자의 생각과 삶은 전혀 달랐다.

이광수는 조소앙이나 루쉰과 비교할 때, 근대로 표현되는 새로운 문물과 힘을 추종하면서 근대주의에 함몰되는 경향이 두드러졌다. 이에 대해 크게 고민한 적도 없었다. 이 지점이 유학 이후 각자의 삶의 방향이 달라지는 결정적 계기이기도 했다.

다섯 살에 '천자문'을 깨우쳤다고 할 정도로 명석했던 이광수는 열 살 때 부모를 콜레라로 잃고 고아가 됐다. 이후 친척 집을 전전하다가 동학에 들어가 서기가 됐고, 1904년에 한성부로 상경했다.

이광수의 유학 생활은 두 시기로 나뉜다. 일진회 유학생에 선발돼 1906년 다이세이중학교 입학 후 학비 문제로 잠시 귀국했다가 1907년 메이지학원 중학부 3학년에 편입했던 1905~1910년이 1차 유학 시기이다. 이후 김성수의 후원으로 1915년 와세다대학 고등예과에 편입한 후 1916

년 본과 철학과에 입학해 공부하던 1915~1918년이 2차 유학 시기이다.

1차 유학을 떠나기 직전 이광수는 러일전쟁 때 목격한 '야만적'인 러시아 군대와 달리 "일병은 군기가 엄하고 우리나라 사람들에게 호의를 보였"다고 기억했다. 이미 열세 살 그의 마음속 깊은 곳에는 전쟁에서 승리한 일본이 동경의 대상으로 자리 잡았다. 당시 일본은 러일전쟁 승리로 군국주의 문화가 특히 번성하던 시기였다.

1917년 발표한 「동경에서 경성까지」는 2차 유학 시절 이광수가 도쿄에서 열차를 타고 하코네 등을 거쳐 교토, 시모노세키에서 쓰시마마루 여객선을 타기까지, 창밖으로 보이는 감상을 적은 기행작품이다. 조선에서 봉천행 열차를 탄 이광수는 조선의 열악함에 탄식했다.

"우리가 사철 옷을 지어 입는 서양목, 옥양목 등 필육을 짜내는 … 굉장한 공장이 보인다. 어서 한강 가에도 이러한 것이 섯으면 좋겠다"는 절절한 부러움을 담아냈다. 일본에 대한 선망 의식은 조선인이 일본인을 본받아 어서 빨리 근대를 이뤄야 한다는 생각으로 이어졌다.

하지만 이광수가 가뭄 든 조선에 내리길 기대하는 '기름 같은 비'는 식민지 현실에서 보는 근대가 아닌, 일본의 시각에서 바라보는 근대였다. 번성하고 화려한 모습, 물질적 변화에 초점을 둔 그의 근대 인식에서 일본은 그저 본받아야 할 대상이었을 뿐, 침략자라는 인식이 들어설 여지 따위는 없었다.

이광수의 일생에서 근대를 주체적으로 고민하거나 조선인의 시각에서 소화하려 한 노력의 흔적은 뚜렷하지 않다. 이 점에서 루쉰이나 조소앙과 크게 대조적이었다. 근대의 외피이자 결과인 '힘'만 추종하는 근대주의자로서의 초기 모습은 이후에도 평생 지속됐다. 이런 맹아가 꽃을 피운 것이 20대 중반 때의 2차 유학 시기였다.

이광수가 사회진화론을 본격적으로 수용하던 2차 유학 시기 1916년, 《매일신보》에 연재한 「동경잡신」에는 당시의 생각이 잘 드러나 있다. 그는 "검소" "활발" "모험"이 "특색"인 일본 청년을 "두루마리 깃과 구두에 먼지가 묻을세라 … 후딱 불면 날아갈 듯한 야식야식한" 경성 청년의 무기력함에 대비했다.

《조선일보》에 1936~1937년 연재한 「그의 자서전」 또한 2차 유학 시기를 배경으로 한다. 당시를 회상하며 쓴 자서전 형식의 글을 통해 이광수는 '힘'이 센 자가 정의라는 생각을 노골적으로 드러냈다.

> 다윈의 진화론이 마땅히 성경을 대신할 것 … '힘이 옳음이다. 힘센 자만 살 권리가 있다. 힘센 자의 하는 일이 옳다!' 나는 이러한 도덕관을 가지게 되었다.[2]

「그의 자서전」에서 이광수가 수용한 진화론은 다윈의 것이 아니라, 독일의 에른스트 헤켈이 주장한 국가주의적 진화론이었다. 헤켈은 적자생존, 가장 우월한 자의 승리라는 전제 없이는 자연도태가 성립하지 않는다고 강조했다.

절대적 힘을 예찬한 이광수에게 "흰옷(白衣) 입은 조선 사람들(國人)"이나 우리의 '심볼'처럼 여겨지는 소는 정나미 떨어지는 혐오의 대상이었다. 조선인의 백의와 농사를 상징하는 소는 열등한 조선인을 상징하는 자화상일 뿐이었다. 1916년 「대구에서」와 「동경잡신」부터 1918년 「신생활론」까지, 모두 문명과 야만을 대비시키는 사회진화론의 색채가 강한 글을 계속 썼다.

이광수는 서구의 근대 문명, 이를 재생산한 일본의 근대와 그 '힘'을 아무 비판 없이 내면화한 20세기 초 근대주의 지식인의 전형이었다. 기독교와 근대 학문 등 서구의 근대 문명을 학습하고 받아들이는 것을 최대 과제로 설정하고 일본 제국주의 논리 역시 그대로 수용했다.

서구의 근대 문명은 제국주의와 함께 성장한 것이었지만 이광수에게 그 역사적 과정과 배경은 관심 밖의 일이었다. 우월한 서구인의 '문명'을 갖지 못한 조선인은 오로지 '그들처럼 되기' 외에는 다른 길이 없으며, 이를 위해 그 출발점으로서 신문명화된 조선인을 정립해야 한다고 생각했다.

「동경잡신」에서 이광수가 꼭 읽어야 할 책 일곱 권 중 하나로 「소호문선」(1915)을 꼽은 것도 그의 이런 생각을 보여준다. 아베 미쓰이에(阿部充家)의 윗선이었던 도쿠토미 소호(德富蘇峰)는 《경성일보》 감독으로서 조선 언론계의 '총독' 같은 위상을 점하는 극우 언론인이었다. 패전 후 도조 히데키가 유서를 쓴 후 첨삭을 부탁할 만큼 도조와도 긴밀한 관계였다. 이광수의 명성은 도쿠토미와 아베의 알선과 배려, 그리고 조선총독부 기관지 《매일신보》 지면을 통해 더욱 높아졌다.

훗날 상하이 대한민국임시정부를 뒤로 한 채 귀국한 이

듬해인 1922년, 이광수는 조선총독부 주선을 통해《동아일보》논설위원으로 취직했다. 안정적 소득원을 확보한 것이다. 1933년 8월에는 동향인 정주 출신 사장 방응모와 편집국장 주요한의 권유로《조선일보》부사장을 지냈다. 1936년 아베 사망 후 찾아간 그에게 도쿠토미는 "일본과 조선은 하나가" 돼야 하니 "문장보국(文章報國)"으로 그 역할을 하라고 권유했다.

와세다대학 철학과에 재학 중이던 스물다섯 살의 이광수에게 1917년은 삶에 전기가 되는 해였다. 그는 출세작이자 최초의 근대소설이라고 평가되기도 하는 「무정」을《매일신보》에 126회나 연재했다. 이듬해 신문관에서 출판된 「무정」은 1만여 부나 팔렸다. 여러 명이 책을 돌아가면서 보고 헌책방에서 바꿔 보는 것이 흔한 시절이었음에도 베스트셀러 문인으로서 인기를 구가한 것이다.

물론 조선총독부가 조선어 매체를 폐지한 당시에는 조선총독부 기관지로서, 유일한 조선어 전국지였던《매일신보》지면을 활용한 사실 자체가 큰 특혜였다. 문학평론가 임헌영이《매일신보》가 조선총독부 기관지가 아니라 '이광수의 기관지'였다고 비유할 정도였다.

「무정」은 "영채가 불쌍하다" "형식이 영채를 버리면 안된다"는 여학생들의 편지가 연재 중 쇄도했을 정도로 청년층의 폭발적 호응을 얻었다. 한편 '부도덕'하다는 이유로 중장년층, 노년층의 연재 중단을 요청받기도 하면서 세대 간 논쟁을 불러오기도 했다. 이광수는 연이어 1917~1918년 「개척자」를 비롯해 많은 글을 《매일신보》에 연재했고, 「소년의 비애」「윤광호」「방황」 등을 잡지 《청춘》에 발표했다.

이광수는 타성에 빠진 기존 도덕과 윤리를 강하게 비판하면서 유교의 허례허식, 위선, 권위주의를 비판했다. 인간은 평등하고 소중하며 여자도 사람이므로 여성의 해방은 집안일 해방과 자유연애로 찾아야 한다고 주장했다. 오늘날에도 설득력이 있는 내용으로 당시로서는 획기적인 주장이었다.

하지만 강한 주장 뒤에는 감춰진 이면이 있었다. 이광수는 전통적 여성인 조강지처 백혜순을 버리고 동경여의전을 졸업한 여의사 허영숙과 베이징으로 애정 도피까지 했었다. 게다가 자유연애론은 평소 그의 지론도 아니었다. 1930년대에 들어서는 당시의 세계적 조류였던 파시즘에 경도돼 자유연애 유행을 격하게 비판했다.

근대를 물질로 치환해서 '힘'만을 예찬한 이광수가 이 시기에 근대 '정신'에서 관심을 보였던 대상은 이런 자유연애론 정도였다. 문인이면서도 근대를 정신적 측면에서, 조선에 바탕을 두고 고민한 흔적은 보이지 않았다. 그러다 보니 근대주의 세계관에 기초해 '힘'이 약했던 조선을 비하했고, 그럴수록 일본의 힘에 빠져들어 갔다.

루쉰 또한 중국 사회의 문제, 유교적 허구성, 모순 등을 드러내며 이를 이광수 못지않게 강한 어조로 비판하고 신랄하게 풍자했다. 하지만 두 사람이 끝내 지향했던 바는 전혀 달랐다.

루쉰의 작품에는 날 선 비판 속에서도 중국과 중국 민중에 대한 강렬한 희망과 애정이 담겨 있었다. 『광인일기』에서 중국 사회의 폐습에 물들지 않은 "사람을 먹어본 적이 없는 아이"를 찾는 장면은 루쉰 문학 초기의 강렬한 희망을 상징한다. 이광수와 루쉰의 초기 작품에서 보이는 작은 틈새는 이후 그들의 삶에 큰 차이를 만들어내는 나비효과로 작용했다.

조선은 천재를
요구한다

남의 사랑을 받을 자격이 없는 청승꾸러기는 고독
속에 가만히 있었으면 좋으련마는, 사실은 그와
는 반대여서 세상에 나를 반가와 하는 사람이 없
을수록에 나는 더욱 사랑을 갈망하였다. … 사랑
을 구하면서 사랑을 못 받는 배고픈 일이었다.

– 「나: 소년편」(1947)[3]

이광수는 1차 유학 시절 자신보다 네 살 많은 문일평, 홍명희와 교류했다. 그는 해방 후 1948년 「반민족행위처벌법」 제정에 대응하기 위해 출간한 『나의 고백』에서 "홍군은 내게는 문학의 선배요, 문군은 정치와 역사의 선배였다"면서 이들과의 친밀한 관계를 서술했다. 그러나 두 사람은 사실 그와 삶의 결을 완전히 달리하는 내로라하는 지성인이었다. 자신의 친일을 변명하는 정치적 장치로서, 이들과의 인간관계를 의도적으로 과시하려 했다는 짐작도 든다.

역사에 관심이 많았던 문일평은 이광수에게 나폴레옹과 독일을 통일한 오토 비스마르크에 관한 이야기를 많이 들려줬다. 문일평은 역사, 영웅 및 시대에서 가치를 찾았고, 홍명희는 시와 소설에 관심이 많았다.

이광수는 1936년 《조광》에 발표한 「다난한 반생의 도정」에서 홍명희를 "문학적 식견에 있어서 독서에 있어서나 나보다 늘 일보를 앞섰다고 생각"했다고 적었다. 안창호 외에는 쳐다볼 사람이 없던 이광수에게 흔치 않은 칭찬이다. 홍명희가 그에게 권한 문학작품 대부분은 '자연주의 문예서류'였다. 특히 두 사람은 조지 바이런의 작품을 탐독했는데, 얼마 안 가 이광수는 바이런을 '악마주의'로 평가하고 톨스토이에 경도됐다.

　1909년 12월 31일 이광수의 일기에는 바이런의 「해적」, 톨스토이의 『부활』 등 러일전쟁을 전후해 새 풍조를 드러낸 작품들을 읽었다고 기록돼 있다. 도서 목록에 『나폴레옹 언행록』도 있었지만, 이보다는 나쓰메 소세키(夏目漱石), 바이런, 시마자키 도손(島崎藤村)의 퇴폐주의에 빠지기도 한 것으로 보인다.

　홍명희의 격려로 당대 문학 사조에 푹 빠진 이광수는 역사보다 문학의 길을 선택했다. "사랑을 구하면서 사랑을 못 받는 배고픈 일"과 같은 사랑에 대한 갈증은 그의 고아의식과 관련해 바이런과 톨스토이에 빠진 요인이기도 했다. 이런 갈증은 항상 관심을 받고 싶은 '천재'인 그가 명예욕, 나르시시즘에 빠지는 배경으로도 작용했을 것이다.

　2차 유학 시절 이광수는 여러 유학생 단체에 가담했다. 유학생 단체를 총괄하는 단체인 도쿄조선유학생학우회에서는 1914년부터 간행한 기관지 《학지광》의 편집인으로도 참여했다. 그중 1917년 게재한 「천재야! 천재야!」는 각 분야 천재들의 지도를 통해 조선을 발전시켜 독립을 이루자는 계몽주의적 준비론, 실력양성론의 내용을 담고 있다.

이처럼 좇아가기만 하는 준비론은 제국주의의 능력주의를 그대로 받아들이는 것으로서 결국 식민 지배를 합리화하는 경우가 대부분이었다.

이광수와 루쉰의 차이는 이 점에서도 잘 드러난다. 루쉰은 일본 유학 후 귀국한 뒤에도 계몽주의를 주창하지 않았다. "천재야 나오라"고 주장하지도, "나는 천재다"라고 외치지도 않았다. 아무리 노력해도 서양 제국주의의 '천재'들 앞에서는 속수무책임을 깨닫고 내가 발 딛고 사는 중국 속에서 해결책을 찾으려고 무던히도 속으로 곱씹고 있었다.

루쉰은 똑같은 방법론으로 대응하면서 좇아가기만 한다면 우리 쪽이 배울 때 저쪽은 몇 배 빠른 속도로, 또 정밀하게 앞으로 나아간다는 아주 상식적인 사실을 간파했다. 제국주의 지배의 근간인 근대화 논리를 그대로 따라가는 한 제국주의는 극복할 수 없었다. 그의 고민이 깊었던 이유다.

그러나 이광수는 달랐다. "우리 조선은 천재를 요구한다" "안 그러면 큰일난다"고 외칠 뿐이었다. 그는 다른 이로부터 사랑과 관심을 받고 싶어 하는 똑똑한 '고아'인 자신이 '천재'라 불리길 원하는 과시 욕구가 컸다. 이런 까닭에 루쉰과 조소앙이 희망의 주체로 봤던 '민'이 이광수의 시야에 들어올 수는 없었다.

1910년 메이지학원 5학년 졸업 후 잠시 귀국했던 이광수는 이승훈의 추천으로 정주 오산학교에서 교원으로 근무하다가 쫓겨나다시피 그만둔 경험이 있었다. 그에게 자신을 쫓아낸 사람들은 서양의 니체를, 톨스토이를, 게오르크 헤겔을 공부한 '천재'를 몰라보는 우매한 사람일 뿐이었다.

1917년 「무정」 연재가 끝난 후 이광수는 《매일신보》에 특파원 통신문 형식의 기행문으로 충남, 전북, 전남, 경남, 경북의 남부 지역을 두루 다니며 「오도답파여행」을 연재했다. 1910년대 조선총독부가 진행한 각 도의 식산정책 성과, 식민 지배의 우월함과 당위성을 강조하는 선전성 답사 보도였다. 그의 나이 스물다섯 살 때였다.

이 글에서 식민 지배의 참담함은 전혀 보이지 않았다. 오로지 미래에 대한 낙관만 가득했다. 승자나 강자가 정의라는 함정에 빠진 이광수는 우승열패 사상이 숨기고 있던 속내를 전혀 잡아내지 못했다. 개인적 우월감 속에 제국주의적 근대주의에 갇혀 자기 민족과 역사를 비하하는 비주체적 계몽주의자의 모습을 드러냈다. '천재', 나아가서 전시체제기 들어 대일본 제국에 종속된 '하위 민족의 지도자'를 자임하게 된 것은 조선과 조선민족은 열등하지만, 자신은 우월하다는 괴리감에서 비롯됐다.

이광수는 새로 접한 사조에 대한 '주체적' 소화력이나 고민의 성숙 과정이 확실히 부족한 편이었다. 그럴 필요 자체를 생각한 적이 없었다. 루쉰이나 조소앙과 비교하면 특히 그랬다.

김옥균과 박영효 등 개화파가 스승으로 설정한 후쿠자와 유키치를 두고는 하늘이 일본을 축복해서 이런 위인을 내렸다고 부러워하면서 '조선의 후쿠자와'를 꿈꾸기도 했다. '천재'의 눈에 후쿠자와의 조선 경멸이나 군국주의적 역사 인식은 전혀 보이지 않았다. 따라야 할 존재일 뿐이었다. 그런 점에서 이광수는 확실히 천재가 아니었다.

과시욕으로 잠시
독립운동에 투신하다

모든 조선청년독립단은 우리 이천만 조선민족을
대표하여 정의와 자유의 승리를 얻은 세계 만국
앞에 독립을 이루기를 선언하노라.

– 조선청년독립단, 「2·8 독립선언서」(1919)[4]

1918년 말 도쿄의 유학생들은 2·8 독립운동을 준비하고 있었다. 미국 대통령 윌슨의 민족자결주의와 곧 열리게 될 파리강화회의 대표 파견 소식 등이 전해지며 분위기는 더욱 활기를 띠었다.

1917년에 이광수는《학지광》에 발표한「우리들의 이상」에서 현대 문명의 결함을 폭로한 제1차 세계대전이 종료됨에 따라 대혼란과 대개혁이 생길 것이라며, 전후의 세계를 낙관적으로 전망했다. 이전과 달리 갑자기 서구의 물질문명을 비판하면서 세계가 앞으로 개조될 것이라고 본 것이다.

이는 물론 이광수 혼자만의 생각은 아니었고, 당시 학생, 지식층 사이에 많이 회자되던 이야기였다. 과시욕이 큰 그로서는 이런 분위기에 편승하는 것이 당연했다.

이광수는 이와 같은 격변기가 조선민족이 세계 문화사 속에 활약해야 할 때이고, 이 기회를 놓치면 민족으로서의 존재 의의를 잃어버리게 된다고 강조했다. 제1차 세계대전이 식민지 조선인에게 천재 불우의 좋은 기회이자 목숨이 달린 위기라고 전망한 것이다. 세계대전이라는 '괴물'은 정치, 철학, 종교 등 다양한 요인이 복잡하게 얽혀서 발발한 것인데 이것은, 서양인뿐 아니라 조선인도 정성으로 노력하면 해결할 수 있다는 것이었다.

이광수는 제1차 세계대전 후의 국제정세 변화를 매우 낙관했다. 1910년대 초반의 희망이 식민 지배에서 오는 '근대적 발전'에 기초한 것이었다면, 세계대전 후의 희망은 전쟁 후 나의 의지와 무관한 국제정세 변화로서 그 배경이 사뭇 달랐다. 사실상 '갑작스럽게' 독립운동으로 발을 내디딘 것은 이런 상황 인식 때문이었다.

물론 여기에는 개인적인 문제도 있었다. 와세다대학 재학 중이던 이광수는 허영숙과 사랑에 빠져 함께 1918년 베이징으로 도피했다.

1910년대를 지나는 동안 이광수는 조선총독부 기관지 《매일신보》에 여러 글과 소설을 연재하며 문명(文名)을 떨쳤지만, 일본 공사관을 드나든다는 의심쩍은 소리를 듣기도 했다. 그런 그에게 허영숙과의 사랑도 온전히 얻고, 식민지 초기인 만큼 명망에 해가 될 '누명'도 벗으며, 유학생 시절부터 소문난 문장가로서의 위치를 유지하는 방법은 무엇이었을까?

때마침 제1차 세계대전이 끝나며 세상이 달라진 것같이

보였던 분위기는 이광수가 생각할 때 조선이 곧 독립될 것처럼 다가왔다. 당연히 독립운동에 적극적으로 나서는 것이 최선의 길이었다.

실제로 이 무렵 재일 유학생들의 분위기는 독립에 대한 기대감이 자못 컸다. 1918년 1월 윌슨 미국 대통령이 의회에서 제안한 '민족자결주의'론에 따라 파리강화회의가 열린다는 소식이 분위기를 더욱 몰고 갔다. 물론 당시 국제정세 흐름을 제대로 읽지 못한 착각이었지만, 과시욕이 누구보다 큰 이광수가 이 대열에서 빠질 수 없었다. 1910년대 후반의 독립운동 동참은 무엇보다 개인적으로도 필요한 일이었다.

한편 도쿄 유학생 운동 지도부 입장에서도 이미 문명을 떨치고 있던 이광수가 필요했다. 베이징에서 경성을 거쳐 도쿄로 온 그에게 독립선언서, 결의문 및 민족 대표 소집 청원서 초안이 맡겨졌다. 그는 하숙집에서 「2·8 독립선언서」 초안을 썼다. 상하이에서 신규식의 지시로 2·8 독립선언을 독려하러 도쿄에 온 조소앙과는 직접 만나 현안을 논의하는 시간도 가졌을 것이다. 물론 이후 조소앙과 전혀 다른 삶을 살게 됐지만.

모든 준비를 마치고 거사일인 2월 8일이 오기만 기다리던 중 최팔용은 이광수에게 상하이로 가라는 전갈을 전했다. 거사 후에 모두가 잡혀가면 우리의 일이 세상에 영원히 알려지지 못할 수도 있으니, 상하이로 건너가서 영문 독립선언서를 만들어 세계 만방에 알리라는 취지였다. 동지들의 뜻에 따라 이광수는 와세다대학을 자퇴한 채 상하이로 향했다.

2월 8일, 도쿄의 조선기독교청년회관에는 4백여 명의 유학생들이 대거 모였다. 도쿄조선유학생학우회 총회로 위장한 조선청년독립단 대회였다. 단상 뒤에는 「2·8 독립선언서」가 걸려 있었다.

명망을 중시하는 이광수로서는 어렵게 유학을 떠나 진학한 대학을 자퇴하고 상하이행을 택하는 것이 쉬운 결정은 아니었을 것이다. 다만 그 정도로 당시 유학생 사회의 분위기, 독립에 대한 기대감은 매우 컸던 것으로 보인다. 그도 곧 독립이 될 것이라고 생각했는지 서둘러 분위기에 편승했다.

이광수는 1919년 4월 대한민국임시정부에 참여해서 공보국장으로서 기관지인 《독립》 사장과 주필을 겸하며 언

론을 통한 선전 활동에 나섰다. 신한청년당 기관지《신한
청년》주필도 겸했다. 이 무렵 그는 상하이에서 '평생의 스
승' 안창호를 비롯해 자신을 동생처럼 아낀 김규식, 홍명
희, 신채호, 신익희, 윤보선 등을 만났다.

　다른 측면에서 주목되는 것은 이광수가 기초한 「2·8 독
립선언서」의 문맥적 성향이다. 직전까지《매일신보》등에
발표한 글과 비교하면 사실 맥락이 전혀 닿지 않는다. 그는
여전히 '준비론의 안창호'를 신뢰하고 있었고, 안창호의 심
복이자 대리자로서 흥사단 입단식을 주재할 정도였다. 그
러나 그는 「2·8 독립선언서」에서 "유혈만이 있다"는 투의
강경투쟁론을 주장했다. 2·8 독립운동 이전까지의 글에서
계몽주의, 일본의 '힘'과 식민정책에 의한 발전을 일관되게
강조했던 것에 비하면 방향을 급전환한 것이다.

　이 점을 어떻게 봐야 할까? 이전까지 해오던 주장을 스
스로 비판하거나 부정하는 논거 없이 바로 '혈전'을 주장한
것은 「2·8 독립선언서」가 이광수 개인의 글이 아니라 유
학생의 전체 의견을 반영해야 했다는 이유도 있을 것이다.
그렇더라도 그의 평소 생각으로 볼 때 「2·8 독립선언서」
초안 작성에 나선 것이나 상하이에서 임시정부 활동에까

지 참가한 것은 매우 돌출적 '사건'임은 분명하다.

더 나아가 2·8 독립운동을 추진한 주체들이 이광수에게 초안을 맡긴 자체를 어떻게 이해해야 할까? 당시 그들이 공유하고 있던 근대주의 인식의 한계를 보여주는 것이라고 할 수 있다.

아버지처럼 따르던
안창호를 등지다

만일 안창호 선생께서 국내에 계시다 하면 얼마나 좋을까 얼마나 조선의 순결한 청년 남녀들이 선생의 인격에 감화를 받아 선생의 이상을 따라 몸을 바치고 나서는 새 사람들이 될까.

– 「도산 안창호선생에」, 《개벽》(1925)[5]

'천재'라는 나르시시즘에 빠진 이광수에게 예외적 존재가
한 명 있었다. 그보다 열네 살 연장자인 안창호였다. 안창호
에게만은 언제나 머리를 숙였다. 물론 열 살에 고아가 된 후,
존경할 대상으로서의 아버지를 스스로 창조한 측면도 있다.
사실 이광수와 안창호는 삶의 결이 많이 달랐다.

　도쿄 유학 시절 능력주의, 사회진화론 등을 수용한 이광
수에게 '신민회'를 이끌었던 안창호는 스승이자 아버지 같
은 존재였다. 이광수 스스로도 무실역행론, 실력양성론을
주창한 안창호를 추종한다고 자부했다.

　안창호가 상하이에서 1920년 흥사단 원동임시위원부를
결성했을 때 가장 먼저 입단한 사람도 이광수였다. 1922년
흥사단 원동위원부 조선지부 창립을 주관하면서 주요한 등
과 경성의 수양동우회, 평양의 동우구락부 발족에 팔을 걷
어붙이고 나서기도 했다.

　민족운동 진영에 큰 분란을 불러왔던 「민족개조론」을
발표한 이듬해인 1923년에도 안창호를 모델로 한 장편소
설 『선도자』를 《동아일보》에 연재했다. 그러나 이 연재는
송진우, 김성수가 조선총독부 경찰에 소환되면서 111회로
중단됐다.

이광수가 안창호를 처음 만난 것은 1919년 5월 상하이에서 대한민국임시정부 활동을 시작할 무렵이었다. 안창호가 입원해 있던 홍십자회 병원에서 처음 대면한 두 사람은 후에 1938년 안창호가 타계할 때까지, 20여 년간 공간적으로는 떨어져 있었지만 지속적으로 깊은 정신적 유대를 나눴다.

이광수는 1948년 『나의 고백』에서 "중년 신사로 매우 점잖고 또 사람을 접함이 극히 온공"했다고 안창호에 대한 첫인상을 회고했다. 게다가 안창호는 그와 같은 평안도 관서 사람이었다. 안창호의 인격에 반한 그는 임시정부 시절 내내 안창호를 스승이자 아버지라고 생각하며 따랐다.

그러나 이광수의 상하이 삶은 오래 가지 못했다. 일제의 탄압, 재정난, 임시정부의 분열 등 외적 조건 외에 개인적으로도 운동에 대한 그의 열정은 빠르게 식어갔다. 결국 그토록 존경하는 안창호의 만류도 뿌리치고 그는 1921년 2월 귀국을 택했다.

왜 이광수는 상하이를 떠났을까? 기대가 크면 실망감도 크기 마련이다. 무엇보다 임시정부 활동 자체에 대해 실망했고, 독립 가능성이 없다고 판단했다. 한때 솟구쳤던 열정도, 기대감도 한순간에 사라졌다. 그를 비롯해 모두가 큰 기대를 가졌던 파리강화회의에서도 김규식 등 조선인 대표들은 출입조차 거부당했다.

개인적으로 건강도 나빠졌다. 중국 신문에 구직 광고를 낼 정도로 생활난도 극심했다. 열정을 갖고 임시정부 활동을 해온 자신과 달리 다른 사람들은 독립운동에 무관심하다는 생각도 들었다. 모든 사안을 자기중심적으로 생각하는 '천재' 본인이 변한 것인데 남의 무관심을 핑계 대면서 스스로 큰 실망을 했다. 분위기를 타고 갑작스럽게 타올랐던 열정은 분위기가 달라졌다고 생각하면 쉽게 사그라지기 마련이다.

조소앙이나 홍명희도 상하이에서 궁핍한 생활을 면치 못한 것은 마찬가지였다. 그러나 그들은 어렵더라도 꿋꿋하게 자기가 생각한 길을 걸어갔다. 하지만 잠시 분위기에 편승한 이광수로서는 견디기 어려웠다. '힘'을 따르는 제국주의적 근대주의 세계관은 일본 유학 시절부터 이미 그에게 강하게 배어 있었다.

또한 주관적인 예상과 달리 제1차 세계대전 이후 일본의 국제적 지위는 급격하게 상승하고 있었고, 특히 군사력은 3강 대열에 들 정도였다. 독립의 실현 가능성은 거의 없다고 느껴졌다. 당연히 독립운동 또한 아무 희망 없는 헛일일 수밖에 없었다. 이광수로서는 한때 잠시 분위기에 따라 독립운동에 나섰지만, 자기가 알던 분위기가 사실과 전혀 다름을 알고 바로 본래 자리로 돌아간 셈이다.

이광수는 안창호의 사상에 큰 영향을 받았고 그의 노선을 추종한다고 말했다. 그러나 실상으로 들어가 보면 그 결은 차이가 컸다. 안창호의 사상을 상당 부분 자기식으로 변용하거나 아예 시야에 넣지 않은 부분도 많았다. 독립운동가 김산의 삶을 기록한 미국 작가 님 웨일즈(Nym Wales)에 따르면 김산이 《독립》의 교정 일을 할 때 만난 "이광수는 프롤레타리아트의 세력 증대에 반대하지만 안창호는 프롤레타리아트의 혁명적 역할을 인정은 했다"고 한다.

앞서 지적했듯이 새로운 희망의 주체로 루쉰이나 조소앙이 주목한 '민'은 이광수의 시야에 들어온 적이 없었다. 하지만 안창호는 신민회를 주도하면서 민을 운동의 주체로 설정했다. 신민회는 군주제 국가인 대한제국하에서 공화제를 표방하고 국권 회복운동의 주체로 새로운 민, 신민(新民)을 설정한 혁명적 운동 단체였다.

이런 씨앗은 10여 년 후 조소앙이 기초한 1917년 「대동단결선언」과 1919년 「대한독립선언서」로 꽃을 피웠다. 즉 되찾을 나라의 정체를 주권재민의 공화제로 분명하게 표방할 수 있었던 것이다. 이는 한국 근현대사를 돌아볼 때 역사적 의미가 매우 크다.

이광수는 약혼녀 허영숙과 국내로 돌아오자마자 신의주에서 경찰에 잡혔으나, 조선총독부 경무국 고등경찰과장 지시로 석방돼 무사히 경성으로 돌아왔다. 「2·8 독립선언서」 초안을 만들고, 임시정부 기관지의 주필이었던 그가 무사히 국내에 안착했다니 잘 이해가 안 될 것이다. 상당 정도 사전 교섭이 있었을 것이라고 추정할 수 있다.

이광수는 당시 아베 미쓰이에의 소개장을 갖고 있었다. 《매일신보》 《경성일보》의 초대 사장이었던 아베는 이광수의 근대주의 심성을 일찍이 꿰뚫어 본 인물이었다. 1916년 「동경잡신」을 《매일신보》에 연재하도록 입김을 불어넣은 것도 아베였다. 아베의 소개장은 신원 보증서 역할을 했을 것이다.

또한 당시는 3·1운동 후 조선총독으로 부임한 사이토 마코토(齋藤實)가 '문화통치'를 표방하며 포섭정책을 펼치던

시기이기도 했다. 실제로 조선총독부는 그 일환으로 1923
년 최남선, 최린 등을 가출옥으로 석방했다.

요컨대 상하이를 떠난 이광수의 귀국은, 아베와 이광수
의 관계, 조선총독부의 이광수 활용책, 국외 독립운동에 실
망하고 국내 합법 운동으로 방향을 전환한 개인의 변화가
중첩된 복합적 산물이었다.

조선은 희망이 없다.
민족개조만이 살 길이다

조선민족은 너무도 뒤떨어졌고, 너무도 피폐하여 남들이 하는 방법만으로 남들을 따라가기가 어려운 처지에 있으니, 무슨 더 근본적이요, 더 속달의 방법을 찾을 필요가 있습니다. 우선 현재 있는 대로의 상태로는 문화사업도 하여 갈 수가 없으리만큼 조선민족은 쇠약하였습니다.

– 「민족개조론」, 《개벽》(1922)[6]

이광수는 일본 학자들이 조선 침략의 정당화를 위해 주창한 유학망국론을 자주 반복해 주장했다. 「2·8 독립선언서」 초안을 쓰기 몇 달 전 1918년 9~10월 두 달에 걸쳐 《매일신보》에 발표한 「신생활론」에서도 무려 1.7회를 유교사상 비판에 할애했다. 유학의 무정신성 때문에 "조선은 죽었다"는 것이다.

따라서 주체적 자각과 행위는 유학의 무정신적 상태와 중화주의에서 벗어나는 것에서 시작한다고 주장했다. 결국 이광수에게 민족의 주체를 정립하는 길은 과거의 주체성을 철저하게 부정하고 밖에서 온 근대 문명을 내면화하는 것이었다. 1922년에 쓴 「민족개조론」은 그 결정판이었다.

상하이로 가 대한민국임시정부에 참여했던 이광수가 귀국한 지 얼마 지나지 않아 「민족개조론」을 쓴 이유는 무엇일까? 「민족개조론」은 1922년 5월에 발표했지만 상하이에서 귀국한 해인 1921년 11월에 이미 탈고한 상태였다고 한다.

1920년대 초반 독립운동 분위기를 진단해보면, 3·1운동 당시 고조됐던 정의와 평화에 대한 기대감은 많이 수그러진 상태였다. 즉각 독립을 주장하던 민족주의 운동의 입지도 그만큼 좁아졌다. 이런 와중에 타협적 실력양성론과 혁명적 사회주의가 대안으로 등장했다.

20대였던 1910년대에, 이광수는 많은 사람들처럼 양면적 생각을 갖고 있었다. 일본과 일본의 '힘'을 동경하고 근대주의에 빠져 있으면서도 마음 한편에는 계몽을 통한 '막연한' 희망도 품고 있었다. 「무정」의 주인공 이형식이 서구 지식을 배운 가난한 엘리트로서 민중 계몽에 나선 것처럼 말이다. 이광수의 전 생애와 사고 패턴에 비춰 '일탈'적 측면이 큰 2·8 독립운동과 상하이 임시정부 참여도 이런 '막연함'이 기대감과 열정으로 전환됐을 때의 심리가 작용한 결과라고 여겨진다.

그러나 귀국 후 이광수는 이런 희망을 완전히 버렸다. 이 생각은 이후에도 변하지 않았고 오히려 독립운동에 대한 회의를 넘어 부정적 인식을 노골적으로 드러냈다. 민족의 성질이 열악해 민족의 운명은 비관적이며, 독립운동은 실패했고 앞으로도 가망이 없다고 단정했다.

'파리강화회의나 국제연맹이나 태평양회의는 조선인의 생활개선에 아무 관계가 없는 것' '재작년 3월 1일 이후로 무지몽매한 야만인이 자각 없이 따라갔던 변화'에 불과했다며 임시정부의 외교 노선과 3·1운동을 싸잡아 비난했다. 결국 자신도 일시적으로 자각 없이 분위기에 따라갔다고 스스로 고백한 셈이다.

이런 판단을 한 이광수가 대안으로 '실력양성운동'을 통해 정립하고자 한 조선인은 정신적 문화 영역에 국한된 '비정치적' 주체였다. 그러나 여기에는 함정이 있었다. 비정치적인 주체 의식으로는 식민지 현실을 직시할 수 없었고 현실을 보지 못하니 미래 지향점도 찾을 수 없었다.

이광수가 발견한 주체는 결코 주체가 될 수 없었고 문화 주체로서의 문화적 민족도 될 수 없었다. 그가 민족개조를 통해 구현하고자 했던 근대적 조선인은 허구적 주체였다. 민족개조를 비정치적으로 문화에 국한시켜 식민지 현실을 외면했기 때문이다.

「민족개조론」은 안창호의 실력양성론을 모방한 것이었다고 한다. '거짓말과 속이는 행실 없애기' '충성된 신의' '사회봉사' '생활의 경제적 독립' '개인위생, 생활, 건강', 즉 지·덕·체와 부의 축적, 사회봉사심 함양으로 민족을 개조하자는 논리는 안창호, 흥사단의 논리와 유사하다.

「민족개조론」에서 '동맹' 조직을 제시한 것도 안창호의 영향이 컸다. 우리 민족성의 부속적 성격 때문에 나라를 잃었으니 민족성을 개조하자는 주장이나 민족 지도자에 대한 봉사와 복종이 없다면 민족의 개조가 불가능하다는 주장은 량치차오에게 영향받은 안창호의 주장을 수용한 것이다.

하지만 이 둘 사이에 본질적 차이가 있었다. 이광수는 '지·덕·체 삼육의 교육적 사업의 범위'에 한할 것, 즉 '정치적 색채'가 있을 리 만무하고 또 있어서는 안 될 것이라며 비정치성을 부각시키고 '인격적 수양'에 방점을 찍었다. 이는 수양동우회가 비정치적 활동을 표방한 것과 맥락을 같이한다.

그러나 안창호의 실력양성론은 우리 민족의 문제를 알고 고쳐 나가면서 착실히 준비해 대비하자는 것이었다. 결코 정치적 독립 의식을 부정한 것이 아니었다. 즉 독립국가 수립이라는 명확한 목적 아래 '총체적 구국 개혁 사상의 방략으로 여러 가지 개조론'을 주장한 것이었다.

이처럼 식민 통치가 인정하는 범위에서 변화를 꾀하는 '자치운동'이나 '실력양성운동'은 정치적 독립 의식 고양의 측면에서 양면성이 수반된다. 독립을 전제로 전개된 실력양성론은 민족운동의 중요한 방법이 되는 것이다. 따라서 배양한 실력을 실현하기 위한 독립운동의 주체에는 반드시 스스로를 포함해야 한다.

준비론이나 실력양성론이 누군가 밥상을 차려주면 나는 숟가락이나 올려놓겠다는 대세편승론에 머무르면 친일협력론의 늪으로 빠질 가능성이 매우 높다. 내가 스스로 밥상을 차린다는 생각을 해야, 실력을 키우는 동안 독립운동의 또 다른 '주체'와 협력한다는 생각도 가질 수 있다.

사실 식민지 현실에서는 학교교육 등 각 방면에서 민족차별의 벽이 두껍게 존재했다. 이런 상황에서 '닥치고 실력양성'만으로는 해도 해도 안 되는 한계가 있었다. 해방 후 철도 운영에 필요한 기본적인 인력조차 없어 철도학교를 새로 만들어야 했던 것이 그 예이다. 일제가 기술 및 관리 역량을 독점하고 조선인을 배제한 결과였다.

그런데 누군가에 의한 독립이 '주어지지' 않는다면? 실력양성은 개인의 입신출세 욕망에 갇힐 가능성이 크다. 명망을 키우고 대중으로부터 관심받는 것을 즐겼던 이광수의 욕망은 자연스럽게 입신출세로 귀결됐고 결국 독립운동에 적대적 자세를 드러내게 됐다.

서시효빈(西施效矉)이라는 중국 고사가 있다. 월(越)나라의 미인 서시가 늘 가슴앓이로 눈살을 찌푸렸는데, 이를 본 추녀가 똑같이 눈살을 찌푸리면 아름다울 줄 알고 따라 했다 사람들이 모두 도망갔다는 이야기이다. 자기 주체성 없이 남의 흉내나 내면서 느끼는 서시효빈 자족감의 그림자가 이광수에게는 너무 짙었다.

강한 지도자 갈망,
허상의 파시즘에 공감하다

일본인으로 말하면 문화도 쌓고 부도 쌓아서, 그
야말로 로마의 성시와 같이 미란한 사상과 생활이
산출될 필연성도 있다.
그러나 조선인은 무엇이 있느냐. 문명이 있느냐
… 이러한 점에서는 차라리 이탈리아의 파시스트
를 배우고 싶다.

    – 「야수에의 복귀: 청년아 단결하여 시대악과 싸우자」,

《동광》(1931)[7]

1910년대에 조선에 '천재'가 필요하다고 주장했던 이광수는 1921년 상하이를 떠나 귀국한 지 5개월이 됐을 때《개벽》에 발표한 「중추계급과 사회」에서 지도자의 지도를 받아야 조선인의 개조가 가능하다고 주장했다. 자각이 가능한 개인은 근대 지식과 생활양식 등을 갖춘 인텔리겐치아(intelligentsia)가 돼야 하고 이들이 민족을 개조하는 선구자로서 민중을 계몽해야 한다는 것이다.

이광수는 베니토 무솔리니, 블라디미르 레닌, 쑨원 등을 '우리 시대가 목격하는 위대한 역사운전수인 개인'으로 예시하면서 "조선 사람들도 위대한 개인을 기다린다"고 주장했다. 일본 유학과 상하이에서의 생활에서 국제적 분위기를 알았을 '천재' 이광수는 레닌까지 '위대한 역사운전수'의 한 명으로 거론했다. 조선인이 기다리는, 타락한 조선을 개조할 선구자는 시간이 지나면서 점차 그 자신으로 기울어져 갔다.

이광수에게 민족개조를 담당할 중추 계급은 지식인이었다. 민중은 이들의 선전과 지도의 대상이지 신문명을 창조하는 주체로 설정되지 못했다. 민중은 각 방면에 적당한 중심인물을 따르는 것이 가장 큰 총명함이며, 지도자를 따를 줄 모르는 민중은 불쌍하다고까지 설파했다. 그 연장선에서 1930년대 파시즘에 경도된 그는 '농촌계몽운동'에 참여했다.

1931년 여름,《동아일보》가 주관해 나선 '브나로드운동'은 여름방학에 학생들이 농촌으로 가서 농민들에게 한글을 가르치는 '문맹퇴치운동'이었다. 이는 편집국장 이광수와 무관할 수 없었다. 수양동우회도 브나로드운동에 적극 참여했다. 그는 문인들과 학생들에게 농촌 계몽에 나서자고 역설했다. 하지만 경기도 양주의 농촌을 방문한 그는 수많은 문맹자들을 보고 충격을 받았다. 그 정도로 식민지 농촌과 식민 교육 정책의 현실을 전혀 몰랐다.

이광수가 1932~1933년《동아일보》에 연재한 『흙』의 주인공 허숭은 그가 생각한 비정치적 민족개조의 이상을 보여줬다.

> 그것은 잘못 생각하신 것이오, 농민들이 야학을 세우고 조합을 만들고 하는 것은 순전히 문화적 경제적 활동이지, 거기 아무 정치적 의도가 포함된 것은 아니라고 믿소.[8]

생산자본의 융통과 판매, 소비의 합리화의 임무를 할 협동조합의 창설, 경영, 훈련이 생산력의 향상을 위하야 절대로 필요한 것이다.[9]

근대를 물질이나 '힘'으로 치환했던 이광수답게 생산력-'힘' 중심의 비정치적 경제활동을 통한 '실력양성'을 주장한 것이다.

조선에 지도자, 지도 단체가 없으면 조선인은 단결할 줄도 모르고 가난을 벗어나지도 못한다고 본 이광수에게 조선은 민족의 중심이 없으므로 신생활을 영위할 수 없는 민족이었다. '문명한 생활'을 경영할 실력을 갖춘 후에야 비로소 자신의 운명을 자기 의견대로 결정할 자격과 능력이 생기기 때문이다.

그러나 자신의 운명을 결정할 자격이라는 실력의 '기준'은 이광수의 주관에만 기댄 추상적인 것이었다. 결국 그에게 식민지 지배 아래에서 민족개조를 통한 문명화와 독립은 오지 않을 미래였다. 사실은 그의 생각 범위 안에 있지도 않았다. 이 때문에 시간이 지나면서 강력한 지도자는 일제로 치환되고 이를 뒷받침하는 하위 지도자로 자신을 설정하기에 이른다.

이광수가 설정한 '비정치적' 주체는 새로운 역사를 만들어갈 주체가 아니었다. 무엇보다 그는 스승이자 아버지였다는 안창호의 '신민'을 고민해본 적이 없었다. 그런 이광수에게 지도자를 따를 줄 아는 민중은 언제나 가르치고 계몽해야 할 대상이지 주체로 성장할 수 없는 존재였다. 1921년 귀국 이후 그에게 독립에 대한 열정을 다시 기대하는 것은 닿을 수 없는 신기루였다.

1931년 이광수는 「야수에의 복귀」에서 일본의 퇴폐 문화가 조선 청년 남녀들을 악으로 이끌고 있다고 개탄했다. 그러면서 문화도 부(富)도 쌓은 일본인은 로마의 전성시대처럼 "미란(靡爛)한 사상과 생활이 산출될 필연성"이라도 있지만, 문명도 부도 없는 조선인이 일본인을 따라 하니 부끄럽다고 탄식했다. 10대 시절 체화된 조선 비하 인식은 불혹의 유명 문인에게 완전히 고착돼 있었다.

이광수가 실력양성론을 통해 강조한 지도자론은 당시의 세계사 분위기에 매몰된 채, 강자에 대한 선망과 전체주의 세계관을 내재한 것이었다. 10여 년 전 2·8 독립운동에 나선 것도 세계사 분위기를 오인한 결과였던 것처럼, 그는 이번에도 국제정세를 오인했다. 그런 점에서 일관성 있는 자세를 보였다.

대공황기였던 1930년대 초, 일본 육군은 내부 통제장치 없이 침략전쟁을 확대해가고 있었다. 1931년 관동군 영관급 장교들의 만주 침략 도발과 1932년 이누카이 쓰요시(犬養毅) 수상 암살 사건을 계기로 일본은 군부가 정부를 끌어가는 형국이 됐다.

이탈리아는 무솔리니가 대중 지지를 안고 1928년부터 파시스트당 국가가 됐고, 독일에서는 1933년 아돌프 히틀러의 나치당이 권력을 장악했다. 1930년대 초 세계사에서 파시즘은 현실 정치에서 뚜렷한 조류를 형성하며 전개되고 있었다.

국내정세도 크게 바뀌고 있었다. 당시는 신간회 해소로 연합전선이 깨져 '혁명적' 운동이 확산되는 이면에, 민족주의 운동의 동력이 약해지면서 비정치적인 '조선학' 운동이 발전하는 시기였다. 이런 상황에서 이광수는 파시즘에 강한 호감을 보였다. "힘은 건전한 인격과 공고한 단결에서 난다"면서 "이탈리아의 파시스트를 배우고 싶다"는 속내를 드러냈다.

그런데 이 무렵 이광수는 '충격적 사건'을 맞는다. 1932년 4월 29일 윤봉길 의거 당일 안창호가 상하이에서 체포돼「치안유지법」위반 혐의로 서대문형무소에 투옥된 것이다.『흙』의 주인공 허숭이「치안유지법」위반으로 5년형을 받은 것도 안창호의 구속에 크게 낙심한 그의 당시 심정을 드러낸 것이었다.

안창호는 징역 4년을 언도받고 만기 출소 9개월 전 1935년 대전형무소에서 가석방됐다. 그 사이 이광수는 주요한, 김동원, 조병옥 등과 수양동우회를 운영했지만, 기관지《동광》은 1933년 간행이 중단됐다.

이광수는 수양동우회 활동이 침체되자 민족운동의 내실을 다진다는 목적하에 1933년『동광총서』1~2권을 내면서 파시즘, 반파시즘 사상 동향을 번역 소개하고 히틀러의『나의 투쟁』(1925)을 부분 번역 게재했다. 동시에 단군을 민족적 기원으로 하는 민족의 고유문화와 정체성에 대한 탐구에도 주력했다.

세계사에서 1933년은 나치당의 집권 직후였고 일본의 '군부정권'이 자리를 잡는 과정이어서 파시즘의 실체가 명확하게 드러난 시기는 아니었다. '힘'의 논리를 추종하던 이광수는 막 소개되기 시작한 파시즘론에 편승했다. 이탈리아를 모델로 삼아 무솔리니처럼 '강한 지도자'가 이끄는, 그러나 비정치적인 '실력양성운동'을 생각하고 있었다.

조선인은 피와 살과 뼈가
일본인이 돼야 한다

나는 지금에 와서는 이러한 신념을 가진다.
즉 조선인은 전혀 조선인인 것을 잊어야 한다고,
아주 피와 살과 뼈가 일본인이 되어버려야 한다고,
이것에 진정으로 조선인의 영생의 유일로가 있다고.

– 「심적 신체제와 조선문화의 진로」, 《매일신보》(1940)[10]

이광수는 또다시 충격적인 일을 겪었다. 중일전쟁 한 달을 앞둔 1937년 6월 수양동우회에 대한 대검거령으로 체포된 것이다. 일명 '수양동우회 사건'으로 그의 정신적 지주이자 스승인 안창호도 가출옥 28개월 만에 평양에서 다시 구속됐다. 많은 회원들이 전향하거나 옥사하는 후유증을 낳은 채 수양동우회는 해산됐고, 보유 자금과 토지 등은 매각돼 국방헌금으로 납부됐다.

《매일신보》기사를 보면 이광수는 5년 징역을 선고받았으나, 4년 5개월 만인 1941년 최종심에서 관련자 전원 무죄 선고를 받았다. 그는 구금 6개월 만에 병보석으로 이미 풀려난 상태였다. 그러던 중 1938년 3월 안창호가 병사하자 큰 실의에 빠진 그는 같은 해 11월 다른 32명과 함께 조선신궁을 참배한 후 자신의 집에 모여 "4천여 원을 거둬 국방헌금"을 납부했다.

이후의 행적을 두고 '전향'이라 표현하기는 사실 어색하다. 이광수는 체포되기 1년 전 1936년 6월 아베 미쓰이에 흉상 건설 발기인으로 참여했고, 체포되기 한 달 전에도 "사회풍교를 바로잡고 문화수준의 앙양"을 위해 최남선과 함께 '관민협동'의 '반도문예회' 창립에 관여했다.

체포와 '전향' 사이에는 우선 안창호의 사망이라는 정신적 충격이 컸을 것 같다. 이제까지 이광수의 활동은 상당 정도 일제를 긍정한 것이었는데도 안창호 때문이겠지만 전에 없이 짧은 기간이나마 구금되는 상황도 겪었다. 억울하기도 했을 이광수는 '아버지'를 죽게 만든 일제를 원망하기보다 친일 노선을 확실하게 설정하는 방식으로 이 상황에 대응했다. 이런 그에게 중일전쟁은 "마음의 문을 열어 준" 큰 계기가 됐다.

이제 이광수는 강한 지도자, 강한 민족, 강한 나라를 원하면서 '민족 지도자'를 자임했다. 그러나 스스로 만들어가는 피곤함보다 힘 있다고 생각된 나라에 귀속된 '하위 지도자'가 되는 길을 설정했다. 그리고 결국 조선민족의 해체와 황국신민화를 주장하기에 이르렀다. 자신의 공로를 일본에 인정받아 쉽게 '하위 지도자'가 되는 방법이었을 것이다.

물론 이는 인도의 독립을 추호도 생각하지 않았던 영국이 간디를 비롯한 인도의 민족운동가들에게 독립을 준다면서 참전을 유혹한 것과는 달랐다. 이광수는 스스로 설정한 '명망'과 달리 일본 정부나 조선총독부 측의 협상 상대도 되지 못했다. '하위 지도자'를 상상하면서 혼자서 북 치고 장구 쳤을 뿐이었다.

자진해서 침략전쟁의 나팔수가 된 이광수는 민족의 해소가 '내선일체'라고 선언했다. 의무교육을 통한 교육의 차별 철폐, 창씨개명, 지원병제와 징병제 시행은 내선일체가 실현돼 가는 구체적인 과정이었다. 이광수는 이것이 조선 민족의 권리를 향상시키는 길이라는 착각을 홀로 확신했다. '내선일체'와 '동아신질서'를 민족적 차별에서 벗어나는 탈출구로 설정함으로써 민족을 버린 자괴감이나 패배의식도 상쇄시킬 수 있었다.

1938년 12월 경성 부민회관 강당에서 열린 '시국유지 원탁회의'에서 이광수는 "조선인이라는 고집을 버리고 일본인이 되어 일본정신을 가질 것을 결심"했다. 훈련을 거듭해 '국민적 감정'을 갖고 일장기를 게양하고 신사참배를 할 수 있게 된 자신의 체험을 통해 "내선일체의 길은 이러한 국민적 감정을 철저하게 배양하기 위해 오로지 일상 행동을 훈련하는 데 있다"고 간증하듯이 강조했다.

이광수는 동아 문화권의 '맹주'인 일본 문화의 지방 문화로서 조선 문학과 역사 연구를 한정함으로써, 민족 단위 고민 속에서 이뤄진 '조선학' 연구의 틀을 완전히 벗어났다.

그에게는 천도교의 최린과 달리 독자적 조직 기반이 없었다. 이에 조선민족 공동체를 기반으로 '민족 지도자'로 자신을 위치 짓기 위해 창씨개명, 학병 동원 등 '내선일체' 정책을 적극 선전하는 활동에 나섰다.

가야마 미츠로(香山光郎)로 창씨개명한 이광수는 1940년 2월 20일, 《매일신보》의 「창씨와 나」에서 우리는 이제 '일본제국의 신민'이며, '중국인과 혼동되는 성명'보다 '일본인과 혼동되는 씨명'을 갖는 것이 자연스럽다며 창씨개명을 독려했다. 그는 결국 헤어날 수 없는 늪으로 빠져들어 갔다.

그러나 이는 이광수 혼자만의 문제가 아니었다. 미야다 세츠코(宮田節子)의 연구에 따르면 그는 "혼자서 지옥에 떨어지는 것이 아니라 조선인 측에서 '내선일체'를 제창함으로써 주관적으로는 그들이 무엇보다도 사랑했을 동포를 자신이 떨어진 것과 마찬가지의, 아니 그 이상의 지옥으로 떨어뜨리는 역할을 했다."

1940년 8월 《동아일보》와 《조선일보》 등 조선어 언론 매체가 폐간되자 이광수는 '내선일체'를 칭송하는 일본어 글을 연달아 썼다. 대표적인 것이 1940년 10월 《경성일보》에 연속 게재한 「동포에게 보냄」이다. 징병제가 시행되기도 전에 그는 이 글에서 "징용, 징병도 자진해서 가면 대우가 나을 것이다" "징용, 징병에서 기술을 배워 우리 민족의 실력을 키울 수 있다"라며 친일을 해야 하는 이유를 설명했다.

1941년 가야마는 『내선일체수상록』에서 조선인이 철저하게 일본에 협력해야 한다고 주장하면서도 정말로 '내선일체'가 되면 조선인에 대한 '내지인', 즉 일본인의 특권이 소실되기 때문에 내지인은 조선인이 진짜 일본인이 되는 것을 싫어할 것이라고 우려했다. 이처럼 어리석은 기우를 할 만큼 '내선일체'를 확신했다. 그러면서 '내선일체'를 허락하는 문제는 "폐하 한 사람의 마음에 달린 것"이라는 이야기도 덧붙였다.

'천재' 이광수는 '내선일체'가 차별을 내포한 동화의 모순된 논리라는 것을 알고 있었다. 하지만 그러면서도 이 문제는 '폐하 한 사람'의 결단으로 해결될 수 있다면서 조선인 식자층의 기우를 어거지로 불식하려 했다.

1941년 《신시대》에 발표한 「반도의 형제자매에게 보냄」에서는 조선인이 조선어에 애착을 느끼는 것은 당연하지만, "우리 천황께서 쓰시는 말을 우리의 국어로" 해야 하고 두 개의 국어를 병용할 수는 없다면서 조선어 문학을 단계적으로 폐지해 일본어 문학이 돼야 한다고 주장했다.

이광수가 황민화에 부응해야 하는 이유로 명시한 것은 '차별로부터의 탈출'이었다. 그리고 '폐하 한 사람'을 설득하는 일은 조선민족을 대표하는 '민족 지도자'만이 가능했다. 자신이 마땅히 소임을 맡아야 한다고 믿었던 것으로 보인다.

이광수가 말한 소임은 조선인을 전쟁터로 내보내는 것이었다. 그는 학생들을 향해 침략전쟁에 나서라며 선전 활동에 두 팔을 걷어 올리고 나섰다. 그는 아마도 자신을 알리 없던 도조 히데키와 이미 한마음이 돼 있었다.

08

천황에게 모두 바쳐라,
그리하면 얻을 것이다

아아 조선의 동포들아
우리 모든 물건을 바치자
우리 모든 땀을 받치자
우리 모든 피를 바치자
동포야 우리들, 무엇을 아끼랴
내 생명에서 나온 것이라고 말하지 말지어다
내 생명 그것조차 바쳐 올리자
우리 임금님〔일본 천황〕께

    – 「모든 것을 바치리」, 《매일신보》(1945)[11]

중일전쟁을 도발하던 1937년부터 일제는 조선인 지원병 제도 실시 준비에 들어갔다. 그해 6월 일본 육군성은 조선 주둔 일본군사령부, 즉 조선군에 "근본문제에 관한 의견제출"을 요구했고 조선군은 '조선인 지원병 제도에 관한 의견'을 제출했다. 조선총독부도 "조선 통치의 견지에서 조선인 지원병 제도의 창시를 열망"한다고 대응했다. 관계 법령과 제도 정비 등 준비 작업을 1937년 말까지 마치고 소요 경비를 1938년도 예산에 계상했다.

1937년 11월 조선군의 간여로「조선인지원병제도 실시요항」이 만들어졌고 12월 '조선인 육군특별지원병제도'가 각의에서 결정됐다. 조선총독부와 조선군이 협의를 거쳐 육군성이 최종적으로 수정한 칙령안과 시행규칙은 추밀원에 회부됐다. 이는 1938년 1월 척무대신과 조선총독이 천황에게 상주하는 형식을 거쳐 2월「육군특별지원병령」으로 발표됐으며, 그해 4월부터 시행됐다. 이후 1943년 10월, 일본은 만 20세 이상 학생의 징병 유예를 칙령으로 정지했다.

이전까지 징병제 시행 지역이 아니었던 조선에서는 지원병 형식을 빌려 조선인 학생, 그중에서도 주로 전문학교 이상 재학생을 사실상 징집하고자 했다. 그런데 일본에 있는 유학생의 지원이 생각만큼 늘지 않자 지원 창구였던 조선장학회는 조선의 '유명' 인사를 통해 유학생을 '설득'하자고 조선총독부에 요청했다.

1943년 11월 조선인 학생을 학병에 지원시키기 위해 선배 격려단이 조직됐다. 김연수, 최남선, 이광수 등 12명을 1진으로, 장문환 등 24명을 2진으로 한 선배 격려단은 일본에 파견됐다. 조선 각 도에서 파견된 '선배'들의 학병 지원 독려가 시작된 것이다.

도쿄에 도착한 이들은 이튿날부터 도쿄, 교토, 오사카, 히로시마 등을 돌며 가정 방문과 간담회, 강연회 등을 연이어 개최했다. 방문한 학교로는 도쿄농업대학, 도쿄제국대학, 스가모고등상업학교 등이 있었고, 최남선과 이광수는 메이지대학에서 열린 '조선학도궐기대회'에도 참가했다. 해방 후 1948년 이광수는 『나의 고백』에서 이때의 상황을 다음과 같이 회고했다.

그대들이 피를 흘린 뒤에도 일본이 우리 민족에게 좋은 것을 아니 주거든, 내가 내 피를 흘려서 싸우마.[12]

줄 사람은 생각도 하지 않고 있는데 우선 내가 바치면 받을 것이 '있으리라는' 무책임한 선동이었다. 맥락을 보면 이광수는 명망을 믿고 자임했던 '민족 지도자'에 대한 환상을 해방 후에도 버리지 못했다. 근거가 없는 확신 속에서 학생들에게 전쟁터로 떠날 것을 강요했던 그는 이 사실을 자신도 모르게 토로한 것이다.

이광수가 「2·8 독립선언서」에 거론했던 "피"는 일본의 침략전쟁을 위해 흘려야 하는 "피"로 바뀌었다. 남에게 영향을 미칠 수 있는 '명망가'라는 점을 감안할 때 무책임하기 짝이 없는 발언이었다.

중일전쟁 이후 이광수의 언설에서는 한 가지 큰 특징이 보인다. 1920년대 「민족개조론」 「민족적 경륜」을 주장할 때 주요하게 거론했던 핵심, 즉 비정치적 조선인의 합법적 단체 결성이라는 자치론은 내용이나 형식에서조차 완전히 탈각됐다는 점이다.

이제 실력양성론이나 문화운동의 핵심인 '조선인 본위' '당면 이익 획득'의 주장은 완전히 사라지고 '확장된 민족주의', 즉 일본 민족으로의 동화 논리가 그 자리를 가득 채웠다. 조선인의 '2등 국민' 유지를 목표로 한, 이광수만의 주관적인 '차별로부터의 탈출' 기획은 지속됐다.

1943년 일본어 잡지《녹기》에 게재한 「전망」에서는 "황도의 대동아"를 극찬하기에 이르렀다. 그리고 세 차례 열린 '대동아문학자대회'에 두 차례 참석한 가야마 미츠로는 온전히 일본인이 됐다고 확신했다.

이광수는 해방 직전 1945년 1월 18일《매일신보》에 발표한 시 「모든 것을 바치리」를 하루 전 절규에 찬 목소리로 낭송했다. 전쟁 협력 단체 야마토동맹이 주도한 '처우감사 총궐기전조선대회'가 열린 날이었다. 조선인의 당면 이익을 얻는 것조차 포기하고, 모두 천황을 위해 일단 '먼저' 바치자는 주장만 가득 찬 시였다.

조선의 '민족 지도자'로 인식되기를 바랐던 이광수의 욕망은 '차별로부터의 탈출'을 명분 삼아 '완벽한 일본인 되기'로 치달았다. 전시체제기에 들어 친일에 매진한 그의 '다름'이 일본인과 '같음'으로 과시돼야 했기 때문이다. 그러려면 스스로 조선인을 동원할 수 있는 현실적 능력을 보여줘야 했다. 그것이 일본에 종속된 하위의 '민족 지도자'가 되는 쉬운 길이기도 했다.

나의 친일은 민족을 위한
희생이었다

나는 내 이익을 위해서 친일 행동을 한 일은 없다.
… 어리석은 나는 그것도 한민족을 위하는 일로
알고 한 것이다. 일정에 세금을 바치고, 호적을 하
고, 법률에 복종하고, 일장기를 달고 황국신민서
사를 부르고, 신사에 참배하고, 국방헌금을 내고,
관공립 학교에 자녀를 보내고 한 것이 모두 일본
에의 협력이다. 더 엄격하게 말하면 죽지 않고 살
아 있는 것도 협력이다.

- 『나의 고백』(1948)[13]

제헌국회는 정부 수립 직후인 1948년 9월 「반민족행위처벌법」을 제정했다. 그에 따라 반민족행위자특별조사위원회, 약칭 반민특위는 10월부터 체포 대상자를 선정하고 1949년 들어 본격적인 활동에 들어갔다. 1월 박흥식이 가장 먼저 체포됐고 이광수는 한 달여 뒤 효자동 집에서 체포됐다.

서대문형무소에 수감된 이광수는 제1부 조사부에서 변절함으로써 스스로 희생하기 위해 친일 활동을 했으며, 재판에 회부되면 민족의 의사에 따라 단죄를 받겠다는 요지로 답했다. 또한 수양동우회 사건 이후 조선임전보국단과 학병 강연회 등의 행적 동기는 '민족을 위한 희생으로서의 친일'이라 주장하면서 재판을 기다릴 뿐이라고 했다. 해방 후 이광수의 '민족을 위한 희생으로서의 친일'론은 조선인을 '차별에서 탈출'시키기 위한 '민족 지도자'로서의 친일 행위를 합리화하는 근간이었다.

그러던 1949년 6월, 대통령 이승만의 비호 아래 반민특위 특별경찰대는 경찰의 습격으로 돌연 해체됐다. 이에 따라 반민특위 활동은 동력을 잃었고 7월에는 반민족행위처벌법 공소시효도 겨우 한 달 뒤인 8월로 단축됐다.

덕분에 이광수도 친일 행위가 피동적이었고 공이 친일보다 더 크다는 이유로 불기소됐다. 피동적이기는커녕 '민족 지도자'를 자임하면서 지나칠 정도로 적극 나선 그의 친일 범죄는 법적 처벌이 시작되지도 못한 채 마무리되고 말았다.

해방과 동시에 '민족 지도자'에서 길가 주막집 안주거리 신세가 된 탓에, 더는 과거를 말할 수 없다던 이광수는 「반민족행위처벌법」에 대응하기 위해 때맞춰 『나의 고백』을 출간했다. 반민특위에 체포되기 두 달 전인 1948년 12월이었다. 해방 후 3년 이상 지난 터라 '천재'가 변명의 논리나 궤변을 다듬기에는 충분한 시간이었다. 실제로 자신이 머물던 1945년 8월 당시 양주 사릉의 풍경을 묘사하면서 담담한 태도를 보일 정도로 차분했다.

『나의 고백』은 유체 이탈 화법과 궤변의 '천재성'을 잘 보여준다. 적지 않은 사람들이 혹시 기대했을 수 있는 참회록은 전혀 아니었다. '민족의 지도자'를 자처한 이광수의 자기 합리화는 그저 위에서 시키는 대로 한 실무자였을 뿐이라던 '평범한' 나치 친위대 중령 아돌프 아이히만과는 사뭇 다를 수밖에 없다. '천재'의 주장을 정리하면 다음과 같다.

첫째, '친일용서'론이다. 병자호란 후 청에 포로로 끌려
갔던 수백 명의 사대부집 부녀자들이 환향(還鄕)했을 때 인
조는 홍제원에서 환향녀들을 목욕시키고 그것으로 잃어
버린 정조 문제를 불문에 부치도록 했다. 이광수는 '홍제원
목욕' 고사를 활용해 민족의 화합을 위해 친일파를 용서하
자고 호소했다. 그러나 이는 다음 이야기를 위한 서론에 불
과했다.

둘째, 협박성 '친일공범'론이다. 일제강점기에 협력하지
않았다면 죽거나 옥에 갇혔기 때문에 살아 있는 것 자체가
협력이라는 논리이다. 따라서 일본에 협력하지 않고 살아
온, 해외에서 산 사람들만으로 나라를 운영할 수 없으니 과
거를 묻지 말자는 것이었다.

'친일용서'론과 '친일공범'론은 해방 후 친일파 처리를
반대했던 세력들 사이에 공유된 논리였고 오늘날에도 종
종 듣는 주장이다. '천재' 이광수는 해방 후에도 여전히 남
아 있던 명성을 활용해서, 억지를 넘어 악의성까지 보이는
궤변을 정리해 대중에게 확산시켰다. 친일에 대한 논란의
여진을 오늘날까지 남기는 역할을 한 것이다.

셋째, 친일파 '능력활용'론이다. 이광수는 「반민족행위

처벌법」 제4조에 규정된 친일파를 일일이 나열하며 그들의 행위를 옹호했다. 특히 고등관 3등급 이상을 지낸 자는 공무원에 임명될 수 없다는 제5조를 겨냥해서 이들이 경험 있는 능력자이자 수재로서 고귀한 존재이므로 이들의 능력을 이용해야 한다고 주장했다. 여기에 편승해서 다시 '민족의 지도자'가 되고 싶은 속내도 보인다.

넷째, '자기희생'론 또는 '순교자'론이다. 이광수가 진정 주장하고 싶은 주장이었다. "능히 민족을 온통으로 건지리라고 생각"하고 스스로 "적어도 인도의 간디를 기약"하면서 '민족의 지도자'를 자임한 그는 자신이 변절해 스스로 희생되기로 한, '민족을 위한 희생으로서의 친일'이었다는 '순교자'론을 동원했다.

해방을 맞은 감상으로서 "독립의 기회가 이렇게 쉽게 온 것이 큰 기쁨임은 말할 것도 없거니와 조국이 전장이 되지 않고 만 것, 동포가 일본의 손에 학살을 당하지 아니하고 만 것이 다 기쁜 일이었다"고 술회했다. 이런 결과를 가져온 것은 자기와 같은 '민족의 지도자'가 친일로 희생했기 때문이라는 기만적 해석이었다.

이런 '순교자'론은 친일파가 오히려 민족의식이 강했다

는 궤변으로 이어졌다. 마치 자신은 열외인 듯이, 처음에는 자신도 친일파를 스스로의 지위와 이익을 꾀하는 자로 단정했다고 한다. 그러나 이들과 교류하면서 모두 같은 민족이라는 것을 알았고, 일본인과 접촉하면서 차별 대우를 더 받았기 때문에 민족의식이 오히려 더 강하다는 것이다. 자신도 친일 행위를 했지만, 마음속에는 항상 '민족정신'이 있어 제국 일본을 향해 민족주의자임을 숨기지 않았다고 강변했다.

또한 경찰, 군수, 판검사, 부회의원 등 조선인 관공리들은 일본인보다 해를 끼치지 않았고, 오히려 조선인에게 조금이라도 유리했으며 심지어 이들이 일반인보다 더 심한 서러움을 당했다고 한다. 자신을 "희생해서 다만 몇 사람이라도 동포를 핍박에서 건지자는" 생각을 했다는 것이다.

이광수는 "한민족을 위하는 일로 알고" 친일을 했을 뿐 "내 이익을 위해서 친일 행동을 한 일은 없다. 벼슬이나 이권이나 내 몸의 안전을 위해서 한 일은 없다"고 끝까지 변명했다. 어디에서 들은 듯하다.

"20살 조금 넘어 혁명에 투신한 이후 한 번도 나 자신을 위한 계산을 한 적이 없"고 장제스처럼 "쉬운 길" 가는 것을 포기하고 "어려운 길을 간다"고 강변한 왕징웨이의 변명과 똑같다. 만나본 적도 없는데 도조 히데키와 한마음이 됐던 두 사람은 변명도 판박이다. 이런 데자뷔가 또 있을까?

다시 이광수의 궤변을 따라가 보자. 이광수가 그토록 강조한 희생의 실체는 무엇일까? 이광수는 도대체 무엇을 희생했을까?

나는 더 젊어서는 뜻이 커서, 내가 능히 민족을 온통으로 건지리라고 생각하였다. 적어도 인도의 간디를 기약한 것이 내가 서른 살에 상해에서 돌아올 때의 꿈이었다.[14]

유명 소설가였던 이광수에게, 명망은 평생을 추구하고 동경했던 '힘'이었다. 그는 그 '힘'을 바탕으로 "적어도 인도의 간디"와 같은 '민족의 지도자'를 자임했다.

특히 1942년 하반기 이후에 전황이 악화되고 있던 사실조차 전혀 몰랐던 '천재'는 친일의 강도를 높일수록 더욱 명망을 높일 수 있다고 착각했다. 자칭 '민족 지도자'로서 몸소 친일을 시범 보이며 자신의 명망을 즐긴 것이다.

필요에 따라 영국의 협상 대상이었던 "인도의 간디"나, 일본이 밀약 상대로 설정이라도 했던 왕징웨이와 달리, 일본은 '하위의 민족 지도자'를 자처한 이광수와 어떤 협상도 하지 않았고 '줄 것'을 보장한 적도 없었다. 그럴 필요조차 없었다. 혼자서 북 치고 장구 치는 그의 명망을 활용하기만 하면 됐기 때문이다.

'비정치적 문화운동'에 갇혀 있던 이광수의 명망은 일제에 귀여운 찻잔 속의 태풍 수준이었다. 다만 그가 전혀 기대하지 않았던 해방이 그의 명망을 바닥으로 떨어뜨린 것이다. 그로서는 억울했을지도 모르겠다. 그래서 명망을 회복하려 하면 할수록 유체 이탈 궤변의 강도와 악의적 억지도 심해질 수밖에 없었다.

국가 없는 상황에서 이광수가 친일을 통해 추구했다는 '민족 지키기'의 내용은 무엇일까? 사실 찾으려 하면 허무해진다. 결국 본인을 지키고 명망을 통한 '힘'을 즐겼을 뿐이기 때문이다. '홍제원 목욕' 고사까지 왜곡한, 명망을 찾아 부평초처럼 떠다닌 지식인의 교활한 말장난이었다.

청군에 잡혀 끌려갔다 고향에 돌아온 환향녀들은 당연히 죄가 없었다. 그러나 '민족의 지도자'를 자처한 이광수는 환향녀가 아니었다. 말장난은 말장난일 뿐이다. 그 안에서 논리를 찾는 피곤함을 감수할 필요는 없다. 도조의 천황 무책임론에 드러난 모순도 마찬가지이다.

한국과 중국의 근대문학에서 이광수와 루쉰은 빼놓을 수 없는 존재이다. 그러나 이광수는 한국의 친일파를 거론할 때도 결코 빼놓을 수 없는 인물이다. 친일의 '상징'으로까지 비치기도 한다. 근대주의를 수용하면서도 주체성과 존엄성을 바탕으로 끊임없이 고투했던 루쉰과는 전혀 달랐다. 그러나 '이광수의 생각'은 오늘날 한국에서 여전히 큰 영향을 미치고 있다.

PART 5

후세 다쓰지

식민지 조선의
독립을 변호하다

후세 다쓰지 布施辰治 1880~1953

민족을 넘어 보편적인 인권과 평화를 비호하고, 조선의 독립
운동가를 위해 일본과 법률 전쟁도 마다 않던 일본인 변호사.

　미야기현에서 태어나 메이지 법률학교를 다녔고, 판검사
등용시험 합격 1년 후 1903년 톨스토이주의를 실천하기 위해
변호사가 됐다. 2·8 독립운동에 나선 조선인 학생들을 변호하
며 그 정당성을 주장했다.

　1923년 조선을 처음 방문해 조선 해방의 국제적 연대, 인간
의 존엄성과 평등권을 역설하고 식민지 조선 '개발'이 "조선민
족을 위해 슬픈" 일이라고 비판했다. 1926년 방문 시에는 나
주 농민들을 변호하며 산미증식계획이 "일본 자본가가 총독
부"를 끼고 전개한 "자본주의적 착취사업"이라고 질타했다.
1927년 세 번째로 조선을 방문해 '제2차 조선공산당 검거사
건'을 변호하면서 조선총독부와 법률 '전쟁'을 펼쳤다. '만주사
변' 후 투옥 및 변호사 자격 박탈 등으로 궁핍한 생활을 이어갔
으며, 셋째 아들의 옥사까지 겪었다. 패전 후 일본의 반동화를
우려한 가운데, 관동대지진 때 일본 민중의 조선인 학살 사실
을 지적했다.

　민족을 넘은 휴머니스트, 진정한 국제주의자의 삶을 살다
1953년 병사했다. 유해가 안장된 도쿄 조자이지(常在寺) 경내
에는 좌우명 "살아야 한다면 민중과 함께, 죽어야 한다면 민중
을 위해"라고 새겨진 비가 서 있다. 2004년 한국 정부로부터
대한민국 건국훈장 애족장을 받았다.

01

군국주의를 거부한
인권 변호사의 길

나는 어디까지나 이상가이다.
자유 신념의 이상에 부가되지 않는
현실의 개조에 충실하려 하는 이상가이다.
나는 어디까지나 진리의 구가자이다.
진리를 배반하는 자와의 싸움을 말하지 않는
진리의 구가자이다.

– 「자기혁명의 고백」,《법정에서 사회로》(1920)[1]

후세 다쓰지. 익숙하지 않은 이름일 것이다. 그러나 그는 2004년 한국 정부로부터 일본인 최초로 대한민국 건국훈장 애족장을 수여받았다.

일본인으로서 그가 보여준 '특이한' 삶은 2000년 MBC 〈PD수첩〉'발굴! 일본인 쉰들러, 후세 다쓰지', 2012년 KBS 〈역사스페셜〉3·1절 기획 '조선 독립운동에 경의를 표함: 일본인 변호사 후세 다쓰지'로 방영된 적이 있었다. 일본에서도 2010년 탄생 130년 기획 다큐멘터리 영화 〈변호사 후세 다쓰지〉가 제작되기도 했다.

후세는 1880년 11월 13일 미야기현에서 태어났다. 1899~1902년 지금의 메이지대학 전신인 메이지 법률학교에 입학했고, 졸업 후에는 판검사 등용시험에 합격하며 사법관시보가 됐다. 검사대리를 1년여 지낸 후 사임하면서 1903년 「사직의 변」을 통해 "나를 언제나 감싸는 사회정책으로서의 겸애주의"를 실천하겠다고 밝히며 변호사 등록을 했다.[2]

자신과 타자를 동일하게 사랑한다는 "겸애주의"는 이후 후세의 글이나 말에 자주 등장하는데, 그가 평생 지키려고 노력했던 개념이었다. 그는 여러 형태로 사회문제에 대한 변호를 담당했고 직접 관여하기도 했다.

1911년 「조선의 독립운동에 경의를 표함」이라는 글을 써서 검사국 조사를 받은 일, 1917년 혼자 보통선거 운동을 시작한 일, 1918년 '쌀 폭동' 사건의 변호를 맡거나 시베리아 출병 선언에 반대하는 반전 선전지를 작성한 일 등이 그 예이다.

후세는 같은 시기를 살았던 대부분의 일본인, 특히 네 살 적은 도조 히데키와 뚜렷하게 구별되는 생각을 갖고 그에 따른 삶을 살았다. 도조는 엘리트 군인으로서의 좁은 시야에서 '공(公)'에만 갇혀 살았다. 도조의 '공' 개념에 따르면 천황제 국가를 위해 지배 대상이었던 일본 '민중', 식민지민인 조선인과 대만인은 동원의 대상에 불과했다.

반면 후세는, 다른 변호사처럼 '돈 되는 사건'을 맡거나 '기계적 중립'에 그치면서 얻을 수 있는 물질과 명예보다 실천적으로 민중과 함께하는 사회활동의 길을 걸었다. 그는 일본 사회가 군국주의 열풍에 갇혀 침략에 환호하던 시절, 그런 분위기에 휩쓸리지 않았다. 유소년 때부터 고민하며 공부한 평화와 민권의식에 따라 변호사의 길을 걷기 시작했다.

변호사 생활을 시작한 지 17년만인 1920년 5월 그는 「자기혁명의 고백」을 선언했다. 마흔이라는 적지 않은 불혹의 나이에 '삶의 대전환'을 선언한 것이다. 그리고 6월에는 개인 잡지 《법정에서 사회로》를 창간하면서 이 고백을 실었다.

'일상생활과 사회활동에서 부르주아 변호사적 요소를 없애고, 법정 안팎에서 '진리'를 위해서만 봉사하겠다'는 톨스토이적 선언을 한 것이다. 이는 "진리를 동경하는 신념"이 "그대로" 실제 생활에 체현돼야 하며 "실현 개조를 위해서 변호사 직업을 선택"했다는 고백이자 앞으로 그런 삶을 살아가겠다는 공적 약속이기도 했다.[3] 결코 말처럼 쉬운 일은 아니지만, 그는 불혹에 선언한 그대로 한 평생을 살았다.

후세는 가와카미 하지메(河上肇)가 1919년 1월부터 발행한 개인 잡지 《사회문제연구》가 호평을 받은 것에 자극받아 잡지 발간을 시작했다고 한다. 가와카미는 교토제국대학 경제학과 교수로서 『자본론』 1권의 일부를 번역한 학자이다. 발간 당시에도 베스트셀러였던 『자본론』을 비롯해 1980년대 한국 대학생들도 많이 읽었던 『빈곤론』

(1917)의 저자이기도 하다. 초기의 가와카미는 마르크스주의자 입장이었다기보다, 사회의 궁핍을 해결하기 위해 부자가 낭비를 줄이고 적절한 산업 부문에 투자해야 한다는 도덕적 입장이 강했다.

후세가 가와카미를 따라 잡지를 창간했다는 점은 1910년대 말 일본의 사상계 지형을 보여준다. 1921년 후세는 약자의 투쟁을 돕기 위해 '자유법조단' 창립을 주도했는데, 이 활동 역시 가와카미나 야마카와 히토시(山川均) 등의 사회주의 이론에 영향을 받은 것으로 보인다.

잡지 《법정에서 사회로》는 법정에서 일어난 생생한 사실을 바탕으로, 자칫 추상적인 논의에 그칠 수 있는 사회문제를 구체적으로 논하는 취지를 유지했다. 후세는 이 잡지를 1920년 6월부터 1921년 8월까지 발간했다. 이어서 이후 1922~1927년 《생활운동》, 1927~1930년 《법률전선》 등의 잡지를 10여 년 동안 발행했다. 이 잡지들을 중심으로 그는 약 30여 권의 저작과 7백여 편의 글을 썼다.[4]

후세는 「자기혁명의 고백」의 구체적인 실천 방법으로서 민사와 형사사건을 불문하고 다음과 같은 사건들을 변호하겠다고 선언했다.[5]

1) 관헌이 제멋대로 하는 행위에 울부짖는 원죄자(冤罪者)의 사건, 2) 부호의 횡포로 고뇌하는 약자의 사건, 3) 진리의 주장에 간섭하는 언론범 사건, 4) 무산계급의 사회운동을 압박하는 소요

후세는 어떤 생각이었을까? 그는 중도좌파 성격의 대중정당 노동농민당에 참여해 활동하기도 했다. 1920년 11월에는 사회주의자와 아나키스트, 여러 조합의 운동가와 문화인의 조직으로서 도쿄에서 결성된 '일본 사회주의 동맹'에 대한 감상을 《법정에서 사회로》에 게재했다.

당신도 언젠가 있을 궐기에 도움이 되도록 실력 수양에 힘쓰라. … 종이와 연단 위에서만 열심인 사회운동가가 무엇을 할 수 있을까? 사회개조는 실제적 문제를 해결하는 데 온 힘을 다하고, 실력을 쌓는 사회운동가가 성취해야 한다고 생각한다.6

이 점에서 후세는 조직 활동과 다소 거리를 둔 톨스토이주의자였다. 자본주의적 물질 추구와 거리를 두고 불복종

저항, 평화운동, 노동과 절제에 입각한 생활개선을 꾀했다. 그래서 자신을 "현실의 개조에 충실하려 하는 이상가"라고 규정했다. "사회운동의 투졸(鬪卒)"이 되고자 했던 그가 평생을 바친 삶의 지향을 잘 보여주는 표현이다. 최종 목적을 유념하면서 현장에서 늘 실천하는, 실력양성론자로서의 진수를 보여줬다고 할 수 있다.

애당초 일본의 조선 침략은
부당한 것이었다

일본 제국주의의 몰락에 의한 조선 독립이 확보되
고, 3·1운동의 희생이 빛나는 승리의 기념일로서
3천만 조선민족으로부터 추억되는 것은 정말로
기쁜 정의의 승리라고 생각한다.

– 「3·1운동의 추억」(1947)[7]

후세 다쓰지는 1911년부터 조선에 본격적으로 관심을 갖기 시작했다고 한다. 다만 현재로서 1911년 전후의 실물 자료를 확인하기는 어렵다. 단 패전 후 1946년 출간한『운명의 승리자 박열』에서 1911년 당시「조선의 독립운동에 경의를 표함」을 쓴 일로 당국의 검열을 받았던 사실을 회고한 적이 있다.[8]

후세가 다닌 메이지대학은 조선인 유학생들이 많은 곳으로, 그의 입학 9년 후 조소앙이 입학한 학교이기도 했다. 후세의 품성에 비춰 봤을 때, 1910년대 그가 30대 젊은 나이로 조선 문제에 큰 관심을 갖고 활동하게 된 환경이 존재했다고 할 수 있다.

다방면에 걸쳐 사회문제에 관심을 둔 후세가 본격적으로 조선 문제에 주목하게 된 계기는 있었다. 바로 1919년 도쿄에서 2·8 독립운동을 주도한 조선인 유학생들을 변호하면서부터였다. 그의 변호 내용은 패전 후인 1947년 '재일본대한민국거류민단'에서 발간하던《민단신문》에 실린 회고에서 확인된다.

일본 체류 조선인은 1910년 강제병합 이후 늘어나기 시작해 1917년 1만여 명, 1920년에는 3만여 명으로 증가했다. 1920년 '유학 규정' 폐지 이전까지 일본 유학은 도지사를 통해 조선총독부에 유학 원서를 제출하고 허가를 받아야 가능했다. 1904년부터 늘어난 일본 유학은 도쿄의 사립학교에 재학한 사비(私費) 유학생이 중심으로, 이들은 주로 대학과 전문학교 등의 고등교육기관에서 법정, 경제, 사회과 등을 전공했다. 관비 유학생은 주로 농림 및 수산, 의학, 공업 및 상업 분야를 전공했다.

1917년~1919년 재일 유학생은 많게는 7백여 명에 이르기도 했다. 다수는 메이지대학, 니혼대학, 츄오대학, 와세다대학, 도요대학, 게이오대학, 센슈대학 등에 재학했으며 개신교도인 경우가 많았다. 1911년 조선총독부가 발포한「조선교육령」에 따르면, 1920년 문화통치로 전환하기 전까지 조선에서는 일상생활에 필요한 일본어를 읽고 쓰는 수준의 보통교육으로 제한했고, '중등교육'을 최상위 교육으로 설정했다.

사립대학 설립 신청을 계속해서 불허한 가운데, 1924년 경성제국대학 예과가 신설될 때까지 대학교는 전무했고 소수의 전문학교가 존재하는 정도였다. 즉 1920년대 전반기까지 대학 교육을 받으려면 일본 유학을 택하는 경우가 많았다.

재일 유학생들은 대한제국 말기 1906~1917년 10여 년 동안 도쿄조선기독교청년회, 대한흥학회, 조선유학생친목회, 도쿄조선유학생학우회, 재판(在阪)조선인친목회, 교토조선유학생친목회, 도쿄여자유학생친목회, 동아동맹회, 조선학회, 결맹형제회, 도쿄노동동지회, 동양청년동지회 등을 결성했다. 도쿄의 학생들은 모임을 위해 도쿄조선기독교청년회 회관을 많이 사용했다.

6백여 명의 유학생들이 참여한 2·8 독립운동 역시 도쿄조선기독교청년회가 중심이 됐으며, 1914년에 신축된 회관을 공간으로 활용했다. 이들은 기관지 발행, 대중 강연, 조직 정비를 통해 '조선청년독립단' 이름으로 「2·8 독립선언서」를 발표하고 운동을 이끌었다. 이후에도 도쿄조선기독교청년회는 2·8 독립운동으로 검거돼 실형을 언도받은 유학생들을 위해 지원 활동을 이어갔으며, 후세는 학생들을 변론했다.

후세는 구속된 조선인 학생들을 변호하는 과정에서 몇 가지 사례를 거론했다. 그는 일본이 오스트리아-헝가리제국의 속국 체코슬로바키아의 독립을 보호한다는 명목으로 시베리아 출병까지 감행했으면서, 왜 조선의 독립운동은 원조하지 않느냐고 질타했다. '선처'를 호소한 다른 일본인 변호사들과는 달랐다. 조선 침략의 '부당성'을 직설적으로 꼬집었으며. 조선인 학생들의 독립 주장이 지닌 '정당성'을 변호했다.

식민지기에도 '양심적' 일본인들이 있었지만, 대부분 일본의 '국익' 논리에서 벗어나지 못했고 조선 독립의 정당성 자체를 옹호한 경우는 찾기 어렵다. 그런 점에서 후세는 각별한 존재였다.

당시는 미국 대통령 윌슨의 '민족자결주의'가 거론됐던 시기였다. 여기에 영향을 받은 조선인 독립운동가들은 제1차 세계대전의 패전국, 오스트리아의 지배를 받던 체코슬로바키아의 독립은 지지하면서 조선의 독립은 저지하는 일본의 행태에 의문을 제기했다. 이들은 종전 후, 열강의 냉혹한 이해관계 속에서 내세워진 논리적 '균열 지점'을 파고들 필요가 있다고 판단했다.

2·8 독립운동에 나선 유학생들도 '민족자결주의'가 승전국 입장을 대변한다는 것을 모르지 않았다. 이를 주권 회복의 정당성을 확보하는 명분으로 삼았던 것뿐이었다. 후

세는 일본군이 체코슬로바키아의 독립을 보호한다는 명목으로 시베리아 출병을 했는데, 왜 조선의 독립운동은 원조하지 않는지 물어서 법정을 아수라장으로 만들었다.[9]

후세가 2·8 독립운동을 변호했던 이유는 무엇일까? 안타깝게도 당대에 남긴 기록은 없다. 그러나 28년이 지난 후에 쓴 「3·1운동의 추억」에서 당시의 기억을 확인할 수 있다. 그의 아들 후세 간지(布施柑治)가 쓴 평전 『나는 양심을 믿는다』(2003)에 따르면, 시작은 아주 작은 것이었다.

고향에서 한학숙을 다니던 시기 후세는 1894년 청일전쟁에서 돌아온 마을 사람들에게 "조선군을 마구 공격했지. 그들은 그저 평범한 농민이었어"라는 말을 들었다. 동학농민운동을 진압했던 일본군들에게 조선 관련 이야기를 들었던 것이다. 평전에 따르면 1910년대 '인권 변호사'로 활동할 당시, 그를 찾아온 도쿄의 조선인과 대만인이 전한 차별적인 현실 이야기도 한 계기가 됐을 것이라고 한다.

"일한병합"의 침략성을
폭로하다

일한병합은, 어떻게 표면에 어떤 아름다운 명칭
을 붙이고 있다고 해도, 이면의 실제는 자본주의
적 제국주의의 침략이었다고 생각합니다.

– 「무산계급에서 본 조선 해방 문제」(1923)[10]

후세 다쓰지는 일본 정부가 조선에 '근대화'와 '문명화'를 심어준다는 한일'병합'의 침략적 알리바이를 전혀 믿지 않았다. "자본주의적 제국주의의 침략" 실체를 분명하게 봤기 때문이다. 그는 이런 인식에서 조선 민중은 다른 세계의 무산계급처럼 똑같이 착취당하고 압박당할 것이라 전망했다.

어떤 혁명적 사상이나 개인의 생각도 보편적인 휴머니즘 감성에서 출발하기 마련이다. 후세는 어린 시절 청일전쟁에 참여해 동학농민군을 진압했던 동네 주민들의 이야기, 1900년대 메이지 법률학교 재학 시의 조선인 학생들과의 교류, 일본에 거주하던 조선인과 대만인 의뢰인들을 접하며 조선에 막연한 동정심을 갖고 있었다.

이런 정서를 안고 사회운동으로서의 변호 활동에 주력했던 그였기에 초기에만 해도 휴머니즘과 사회주의 일반론에 따라 식민지 조선의 문제를 대했다. 한일'병합'에 대한 인식도 그만큼 추상적이었다.

강제병합 13년째인 1923년, 후세는 일본공산당 기관지 《아카하타》에 「무산계급에서 본 조선 해방 문제」라는 글을 썼다. 이 글에서 "상당히 아름다운 이름"으로 강요된

"병합"의 "실상이 매우 심하게 뚜렷한 대조의 잔학함을 폭로하고 있기 때문"에 "조선 민중의 해방운동에 특단의 주의와 노력을 기울일 필요가 있다"면서 무산계급 운동의 세계사적 당위성을 강조했다.

당시 일본의 사회주의자들은 대부분 조선 독립이 무산계급 해방을 통해 해결될 수 있다고 인식했다. 1920년대 전반기의 후세 역시 강제병합과 한반도 문제가 기본적으로 세계 무산계급 운동의 과정 속에서 해결된다고 이해했다.

동년배의 도조 히데키가 육군의 영관급 정치군인들과 모임을 갖고 '다이쇼 데모크라시' 정국을 비판하면서 대륙 침략 방안을 구상할 무렵, 후세는 그와 반대로 평화를 진지하게 고민하고 있었다. 후세는 1923년 재일 유학생을 중심으로 결성된 사회주의 단체 북성회의 초청으로 조선을 처음 방문했다. 이때만 해도 세계의 개조 흐름을 따라가면 조선 해방도 자연스럽게 이뤄질 것이라고 주장했다.

세계 개조란 무엇일까? 1917년 러시아혁명 이후 등장한 신사조, 그리고 지주와 자본가를 타도해 노동자와 농민이 주체가 되는 새로운 사회를 추구한 계급해방운동을 말한다. 물론 그 안에는 개량주의도 포함돼 있었다. 그만큼

1920년대 초 개조 흐름은 세계적으로 큰 영향력을 발휘하면서 다양한 색깔을 포함하고 있었다.

후세도 이런 세계 개조 흐름에 발맞춰 가는 입장에서 조선 해방이 이뤄질 수 있다고 봤다. 정치운동에 나서기도 했는데, 중도좌파 성향의 대중정당 노동농민당에 가입한 후 1928년, 25세 이상의 남성만으로 이뤄진 일본 최초의 '보통선거'에 출마했으나 낙선했다.

중요한 점은 후세가 변호 과정을 통해 직접 사회적 사건과 대면하고 대중과 만나고 있었다는 것이다. 그리고 조선 관련 사건을 담당하면서, 조선을 방문해 한반도의 조선인을 직접 만나며 그의 생각은 변화하기 시작했다. 초기의 추상적인 한일'병합' 인식은 점차 구체화돼 갔다.

04

'근대화'와 '문명화'는 일본의 침략 알리바이

조선에서도 발전이라든지 개발이란 것은 전부가 일부의 특권계급을 유익하게 함에 그치고 다수자에게 대하여는 조금도 행복 된 일이 없다 하면 지금까지 조선이 개발됐다는 것은 도리어 조선민족을 위해 슬퍼할 일입니다.

– 「인간생활의 개조와 조선민족의 사명」, 종로 천도교당 강연(1923)[11]

이 글은 1923년 7월 31일 현재 서울역인 경성의 남대문역에 도착한 후세 다쓰지가 다음 날인 8월 1일 종로의 천도교당에서 한 연설 중 일부분이다. 그는 조선의 첫 방문 소감을 밝히면서 일본이 조선을 식민지화하며 알리바이로 활용한 '근대화'와 '문명화' 논리를 부정했다.

후세는 당시 사회주의 계열의 사상 단체 북성회의 초청으로 조선을 처음 방문했다. 북성회는 어떤 조직이었고 후세는 무엇을 말하고자 했는지 간략하게 살펴보자.

1921년 이와사 사쿠타로(岩佐作太郞) 주도 아래 김판권, 권희국, 원종린, 김약수, 박열, 임택룡, 장귀수, 김사국, 정태성, 조봉암 등 20여 명이 모여 흑도회를 결성했다. 그러나 1920년대 초 많은 사상 단체에서 아나키스트와 사회주의자가 섞여서 대립했듯이 흑도회도 박열 등 아나키스트와 김약수 등 사회주의자의 대립으로 12월 해산됐다.

북성회는 후자 그룹이 1923년 1월 도쿄에서 조직한 단체였다. 멤버는 김약수, 김종범, 변희용, 김장현, 이여성 등 60여 명이었다. 일본에서 기관지 《척후대》와 《전진》을 발행했는데, 학술적이라기보다는 실천적이고 전술적인 내용을 많이 담았다.

북성회는 합법 조직이었다. 그러나 내부에는 1921년 10월부터 일본에 조직된 비합법적 '꼼그룹'이 있었다. 그들은 1923년 5월 '꼬르뷰로 국내부', 즉 '고려총국 내지부' 결성에 참여했고, 같은 해 10월 국내에 사회주의 사상을 전파하기 위해 160여 명이 경성에 모여 건설사를 조직했다. 동시에 대중운동에 나서 조선청년총동맹 창립을 시도하며 청년운동에 뛰어들었고, 자신들의 조직 기반이 강한 경상도와 전라도 지역에서 노동자 및 농민 운동을 조직하고자 했다.

후세는 재일 유학생 중심의 특정 분파 세력이 조직을 건설하는 과정에서 조선에 들어와 함께 움직인 것이었다. 이 무렵의 그는 앞서 봤듯이 조선 문제를 세계 개조의 틀에서 사고하고 있었다. 조선민족 해방운동에 나선다 해서 일국적 시야에 갇히지 않고 러시아혁명에서 이어져 온 세계사적 혁명 움직임에 주목해야 한다고 본 것이다.

후세는 1923년 8월 1일부터 12일까지 북성회 멤버들과 함께 평양, 광주, 대구, 마산, 진주, 김해 등지에서 순회강연을 했다. 종로 천도교당에서 열린 8월 1일 첫 강연의 연사와 강연 제목은 김종범의 「현 사회의 중병」, 기타하라

(北原龍雄)의「해방운동의 의의」, 후세의「인간생활의 개조와 조선민족의 사명」, 정우영의「청년의 역사적 사명」등이었다.

당시 강연 내용을 살펴보자. 김종범은 강연에서 '현 사회의 중병'을 자본주의의 폐해와 모순이라 보는 일반적인 내용을 강의하다 경찰의 제지로 중단됐다. 기타하라 역시 자본주의 생산력 발전과 그 모순을 지적하고, 유산계급과 자본주의 제도 타파를 통한 신사회 건설을 역설하다가 경찰의 제지로 중단됐다. 정우영은 유물론 관점에서 역사를 세 시대로 구분하고, 제1시대인 원시시대는 재산의 구별이 없는 평등한 시대, 노예시대부터 자본주의 현 시대가 제2시대이고, 그를 넘어 제3시대로 나아가야 한다는 강연을 했다.

후세는 조선 문제가 단지 조선인의 문제가 아니라 세계 인류의 조선 문제라면서 조선 해방에 대한 국제적 연대를 강조했다. 또한 조선의 '형평운동'과 유사한 '부락민' 차별 철폐운동인 일본의 수평운동 사례를 통해 인간의 존엄성과 평등권의 중요성을 역설했다.

당시《조선일보》는 8월 3일 "사회문제강연회의 초일"

이라는 제목으로 이를 전체적으로 보도했다.《동아일보》
는 후세의 민족 문제에 대한 논의만 보도했는데 일제의 강
제병합 알리바이였던 '근대화론'이나 '문명화론'이 조선인
일반 대중에게 어떤 영향을 미쳤는가에 대한 그의 주장을
소개했다. 구체적 내용은 이렇다.

첫째, 후세는 부산에서 경성까지 올라오는 동안 보니 자
기들끼리는 "서로 친절한 말씨를 쓰"던 일본인이 조선인에
게 "조금도 경의를 갖지 아니한 태도"로 반말로 "해라를 쓰
는 것이 귀에 거슬렸다"고 지적했다. 정치적이나 사회적으
로 위치가 다른데 조선인에게 같은 대접을 할 리 없었던 것
이다. 즉 "합병"이라는 '아름다운' 명목을 내세웠지만, 일
본인과 조선인 사이에 명백하게 위계가 있음을 주목했다.

둘째, 경성 내의 계급적 위계를 다뤘다. 종로에는 거대한
기와집이 있지만, 이는 특정 계층에 한정된 것으로 "게딱
지 같은" 초가집에 사는 일반 대중이 훨씬 많았다고 지적
했다. 요컨대 후세는 '계급 문제'와 '세계 개조'를 다루면서
조선에서 '근대화'가 진전됐다고 하지만 소수만 그 혜택을
누리고 있다고 비판했다.

후세는 조선의 "발전"이나 "개발"이 "일부의 특권계급을

유익하게" 할 뿐 "다수자"에게는 "조금도 행복 된 일이 없다"고 지적했다. "조선이 개발됐다는 것은 도리어 조선민족을 위해 슬퍼할 일"이었다. "표면의 개발은 기실 조선민족의 행복이 아니라는 것을 느꼈"다는 그는 '식민지 개발'이 일본 제국의 '수탈' 과정과 동전의 양면이고, 극소수의 조선인 유산계층만 수혜를 입고 있을 뿐이라는 점을 파악한 것이다.

05

쌀 생산이 늘어도
조선 농민은 궁핍해진다

산미 증대를 위해서 피와 땀을 흘렸던 조선 농민이, 이전에 먹었던 쌀도 먹지 못하고, 지금은 좁쌀과 콩깻묵을 먹어야만 하게 됐다는 사실을 들어서, 벼농사가 잘되면 반드시 농촌의 경기가 회복한다는 것 같은 단순한 사고방식이 심히 잘못된 것임을 지적해두고 싶습니다.

– 「불경기의 생활난에 처한 무산자 모라토리엄의 제안」,
《법률전선》(1927)[12]

최근 일군의 학자들 사이에서는 식민지기를 '근대화' '문명화' 시기로 보자는 새삼스러운 주장이 일고 있다. 이런 관점은 일제강점기 당시 일제의 침략을 합리화하는 식민사학 논리를 복사한 것에 불과하다. 식민지기 연구가 한국에서 본격적으로 시작되던 1980년대 중후반에 한국의 경제성장 배경을 식민 지배에서 찾던, 한마디로 '뒷북' 치는 반'국가'적 주장이다.

물론 한국 역사학계에서는 국가가 없는 '식민지자본주의' 틀로 식민지 경제를 분석하는 방법론이 이미 제기됐다. 이 입장은 '근대화' 자체를 부인하는 것이 아니라 식민지하에서 나타난 '식민지적 근대', 즉 식민 지배를 위한 동전의 양면인 개발-수탈 정책으로서의 '식민지자본주의' 내용과 특징을 묻고자 한 것이다.

그러나 일군의 경제사 연구자들은 한국사학계가 '수탈성'만 강조하고 식민 지배를 통해 시장경제가 '내재화'된 사실을 보지 않는다고 주장한다. '시장경제' 도입을 신줏단지 모시듯이 이해하는 전도된 형태에서 한 세기 전 제국주의 침략과 지배를 엄호하는 식민사학이나 이광수의 기시감이 느껴진다.

여기서 기본적인 '상식' 하나만 짚고 넘어가자. 서구 근대를 특징짓는 개념으로 개인주의(민주주의), 근대 주권국가, 자본주의를 빼놓을 수 없다. 그런데 식민지에서 이 세 개념은 성립되지 않는다. 편의상 '식민지적 근대'라 칭할 수 있다.

자본주의 경제의 세 주체는 개인, 기업, 정부 즉 국가로 구성된다. 사실 이 가운데 가장 중요한 요소가 국가이다. 국가와 자본주의의 관계는 태아와 엄마의 관계에 비유된다. 그런데 식민지에서 이 관계는 성립되지 않는다. 편의상 국가 없는 '식민지자본주의'라 칭할 수 있다. 식민지자본주의는 일본 정부와 일본 자본이 주체로서 운영되는 경제체제였다.

자유시장경제를 교조적으로 운운하면 안 된다. 국가는 자국 기업을 위한 보호무역이나 소비 시장 창출 등 보호막을 제공한다. 시장의 작동을 위해서도 국가는 필수적이다. 시장 참여자들이 경쟁을 회피하고 독과점을 추구하기 때문이다. 자본주의 경제가 국가의 보호와 지원 없이 방임된 채, 기업-자본의 힘만으로 자유시장경제하에서 운영된 적은 '대항해시대' 이후 오늘에 이르기까지 없다.

일본은 강제병합 이전부터 조선을 일본 자본주의를 위한 값싼 쌀 공급 지대로 규정했다. 19세기 말 이래 일본은 공업화가 진전되며 농촌 인구가 감소하고 식량 소비가 늘어났다. 여기에 수급 조절까지 실패하자 쌀 폭동까지 일어나는 상황이었다. 그렇게 1890년대 이후 일본은 만성적인 쌀 수입국이 됐다.

일본은 쌀 생산에 따른 저임금 체제를 유지하기 위해 쌀 공급 지역으로 조선을 설정했다. 조선총독부는 종속적 파트너로 대지주를 설정하고 지주-소작 관계 방식을 활용해 조선에서 쌀 생산량을 늘리고자 했다. 원시적 수탈, 약탈 방식으로만 통치하면 효율적인 식민 지배를 할 수 없거니와 당장 시급한 쌀 증산도 어려워지기 때문이다.

이를 위해 1910년대에는 지세율을 일본보다 5분의 1 수준으로 현저히 낮게 책정하는 조세정책을 통해 대지주층에 토지가 집중되도록 뒷받침했다. 이에 따라 일본인 지주도 더불어 급증했다. 1918년 토지조사사업 완료 당시 농가호수의 3퍼센트에 불과한 지주가 전체 경지의 50퍼센트를 차지했고, 농가호수의 77퍼센트가 소작농가였다. 지주는 생존권이나 다름없는 소작권을 뺏을 수 있어 소작농에게 절대적 힘을 행사했다.

1920년대 들어 일본은 이와 같은 지주-소작 관계를 활용해 산미증식계획을 시행했다. 쌀 증산정책의 일환이었던 산미증식계획은 토지개량사업과 농사개량사업으로 분류됐다.

전자는 장기자금이 필요한 사업이었다. 벼를 키우는 데 필요한 관개시설 개선, 밭을 논으로 바꾸는 지목(地目)의 전환과 개간 및 간척에 의거한 경작지 확장 등이 주된 내용이었다. 조선총독부가 주력한 수리조합사업은 식민지 금융기구와 상당수가 일본인이었던 대지주의 결합을 통해 이뤄졌다. 수리조합비 부담이 중소지주에게 무거운 짐이었기 때문이다.

후자는 일본식 개량 농법을 보급하는 것으로서 단기자금이 필요한 사업이었다. 품종 개량과 비료 증대로 수확량을 늘리는 것을 주된 내용으로 했다. 이 과정에서 지주는 조선총독부가 알선하는 저리자금을 통해 화학비료와 수리조합비를 조달했다. 그러나 중소지주와 소작농은 식민지 금융 운영 과정에서 배제되면서 대지주에게 고리채까지 부담해야 했다. 지주가 조세공과 비용까지 소작농에게 떠

넘기는 경우도 많았다.

이런 정책을 통해 조선의 쌀 수이출량 증가분은 생산량 증가분보다 많아졌다. 1910년대 10퍼센트 수준이었던 쌀 총생산량 대비 수이출량 비율은 1920년대 40퍼센트 정도로 급증했으며, 1935년에는 53퍼센트에 달했다. 오늘날과 달리, 당시에는 쌀 소비량이 식생활의 수준이나 질을 가늠할 수 있는 절대 지표였다. 조선 내 1인당 쌀 소비량은 1912년 0.77석에서 1932년 0.4석 수준으로, 20년 사이 절반 정도로 격감했다. 그만큼 조선인의 삶의 질도 떨어졌다.

그런 점에서 후세 다쓰지가 1927년 잡지 《법률전선》에 실은 「불경기의 생활난에 처한 무산자 모라토리엄의 제안」은 산미증식계획이 한창 진행 중이던 시기에 실체적 진실을 파악하고 쓴 글이라는 점에서 의미가 크다. 이 글은 1929년 『무산자 모라토리엄』으로 재출간됐다.

일면적이고 파편적인 '근대 지상주의'에 빠져 조선을 비하하곤 했던 '천재' 이광수나 그의 후예인 오늘날 일부 경제사학자의 눈에 전혀 들어오지 않던 조선 농촌의 비참한 현실을, 당시 일본인 변호사 후세는 정확하게 파악하고 있었던 것이다.

후세는 쌀 생산량이 증가했지만 "이출미(移出米)가 증가" 해 "피와 땀을 흘렸던 조선 농민이, 이전에 먹었던 쌀도 먹지 못하고, 지금은 좁쌀과 콩깻묵을 먹어야만 하"게 한 "산미증식계획은 말할 것도 없이, 조선 농민의 사업이 아"니라 "일본 자본가가 총독부의 손을 통해" "생산의 결과를 착취한 순연한 자본주의적 착취사업"이라고 질타했다.

후세가 두 번째 조선 방문에 나선 것은 1926년 3월이었다. 전라남도 나주군의 '궁삼면 토지회수운동'을 지원하기 위해서였다. 궁삼면은 공식 행정 지명이 아닌, 1914년 행정 관할구역 통폐합 이전 전라남도 나주군의 기죽면, 상곡면, 욱곡면 세 개 면을 말한다. 이 지역은 조선왕조에 의해 궁장토(宮庄土)로 편입됐다가 1909년 동양척식주식회사가 토지를 '매수'했던 곳이었다.

궁삼면 농민들은 불법으로 빼앗긴 '토지소유권'을 되찾으려는 운동을 전개하는 과정에서 후세를 변호사로 선임했다. 그는 조선의 농민들이 찾을 만큼 민족을 떠나 보편적 인권을 위해 싸우는 변호사로서, 조선인들에게도 깊은 신망을 받고 있었다.

변호를 위해 후세는 실지 면적을 조사하고 본래 이 지역

이 민유지였다는 근거를 확인했다. 동양척식주식회사로의 편입 과정과 앞으로의 토지문제 해결 방안을 개별 조사와 실지 답사를 통해 알게 된 것이다. 이런 상황에서 궁삼면 문제가 전국적으로 파급되는 것을 우려한 조선총독부는 농민과 동양척식주식회사를 빠르게 타협시켰다.

만성적 궁핍에 시달렸던 식민지 시대의 조선 농민을 대면하는 것은 고통스럽다. 일본 본국의 경제 안정을 위해 법적 이역(異域)으로 분리해놓은 조선총독부 지배하에서, 조선에서 증산된 쌀은 일본으로 '이출'됐다. 이를 위해 하위의 종속 파트너로 삼았던 대지주 중 일부가 조선인이었다고 해도 식민 지배의 실상이 바뀌지는 않는다.

변호사 후세는 기본적으로 계급적 입장을 견지하고 있었다. 그는 조선 농민을 자본주의적 생산관계 확대로 생활난을 겪은 대표 계층으로 꼽았다. 그가 직접 눈으로 확인한 현실은 조선총독부의 선전과 너무나 달랐다. 조선 농가의 쌀 생산량이 증대됐던 반면, 조선 농민의 삶은 더욱 궁핍해져 갔기 때문이다.

무고한 학살에
면죄부는 없다

친애하는 대중 제군, 23년간 암흑 중에 탄압되고 있던 「대지진 학살사건」의 진상을, 여러분 앞에 폭로할 나의 기쁨은 감개무량입니다. 주어진 10분 동안 학살사건의 진상을 말하고, 여러분과 함께 희생자분들께 조의를 표하고 싶습니다.

– 「대지진 학살사건에 대해」(1946)[13]

1923년 9월 1일 도쿄를 중심으로 한 일본 관동 지방에 진도 7.9의 대지진이 일어났다. 그런데 대지진에 이은 극심한 대화재로 피해를 입은 직후, 황당하고 야만적인 일이 벌어졌다. 당시 조선인 6천여 명 이상이 학살 당한 것이다. 2023년이면 100주년이 되는 이 참극은 일본 군대와 경찰이 충분하게 조사조차 하지 않았기 때문에 정확한 사망자 숫자도 통설일 뿐 오늘날까지 모호한 상태이다.[14]

당시 도쿄부(府)나《아사히신문》은 조선인 학살을 은폐한 채 관동대지진 중 일본인 사이의 미담을 부각시킨 출판물을 내기도 했다. 오늘날 도쿄도(都)는 아예 관동대지진 추모행사를 허용하지 않고 있다. 더 나아가 조선인 학살 자체를 부정하며 '헤이트 스피치'까지 방조하고 있다.

이 사건에서 학살을 선동한 일본 군경은 가장 큰 책임을 면할 수 없다. 그런데 학살 대상에는 조선인뿐 아니라 일본인 사회주의자와 중국인도 포함돼 있었으며, 학살의 주체가 대부분 일본의 평범한 국민이었다는 점도 직시하지 않을 수 없다. 이를 두고 '나쁜 일본인'이라고 뭉뚱그린 채 넘어가면 보다 많은 진실을 놓치고 만다.

후세 다쓰지는 패전 직후인 1946년 대지진 학살자 추모대회에서 연설을 통해, 관동대지진 학살의 진상을 밝히고 죄 없이 살해당한 조선인들에게 조의를 표했다. 이 연설은 네 가지로 정리된다. 첫째, 학살의 이유는 무엇인가. 둘째, 학살의 원흉은 누구인가. 셋째, '주의자(主義者)'라고 불리던 공산주의자와 아나키스트들, 그리고 조선인이 어째서 함께 학살됐는가. 넷째, 일본인 대중은 어떻게 군경의 선동에 넘어가 학살의 주체가 됐는가.

첫 번째 질문, 조선인 학살은 왜 일어났을까? 조선인 학살은 관동대지진 당시 일본 정부가 계엄령을 선포하는 과정에서 "조선인이 방화를 했다" "우물에 독을 풀었다"는 유언비어가 퍼지며 이뤄졌다. 계엄령이 선포되면 '치안유지'가 우선 과제인데도 일본 군경은 조선인 학살을 방조하거나 조장했다.

두 번째 질문, 학살의 원흉은 누구일까? 후세는 '군벌'의 핵심기구인 참모본부나 헌병대, 경찰 중 학살에 관여한 두 원흉을 지목했다. 그중 관동대지진 당시 경시청 경무부장 쇼리키 마쓰타로(正力松太郎)는 패전 직전 귀족원 의원으로 있다가 A급 전범으로 체포됐지만, 공직 추방 해제 후 중의원 의원, 과학기술청 장관, 자민당 총재 등으로 활동했다.

특히 전후 요미우리 자이언츠 구단주로서 일본 프로야구 중흥의 기반을 만들기도 했다. 불기소로 석방됐지만 A급 전범 범주에 속했던 자가 계속 정치 및 사회 지도자로 활동했던 일본 전후 체제의 특징을 잘 보여준다.

세 번째 질문은 두 원흉 중 하나인 아마카스 마사히코(甘粕正彦)의 역할과 관련이 있다. 특고헌병대 대위 아마카스는 1923년 9월 16일 저명한 아나키스트 오스기 사카에(大杉栄)와 그의 아내 등을 살해해 사체를 근처 우물에 유기하는 만행을 저질렀다. 당연히 대위의 독단적 행위일 수는 없었다. 이와 관련해 후세는 '비(非)국민'의 범위가 '조선인'뿐 아니라 광의의 일본인 '주의자'를 포함하고 있었다는 점을 지적했다.

자연재해를 틈타 일어난 관동대지진 조선인 학살사건은 자세한 내막과 전개 과정에 대한 검토가 오늘날까지도 이뤄지지 못한 상황이다. 다만 관동대지진 당시의 경시청 경무부장, 그리고 조선인 학살을 틈타 아나키스트를 살해한 특고헌병대 대위 두 명을 콕 집어 주목한 후세의 발언은 많은 시사점을 준다.

네 번째 질문은 '뜨거운 감자'가 될 수밖에 없는 물음이

다. 일본 민중이 왜 조선인 학살에 가담했는가 하는 문제이
다. 후세는 일본 민중이 군경의 "파괴적 선동"에 넘어가 학
살에 나섰다고 말했다. 부추긴 사람이 가장 큰 범죄자인 것
은 분명하다. 하지만 그렇더라도 수천여 명의 조선인을 학
살한 주체가 일본 민중이라는 사실은 변하지 않는다. 전후
일본의 미래를 고민했던 후세는 이 명백한 사실 앞에서 깊
은 당혹감에 빠졌을 것이다.

다른 한편, 후세가 조선인 학살을 부각시키는 연설을 패
전 후에 한 이유가 분명히 있을 것이라고 짐작된다. 1946
년 당시에 23년 전 관동대지진 때의 조선인 학살은 한반도
주민이나 일본인 사이에서 아직 주목받지 못한 사안이었
다. 이런 상황에서 관동대학살을 드러낸 그의 연설은 일본
사회의 미래를 위해서도 큰 의미가 있었다.

후세는 패전 후에도 군부와 경찰이 "지하에 잠복해 민
주혁명의 불화를 엿보고 있는" 상황에서 전후 체제가 다시
'반동적' 체제로 돌아가면 안 된다는 절박한 문제의식을 갖
고 있었다. 다만 안타깝게도 이 연설만으로는 1923년 왜
일본 민중이 무고한 6천여 명의 조선인 학살에 적극 가담
했는지는 알 수가 없다.

관동대지진 학살은 쌀 폭동으로 "민중의 위력을 자각"하며 '혁명의 전위'라고 생각하던 일본 민중이 적극 나서 조선인을 무차별하게 공격하고 살해한 사건이었다. 후세를 비롯해 전후 일본의 미래를 걱정하는 '진보적' 일본인 엘리트들에게는 큰 충격일 수밖에 없었다. 후세 역시 이 점을 안타까워한 것이다. 그는 이 말을 끝으로 연설을 마무리했다.

> 우리들은 … 군부와 경찰이 … 민주혁명의 불화를 엿보고 있는 것을 잊으면 안 됩니다. 이것을 배격해 … 민주화 일본을 재건하고, 대지진 희생자의 피를 살리는 것이, 가장 빛나는 추모의 성의일 것을 제군과 희생자의 앞에 서약하고, 희생자의 명복을 빕니다.15

패전 후 후세는 오늘과 같은 일본의 우경화를 우려하면서, 조선인 희생자를 위로한 것이다. 그리고 "정의를 구하는 일본 민주화운동의 승리를 실현하고"자 하는 집단지성의 힘을 믿고 싶었으며, 거기에서 동력을 얻고자 한 것으로 보인다. 일본 사회의 밑바닥 심성을 잘 알고 있었을 그였기에, 일본의 미래에 대한 우려 또한 그만큼 깊고 절박했다.

최근 일본의 한 연구에 따르면, 이 학살은 전대미문의 자연재해 앞에 일상생활을 위협받은 평범한 일본인 남성 토목 노동자들의 자체 치안 조직인 '자경단' 활동과 관련돼 있다고 한다. 이들이 방화와 살인으로부터 마을을 지킨다는 관념 아래 '상호부조적 행위'의 일환으로 조선인 학살을 저질렀다는 것이다.[16]

물론 군부와 경찰 등 일본 정부의 허구적이고 악의적인 선동에 휘둘린 결과였다. 그러나 이 연구 역시 근본적 의문을 해소해주지 못하거니와 자칫 학살을 합리화하는 논리로 활용될 수도 있다. '평범한' 일본인의 '상호부조적 행위'라고 해도 조선인 학살로 이어진 것에 대한 면죄부가 될 수는 없다. 이런 비극적 행위가 왜 일어났는지 현대적 의미를 생각해야 한다.

인종주의는 본성이 사악한 무리로부터 나오는 것이 아니라 평범한 사람들로부터 발현된다. 이런 점 때문에 한나 아렌트가 아이히만의 평범함 속에서 '악의 평범함'을 지적한 것이다.

루쉰도 1928년 혁명문학 논쟁을 통해 민중은 무조건 혁명을 지지하는 단순한 존재가 아니라고 입이 아프도록 지적했다. 실제로 세계의 혁명 역사를 돌아보면 민중은 변화와 혁명의 주체이기도 했지만, 동시에 반동의 지지자이거나 방관자이기도 했다.

다문화사회가 된 오늘의 한국 사회 역시 '배제의 정치'와 멀리 떨어져 있지 않다. 식민 지배의 경험을 안고 있는 국가로서, 후세가 말한 "평화 국가로서의 한국"이라는 이상적 내용을 얼마나 채우고 있는가?

한국사 교과서에서는 조선족이 '한민족'의 일부라고 가르치지만, 다른 한편에서는 조선족 혐오를 소재로 한 상업 영화가 관람객을 모으고 있다. 관동대지진 조선인 피해자에 대한 후세의 인도주의적 인식과 활동, 그리고 경고는 오늘날 우리에게 던지는 질문이기도 하다.

07

법률로 조선총독부를
공격하다

공산당사건의 진상은 총독정치의 폭압에 대한 일
종의 반항전(反抗戰)입니다. … 우리들 변호인의
공산당사건에서 변호의 사명은, 소위 변호를 하
기보다는 … 반항의 포로가 된 투사의 탈환을 기
하는 것에 있습니다.
(1927년 10월 8일, 부산에서)

– 후세 다쓰지의 편지(1927)[17]

1927년 10월 후세 다쓰지는 세 번째로 조선을 방문했다. '제2차 조선공산당 검거사건'을 변호하기 위해서였다. 이는 조선공산당이 민족주의 계열과 연합해 대한제국의 마지막 황제 순종의 장례식을 기회로 1926년 6·10 만세운동을 기획하다 체포된 사건이었다.

후세가 부산에 도착한 당시는 권오설, 강달영, 전정관, 홍덕유, 이준환 등 조선공산당 당원들이 체포된 지 1년 4개월이 지난 때였다. 상기 다섯 명의 '피고'들이 이 시점에서 변호사 후루야 사다오(古屋貞雄), 후세 다쓰지, 김병로, 이인, 김태영, 허헌, 한국종을 대리인으로 1926년 6~8월 사이 종로경찰서에서 당한 고문을 폭로하고 '폭행독직죄'로 고소했기 때문이었다.

제2차 조선공산당 검거사건과 6·10 만세운동의 경과, 그리고 이들 사건의 변호를 통해 후세의 주장을 살펴보자.

조선공산당은 1925년 4월 경성에서 박헌영, 김단야, 조봉암 등 '화요회'계 중심으로 창립된 조직으로, 그해 11월 신의주에서 조선총독부 경찰의 폭행사건을 수사하던 중 비밀리 조직된 것이 발각됐다. 이 과정에서 유진희, 박헌영 등 핵심 당원들이 검거됐고, 이후 전국적 검거로 서정희,

주종건, 김약수 등이 체포됐다.

《조선일보》진주지국을 경영하던 강달영은《조선일보》
지방부장 홍덕유로부터 급히 서울로 오라는 전보를 받았
다. 당원이었던 그들은 조선공산당 책임비서 김재봉을 만
나 '위기 상황'에 대한 설명을 들었다. 이후 강달영은 김재
봉 등 지도부가 후계 중앙간부를 구성한 후 망명하는 과정
에서 책임비서로 선출됐다.

강달영은 언론계에서 광고와 영업을 통해 신문사 경영
기반을 다지는 수완이 있었고, 일제 경찰의 주목을 덜 받으
면서도 특히 경상남도 지역에 폭넓은 신망을 받고 있었다.
3·1운동 때도 사천(泗川) 만세운동 주도자들과 연계하고
합천 해인사 승려들과 협력해서 경남 서부지역 7~8개 군
으로 시위를 확산시키고자 했다.

새로운 조선공산당 중앙조직은 1926년 2월 중순부터
본격적으로 움직였다. 강달영은 세계 공산당을 지도하는
코민테른에 제출할 목적으로「조선공산당 현황에 관한 보
고」를 작성했는데, 이에 따르면, 3월 당시 조선공산당의 규
모는 전국 12개 도 23개 도시에 포진한 당의 세포조직인
야체이카 29개, 정당원 146명, 후보당원 119명에 이르렀

다. 청년 단체 외곽조직인 고려공산청년회에도 527명이 있었다. 코민테른으로부터는 가입도 승인받았다.

강달영은 국내외 조직을 기반으로 반일 '정치'운동의 연합을 시도했다. 이를 위해 '천도교 권동진파' '사회운동자파' '기독교파' '비타협파' 등의 민족주의 세력과 민족운동 단체 조직을 논의했다. 이 과정에서 4월 25일 순종이 사망했다.

3·1운동이 고종에 대한 추모와 결부돼 일어난 것처럼, 마지막 황제의 죽음 역시 조선인의 정서를 자극함으로써 민족운동의 기폭제가 될 수 있었다. 창덕궁 문 앞에 모여 통곡하는 군중이 매일 1천여 명이 넘었다.

조선공산당은 5월 회의를 통해 추모 열기를 대대적인 '반일 시위운동'으로 전환시킨다는 구상을 했다. 이를 위해 반일 민족통일전선인 '대한독립당'을 조직해 3·1운동 때의 33인 역할을 하고, 장례일인 6월 10일 대규모 시위운동을 전개하기로 했다. 고려공산청년회 책임비서 권오설이이 '투쟁지도특별위원회'의 책임자가 됐다.

그러나 조선총독부 경찰은 6월 6일 천도교당을 급습해 대한독립당 명의의 5만여 매 격문을 확인하고, 대규모 검거에 나섰다. 표면적으로는 천도교가 중심인 것으로 보인 사건이었지만, 2백여 명이 검거되면서 중심에 있는 조선 공산당의 존재도 밝혀지고 말았다. 제2차 조선공산당 검거가 시작되고 6월에는 권오설, 6·10 만세운동 한 달이 지난 7월에는 강달영이 체포됐다.

권오설은 종로경찰서에서 고문을 당해 치아가 부러졌고, 다른 피고들도 중상을 입었다. 그들은 다음 해 10월 종로경찰서 주임경부 미와 와사부로(三輪和三郎), 경부보 요시노 도조(吉野藤臧), 조선인 경부보 김면규, 순사부장 오오모리 히데오(大森秀雄) 네 명을 고소했다.

후세는 1927년 10월 부산에서 일본 독자에게 보낸 편지를 통해 이 사건이 "단순한 형사사건이나 재판사건의 변호가 아"니고 "총독정치 폭압에 반행해야만 하는, 조선 동포 전체의 사건"이기 때문에 "반항의 포로가 된 투사의 탈환을" 위해 "일종의 반항전"을 펴겠다고 썼다.

즉 후세는 이 문제를 조선공산당 문제로만 좁게 바라보지 않았다. 이 변호는 일본에서 그가 관여했던 노동농민당 활동의 일환이기도 했다. 그의 변호는 지배자의 법률로 조선 문제를 엄정하게 비판한다는 문제의식으로부터 시작됐

308

다. 이로부터 조선총독부 관료들에게 식민정책의 '과정'이 적법한지 여부를 집요하게 캐물었다.

우선 후세는 1926년 수사 과정에서 제네바군축회의 참가로 사이토 마코토 조선총독을 포함해 정무총감, 경무국장이 모두 부재중이었는데 어떻게 수사가 지휘됐는지, 조선총독부의 사법권 침해에 대해서는 어떤 입장인지를 집요하게 따졌다.

조선총독은 사법권을 관장했으며, 조선에서 법률 사항인 재판소의 조직과 권한, 재판권 임면은 위임입법인 제령으로 규정됐다. '다이쇼 데모크라시' 이후 일본에서는 정당내각이 들어섰고, 정당내각은 식민지 조선과 대만에 대해서도 영향력을 행사하고자 했다. 이런 시대 상황에서 조선 및 일본의 변호사협회는 끊임없이 식민지에 재판소구성법 및 변호사법을 시행하라고 주장했다. 이런 상황에서 일본 노동농민당과 밀접한 관계가 있던 후세가 총독정치와 사법권의 관계에 집중한 점은 주목된다.

후세는 1927년 10월 28일 정무총감 유아사 구라헤이(湯淺倉平)와의 회견에서 조선노동총동맹의 김균, 신간회의 조헌영, 《대중신문》의 박낙종 등 세 명과 함께 이 질문을

던졌다. 질문은 한 달이 지나서야 11월 30일《동아일보》
에 소개됐다.

이외에도 후세는 재판소 관할 문제, 수감자 가족 접견 문
제, 궁삼면 문제와 조선 농민 식량 문제 등을 논의했다. 유
아사는 답변을 피했지만, 그는 '일본 본국'의 '일본인' 변호
사라는 위치를 활용해 조선총독부와 법률 '전쟁'을 펼친 것
이다.

08

해방 후 조선건국헌법 초안을 만들다

나의 마음으로부터 신애하는 가까운 벗,
조선민족 3천만 동포에 헌정하고 싶다.

– 「조선인민에게 주어진: 조선독립헌법 초안에 대해」,
《국제》(1946)[18]

'만주사변'이 일어난 1931년 이후 후세 다쓰지의 삶은 극심히 어려워졌다. 두 차례나 투옥되고, 변호사 자격도 박탈당해 생활도 궁핍해졌다. 여기에 교토대학 철학과 학생이었던 셋째 아들 후세 모리오(布施杜生)가 반전운동을 하다 「치안유지법」으로 구속돼 1944년 스물아홉 살의 젊은 나이에 옥사하는 비운까지 겪었다.

패전 후 변호사 자격을 회복한 후세는 '자유법조단'을 재결성하고 변호사 활동을 재개했다. 자신이 변호했던 아나키스트 박열이 23년에 이르는 옥중 생활을 마치고 아키타 형무소에서 석방된 후에는 재일 조선인 권리 회복운동에도 참여했다. 이 와중에 일본인 변호사로서 독립된 「조선국」 헌법을 기초하는 일대 '사건'을 일으켰다.

패전 직후 후세는 《세계평론》 4월호에 「조선건국헌법초안사고(私稿)」를 발표했다.[19] 여기에 그는 국가관, 세계관, 민주국가 건설의 구체적 구상을 담았다. 이 글은 1945년 9월 말 집필을 시작해 11월 탈고, 12월 1일 세상에 소개됐다. 출소한 박열이 헌법 초안을 조국 해방의 선물로 갖고 싶다고 하자 두 사람이 함께 의견을 나눠 작성했다고 한다. 「조선건국헌법초안사고」에는 두 가지 특징이 있다.

첫째, 전쟁을 '포기'하겠다고 명시한 일본 헌법 제9조에 비해 훨씬 적극적이고 명확한 반전사상을 담고 있다.

둘째, 국민의 자격을 헌법으로 규정했다. 지속적으로 10년간, 혹은 단속(斷續)적으로 20년간 조선 영토에 생활 본거지를 둔 정주자(定住者)는 조선 국민이라 한다고 규정했다. 후세는 자신이 구상하던 일본 헌법안「헌법개정 사안」제2조에서도 똑같이 일본에 생활 본거지를 둔 정주자는 일본 국민으로 정한다고 했다. 이는 식민 지배 동안 재조 일본인, 재일 조선인, 조선인과 일본인 사이의 내선결혼 등 이전에 없던 상황이 일어난 것을 고려한 규정이었다.

물론 헌법학적으로 보면 후세 자신이 인정하듯 미숙한 부분이 많다. 주목해야 할 점은 다른 데 있다. 그의 작업이 헌법이란 전쟁을 금지하고 평화를 지향하는 기본적 내용이 담겨야 한다는 문제의식으로부터 시작됐다는 점이다. 이는 곧 향후 제정될 헌법이 이와 같은 지향점을 모색해야 한다는 평화운동의 일환이었다.

따라서 후세의 글을 헌법학적으로 좁혀서 읽을 필요는 없다. 거시적 시야에서 보면 더 중요한 두 가지 문제의식을 읽어낼 수 있다.

첫째, 동아시아에 영구적인 전쟁 방지와 평화체제를 구축하고자 하는 후세의 희망이 분명하게 드러나 있다. 그는 조선이 전쟁을 일으키지 않았다는 점에서 세계 평화의 전진기지가 될 수 있다고 봤다.

오늘날 '자위권'만 인정받았던 패전국 일본은 전쟁할 수 있는 권리를 갖겠다는, 즉 과거사 정리를 부정하는 극우적 이념에 경도돼 '보통국가화'를 시도하고 있다. 이를 감안할 때 후세의 글은 패전 직후 시점에서 미래를 내다본 매우 중요하고 의미심장한 문제 인식이었다.

둘째, 「헌법개정 사안」과 「조선건국헌법초안사고」는 내용적으로 유사한 지점이 있다. 후세는 일본에서 활동하면서 일본의 평화를 열망하는 일본인이었다. 대부분의 '양심적' 일본인들과 달리 조선의 독립을 열망했다고 해서 해방 직후 조선의 상황을 잘 알고 있었던 것은 아니다. 패전 직후에는 공직자 외에 한반도를 자유롭게 왕래할 수 있는 일본인도 없었다.

헌법 초안의 바탕이 되는 자신의 사상을 설명하는 이 글 말미에서 후세는 재일 조선인이 선거권 행사, 즉 시민으로서의 권리를 가질 수 있어야 한다는 점을 명확히 강조했다.

사실 근대 자본주의 사회에서 '시민'이라는 범주는 그 자체로 외국인 노동자나 난민 등 비(非)시민에 대한 '배제의 정치'를 포함한 것이었다.

그런 점을 생각해볼 때 「조선건국헌법초안사고」는 폭력과 전쟁의 식민 지배를 벗어나 재일 조선인의 권리 향상과 일본이 평화의 '후방기지'로 다시 만들어지기를 기원하는 간절한 바람을 담은 것이었다. 세계적 평화운동을 지향하는 첫 단계로 재일 조선인 인권 문제를 설정한 원대한 구상을 담고 있는 것이다.

휴머니즘을 체화한
진정한 국제주의자

살아도 죽어도
민중과 함께 투쟁하겠다

살아야 한다면 민중과 함께,
죽어야 한다면 민중을 위해.

– 후세 다쓰지의 현창비

1953년 9월 13일 암으로 병사한 후세 다쓰지의 유해는 도쿄 조자이지(常在寺)에 안장됐다. 그곳 경내에는 그의 좌우명이 된 "살아야 한다면 민중과 함께, 죽어야 한다면 민중을 위해(生きべくんば民衆とともに′死すべくんば民衆のために)"가 새겨진 현창비가 서 있다.

후세의 고향 이시노마키 시 문화회관 2층에는 그가 입었던 법복과 자필 등 유물이 상설 전시돼 있다. 그의 모교인 메이지대학 법대에도 '유품 전시실'이 있고 이시노마키 역에서 조금 떨어진 아케보노미나미 공원에 세워진 '변호사 후세 다쓰지 현창비'에도 이 좌우명이 새겨져 있다.

1921년에 후세는 의열단원 아나키스트 박열과 만났다. 후세는 박열이 혈권단을 조직해 도쿄 유학생들 중 친일 분자들을 습격하다 체포된 상황에서 그를 변호해 무죄 석방되도록 했다. 또한 1923~1926년 박열과 가네코 후미코(金子文子) '대역사건'에서도 그들을 변호해 무죄를 주장했다. 가네코는 2018년 후세에 이어 일본인으로는 두 번째로 대한민국 건국훈장 애국장을 받았다. 후세는 재판 도중 옥사한 가네코의 유해를 남편 박열의 고향 문경에 묻어주기도 했다.

일본의 국체를 부정하는 것으로 비춰질 수 있는 변호는 당시 일본 사회에서 생명을 건 법정투쟁이기도 했다. 22년 2개월간 긴 옥고를 견뎌낸 박열에게 감명받은 후세는 1946년 재일 조선인 장상중, 정태성과 공저로 『운명의 승리자 박열』을 세상에 내놓았다.

후세가 무죄를 주장하며 변호한 조선인 '대역범인'은 또 있었다. 1924년 황궁 입구 니주바시에 폭탄을 던진 의열단원 김지섭은 무기징역을 선고받고 단식투쟁 끝에 1928년 치바형무소에서 사망했다. 그에게 후세는 인간적 존경심을 느꼈다.

그런데 후세의 아들 간지에 따르면, 그는 아들에게 "천황님은 훌륭한 분이고, 백성을 사랑하는데 벼슬아치들이 나빠서 문제란다"는 말을 항상 했다고 한다. 1946년 '종전(終戰)감사국민대회'에 참석한 후세는 동지들과 함께 '전범으로 취급받는 천황을 인간적 양심에 따라 지키자'면서 '만세 삼창'을 외쳤다.

후세는 왜 만세 삼창을 했을까? 후세 간지는 1946년 초 후세가 발행한 소책자 『타도할 것인가 지지할 것인가, 천황제 비판』에 근거해 이를 설명한다. 그는 후세가 '대다수 일본인이 천황을 의지하는 감정을 단칼에 자르기는 불가능하다'고 봤으며, 천황이 항복을 잘했다는 의미에서 만세삼창을 한 것으로 보인다고 전했다.

1967년에 개봉된 〈일본의 가장 긴 하루〉는 포츠담선언 수락에 따른 천황과 내각의 항복 결정을 반대한 육군성 장교들의 쿠데타 '궁성사건'을 소재로 한 일본 영화다. 강경파의 무모하기 짝이 없는 '본토결전론'에 따라 항복하지 않고 계속해서 전쟁을 했다면, 일본은 폐허가 됐고 수많은 민간인들이 희생당했을 것이다.

즉 후세가 천황제에 대한 생각과 다른 차원에서, 지론인 휴머니즘에 따라 대량 살상과 파괴를 피하게 해준 천황에게 감사의 뜻을 표한 것으로 소박하게 이해할 수도 있다. 그런 점에서 후세 간지의 설명이 수긍되기도 한다. 물론 포츠담선언 수락파의 생각도 연합국의 천황제 인정을 전제로 한 항복이었고 미국은 이를 수용해 전후 체제를 재편하는 데 활용했지만 말이다.

후세는 천황제 이데올로기에 기반을 둔 일본 국가를 두고 일본 국민이 살아가야 할 하나의 '집'이라고 인식했다. 이런 인식 때문에 천황제에 대한 근본적 접근은 피했다. 당시 대다수의 일본인들이 인식하고 있는 현실에 반해 인위적으로 대응하면 문제가 더 불거질 수 있다는 생각을 했었던 것으로 보인다.

법학자 미조구치 유조(溝口雄三)는 근대 전후 중국 및 일본의 '공' 개념을 비교했다. 청나라 말 '공립(公立)' '공유(公有)' 개념은 일본어로 공립(共立), 공유(共有)로 번역된다. 반면 일본은 공동체적 공(公, おほやけ)이 반드시 '관립(官立)' '관유(官有)'와 연관되며, 그 공동체의 수장(首長)과 관계가 깊다고 봤다. 후쿠자와 유키치의 '공' 개념처럼, 일본의 '공'은 봉사해야 할 최고위 대상으로 천황 혹은 국가를 상정할 뿐, 중국처럼 천(天)과 같은 보편적이고 원리적인 개념이 아니라는 것이다.[20]

후세는 대중운동에 깊숙이 개입하면서 조선인 독립운동가를 지원하고 아나키스트 '대역범인' 박열과 가네코, 그리고 김지섭, 조선공산당 등의 변호에 적극 나섰다. 그러나 천황제 해체와 '공화주의' 체제의 건설은 당장의 과제가 아니라고 봤다. 대중운동과 '국민의식' 앞에 선 그의 딜레마였다.

후세가 해결 방법을 찾지 못한 이런 딜레마의 틈이 확대되면서, 한-미-일 공조 체계의 '기지국가'가 된 오늘날의 '전후 일본'은 침략과 천황제 정당성을 주장하며 재무장과 헌법 개정을 외치고 있다. 20세기 초 같은 시대를 살았던 도조 히데키와 후세 다쓰지. 두 명의 대조적 인물에게서 드러난 일본 근현대의 두 얼굴 중 애초부터 미미했던 후자는 그나마도 점점 위축돼 가고 있는 것이다.

이런 임계점에도 일본 사회에 군국주의가 맹위를 떨치던 때, 후세는 휩쓸리지 않고 민족을 넘어 보편적 휴머니즘과 인권의식을 체화시키고 실천했다. 그는 진정한 국제주의자로서의 면모를 삶 전체를 통해 보여줬다.

PART 6

도조 히데키

일본을 제국의
몽상에 빠뜨리다

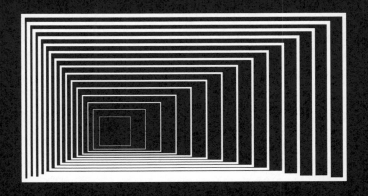

도조 히데키 東條英機 1884~1948

1941년 일본 제40대 총리이자 태평양전쟁을 일으킨 A급 전범. 군인 집안에서 태어나 1905년 17기 육군사관학교, 1915년 육군대학을 졸업했다. 그를 비롯한 육군 영관급 '정치군인'들은 제1차 세계대전 후 일본의 팽창을 저지하려는 워싱턴체제와 자국의 '다이쇼 데모크라시' 분위기를 용납할 수 없었고, 군부의 힘을 키워 만주와 몽골을 직접 지배해야 한다고 생각했다.

이와 같은 의식을 바탕으로 1937년 관동군 참모장을 지낸 그는 1940년 육군대신을 거쳐 총리에 올랐다. 1941년 「전진훈」을 통해 '황군'은 포로가 되면 안 된다면서 병사들에게 옥쇄(玉碎), 즉 '대의'를 위한 죽음을 강요했지만 정작 자신은 이를 지키지 않았다. 한마디로 '권한은 한 몸에, 책임은 부하에게' 그 이상도 이하도 아니었다.

그의 리더십은 정신승리에 치우쳐 있었다. 우승열패 인식이 충만한 유서는 식민지민과 점령지민 모두를 향해 대동아공영권론의 허구성을 증명한 꼴이었다. 1948년 말 스가모형무소에서 교수형을 당한 그를 비롯해 A급 전범 14명은 1978년 야스쿠니신사에 합사됐다. 침략전쟁을 환호했던 일본인들은 후에 더글러스 맥아더에게 그의 처형을 요구했다. 이와 같은 일본인의 '무책임 체계'는 오늘날 일본 사회에 그대로 배어 있다.

30대 육군 사조직의 탄생,
침략전쟁의 판을 짜다

일본은 신국이다.
영구 불멸의 국가이다.

－「일본동포국민제군에게 고함」,
도조 히데키의 미발표 유서(1945)[1]

1921년 10월 27일 독일 바덴바덴에서는 차세대 일본 육군 '정치군인' 모임이 결성됐다. 새로운 전쟁 시대를 꿈꾸는 일본 육군사관학교 16기 오카무라 야스지(岡村寧次), 나가타 데쓰잔(永田鐵山), 오바타 도시로(小畑敏四郎)는 17기 도조 히데키를 포함한 영관급 '정치군인'의 사조직을 만들었다. 당시 36~37세였던 이들은 그 자리에서 군제 개혁, 총동원 체제 등에 대해 논의했다. 이른바 '바덴바덴 밀약'이다.

제1차 세계대전을 통해 이들이 얻은 '교훈'은 자신들이 새로운 시대를 이끌어갈 적임자라는 점이었다. 청일전쟁과 러일전쟁의 경험에 머무른 낡은 유형의 선배들은 이제 수명을 다했다면서, 자신들이 이끄는 침략전쟁의 전의를 다졌다. 그 배경에 1920년대 일본 육군 파벌에 일어난 몇 가지 큰 변화가 있었다.

첫째, 육군의 엘리트 영관급 장교 사이에 불만이 팽배해졌다. 메이지유신 이후 계속된 대외 침략으로 일본에는 군국주의에 취해 군인을 높이 평가하는 분위기가 정착돼 있었다. 그런데 제1차 세계대전 후 일본을 포함한 열강 사이에 군축과 화평 분위기가 일자, 육군 엘리트 입장에서는 일본 사회 곳곳에서 육군을 경시하는 분위기가 생겨났다고 느꼈다. 일본을 이끌어간다는 군인의 자부심에 큰 상처를 입었다고 생각한 것이다.

둘째, 육군 지도부의 자연적 세대교체 시기였다. 야마구치현을 중심으로 한 군벌로서, 메이지유신의 군사 및 정치의 중추 세력이었던 조슈벌(長州閥)은 1912~1926년 다이쇼 시기를 지나면서 퇴장했다. 그리고 후배 세대 장교들은 메이지유신과 청일전쟁, 러일전쟁을 경험한 윗세대의 체제를 교육받으며, 중견 영관급으로 성장했다.

셋째, 이런 상황에서 지역으로 구분돼 있던 파벌이 점차 학연을 따라 나뉘게 됐다. 육군대학 졸업생과 비육군대학 출신 대 육군대학 상위 10퍼센트 간의 대립, 즉 엘리트와 비엘리트 간의 대립이 심해졌다.

1921년 '바덴바덴의 밀약'은 파벌 구성의 변화를 보여주는 상징적 사례이다. 그들은 1910년 즈음 육군대학을 졸업했다. 당시 일본 육군은 다수의 중견 장교를 유럽에 파견해서 제1차 세계대전 상황을 시찰했고, 이를 통해 전쟁의 변화를 직접 공부하도록 했다.

도조를 비롯한 젊은 '정치군인'들은 제1차 세계대전으

로 전쟁의 양상이 변화됐다면서 "이제부터 전쟁은 국가총력전"이고 국가의 정치, 경제, 산업, 문화, 사회를 모두 전쟁에 적절하도록 바꿔야 한다고 의견을 모았다. 이전까지는 총, 대포, 총검을 갖고 싸운 국지적 전쟁이었으나 이제는 전차, 항공기를 투입하고 국토 전체가 전쟁터가 됐으며, 후방과 전방의 구분이 모호해져 국민도 전투원이든 아니든 전쟁에 내몰렸다고 인식한 것이다.

이들은 제1차 세계대전을 이끈 독일 장군 에리히 루덴도르프(Erich Ludendorff)의 사상에 공명했다. 루덴도르프의 말처럼 그들에게도 '정치는 언제나 군사에 봉사'해야 했다.

이들의 모임은 도쿄로 돌아온 뒤에도 계속 이어졌다. 1923년 가을부터 매월 한두 차례 가진 이 모임을 후타바카이(二葉会)라고 한다. 만남이 도쿄의 프랑스 식당 후타바테이(二葉亭)에서 이뤄진 데서 유래했다. 1920년대 중반에는 육군사관학교 15~18기의 영관급 장교가 중심 멤버였고, 1926년부터는 20기 이후의 장교도 포함돼 전쟁론, 만몽(滿蒙)개발론, 군개혁론을 논의했다고 한다.

특히 도조는 '우가키 군축'으로 육군 입지가 줄어들었다고 비판하면서 모임 내 장교들에게 공감을 얻었다. 육군의 기계화, 근대화라는 명목으로 사단과 연대 사령부 축소, 사관학교 정원 감축을 시도한 우가키 군축은 당시 군 내부의 극심한 반발을 일으켰다.

또한 만몽, 즉 만주와 몽골 지역의 권익을 어떻게 지킬 것인가에 대한 논의도 진행했다. 이는 결국 중국 동북3성에 일본 뜻대로 움직이는 국가, 즉 뒷날의 '만주국'과 같은 '괴뢰'국가를 세울 필요가 있다는 인식으로 모아졌다. 실제 이 구상은 이후 그대로 실현됐다.

도조를 포함한 엘리트 영관급 장교들의 불만이 극심해진 당시, 국내외 환경을 돌아보자. 일본 육군의 관점에서, 특히 러일전쟁 후 10여 년 동안 일본은 중국을 자기 땅이라 생각할 정도로 대외 침략에 대한 자신감이 팽배해 있었다. 군국주의 일본의 심리적 전성기였다고 볼 수 있다.

이런 분위기를 타고 제1차 세계대전에 참전한 일본은 그 와중에 일어난 러시아혁명을 진압하기 위해 '시베리아 개입 전쟁'에도 영국이나 미국보다 많은 최대 규모의 군대를 파병했다. 이는 당시 군벌의 수장이자 조선총독이었던 데라우치 마사타케(寺內正毅)가 1916년 일본 총리로 부임한 후 적극 단행됐다. 그러나 시베리아 출병은 1918년 '쌀 폭동'과 내각 총사퇴라는 커다란 후폭풍을 불러왔다.

제한적이지만 일본에서 군부 중심 정치가 쇠퇴하고 이른바 정당정치가 잠시 얼굴을 내민 순간이었다. 군국주의에 빠져 있던 도조 등의 젊은 육군 장교들의 눈에는 군을 제치는 듯한 이런 정치 상황이 군을 멸시하는 것으로밖에 보이지 않았고, 도저히 받아들일 수 없었다.

그런데 도조를 비롯한 정치군인들이 모임을 갖기 시작할 무렵 일본의 국제 관계는 크게 변화하고 있었다. 제1차 세계대전 초기 1915년에 일본이 중국의 위안스카이 정부를 윽박질러 체결한 '21개조 요구'는 중국의 반일 여론을 확산시켰다. 결국 4년 후 1919년 5·4운동을 불러왔으며 중국 내 민족주의 운동에도 불을 지폈다.

일본은 제1차 세계대전 후 베르사유조약을 통해 독일의 산둥 지역 이권을 넘겨받았지만, 이제까지 일본의 군국주의적 대외 침략을 뒷받침해준 영일동맹은 워싱턴회의 기간에 조인된 해군군축조약으로 1923년 공식 폐기됐다. 그리고 구미 열강이 중국을 침략하더라도 '협조'하자는, 즉 열강끼리 사이좋게 나눠 먹자는 '워싱턴체제'가 일본의 만주 침략 때까지 10여 년간 유지됐다.

한편 1927년에는 30대 중후반의 육군사관학교 22~27기 영관급 장교 20명 내외로 구성된 또 다른 사조직이 생겨났다. 목요일에 모임을 가져 명명됐다는 모쿠요카이(木曜會)였는데, 그들보다 6~11년 선배들의 모임인 후타바카이와도 연결돼 있었다.

도조는 1923~1926년 육군대학 교관으로 있다가, 1926년 3월 육군성 군무국 군사과 고급과원으로 자리를 옮겼다. 군 내외 정치적 입장이 만나는 지점에 있는 군사과의 임무는 군 내부의 명령 하달과 정부 상대의 군사 예산 확보 등이었다.

그런데 엘리트 영관급 장교들의 생각에 당시 일본 사회는 군축과 '다이쇼 데모크라시' 영향으로 군 예산이 줄고 일본을 이끌어가는 군인에 대한 경시 풍조가 팽배한 분위기였다. 그때 도조는 1928년부터 육군성 정비국 동원과장으로 1년 5개월 동안 재임했다. 그의 "인생에서 존경할 만한 선배이자 벗이었던" 나가타의 후임이었다.

당시 후타바카이와 모쿠요카이에 모인 중견 장교들의 관심은 대외 정책, 특히 만몽에서의 일본 '권익 보호' 방법에 있었다. 이 지역을 중국에서 분리시켜 일본이 직접 지배해야 한다는 데 생각이 모아졌다.

도조는 모쿠요카이 모임에서 일본이 전쟁 준비를 한다면 소련과의 전쟁이 중심이고, 만몽을 점령해 완전한 정치적 세력을 확립해야 한다고 주장했다. 그의 생각에 중국 침략 목표는 자원 획득이었다. 중국은 만몽을 "화외(華外)의 땅"으로 간주하기 때문에 그들이 "국력을 도모해 싸울 일은 없을 것"이라고 본 것이다.

이는 중국 국민정부의 속셈과 종족주의적인 반만한족 민족주의의 한계를 정확하게 꿰뚫어 본 것이었다. 실제로 훗날 일본의 만주 침략은 도조의 예상대로 손쉽게 진행됐다.

일본은 1928년 장제스의 북벌 전쟁에 맞서 러일전쟁 때부터 일본에 협력해온 동북 군벌 장쭤린(張作霖)을 비호하면서 두 차례 산둥에 출병했다. 하지만 장제스가 베이징, 톈진으로 진격해 북벌에 성공하면서 장쭤린은 국민당 북벌군에 의해 베이징에서 밀려났다.

그러자 후타바카이계 관동군 참모였던 고모토 다이사쿠(河本大作) 대좌는 일본이 장쭤린을 비호할 것이 아니라 만주를 직접 지배해야 한다는 독단적 판단을 하고 1928년 장쭤린을 폭살했다. 이른바 황고둔 사건이었다.

이 사건에 천황은 분노했고, 힐문을 당했던 다나카 기이치(田中義一) 총리는 결국 사임했으며, 육군은 1년이 지나서야 고모토를 정직 처분했다. 그러나 군내에서 고모토는 영웅적 존재가 됐다. 한 증언에 따르면 도조는 육군사관학교 15기로서 2년 선배인 고모토에게 멸사봉공(滅私奉公)했다면서 치하했다고 한다. 당시 일본 육군의 침략정책은 영관급 정치군인들에게 휘둘리는 형국이었다.

이후 1929년 5월 후타바카이와 모쿠요카이가 합쳐 '잇세키카이(一夕会)'가 만들어졌다. 그들은 첫 모임에서 육군 인사 쇄신 및 정책 추진, 만몽 문제 등을 논의했다. 재미있는 것은 후타바카이에서 잇세키카이로 전환되는 과정 중 누구도 도조가 육군대신과 총리 자리에 오르리라고 생각하지 않았다는 점이다. 그는 어떻게 육군대신에 이어 총리까지 올랐을까?

당시 일본 육군의 '정치군인'은 주류를 이뤘던 통제파와 농촌 출신 장교들의 지지가 컸던 황도파로 나뉘어 대립하고 있었다. 도조가 속한 통제파는 군부가 권력을 쥐어 군부 중심의 국가 총동원 체제를 구축해야 한다고 주장했고, 황도파는 천황이 친정하는 국가를 만들어야 한다는 입장이었다. 둘 사이의 대립각은 좀처럼 좁힐 수 없는 상태였다.

그러던 중 1935년 통제파의 리더였던 나가타가 황도파 중좌 아이자와 사부로(相沢三郞)에게 참살당하고, 1936년 2월 26일 황도파가 쿠데타를 일으켰지만 미수에 그치는 사건이 발생했다. 이 사건으로 조선총독을 지낸 내대신(內大臣) 사이토 마코토 등이 살해됐다.

이후 통제파는 황도파 지도부를 숙군(肅軍)하고 내각을 장악했다. 이와 같은 과정에서 나가타 등 통제파의 유력한 장교들이 사망하거나 황도파 장교들이 숙군되면서 도조에게 승진의 길이 열리게 된 것이다. 1920년대까지 정무형 군인 관료 정도로 평가되던 그는 드디어 일본 육군을 통솔하는 리더의 자리에 오르게 된다.

포로가 되느니
차라리 죽어라

살아서 포로의 수모를 당하지 말 것,
또한 죽어서도 죄나 재앙을 남기지 말 것.

– 「전진훈」(1941)[2]

1940년 7월 육군대신이 된 도조 히데키는 1941년 1월, 즉 태평양전쟁 도발 11개월 전「전진훈」을 발포했다. 1882년 메이지(明治) 천황이 육군경과 해군경에게 '하사'했다는 「군인칙유」의 전장터 버전인 셈이다.

「전진훈」은 당시 도조를 비롯한 일본군 지휘부가 병사를 어떻게 생각했는지 잘 보여준다.「전진훈」작성자는 일본의 '문호'로 일컬어지는 시마자키 도손(島崎藤村)으로 알려졌는데 육군 막료들이 초안을 바탕으로 손질해 마무리했다고 한다. 도조는 중국 전선에서 일본군의 사기를 높이기 위해「전진훈」을 '황군'의 정신 수양훈으로 삼을 것을 공표했다.

「전진훈」이 일본 병사의 마음을 어떻게 구속했는지를 일일이 확인하기는 쉽지 않다. 도조를 마땅치 않게 본 장교 중에는 병사에게「전진훈」을 하달하지 않은 일도 있었다고 한다. 개별 지휘관이나 병사 중에「전진훈」을 달갑지 않게 본 경우가 있었을 것이다.

그러나 태평양전쟁에 참여했던 일본군 병사는 군이 정한 명령인「전진훈」을 외워야 했다. 일본이 항복한 줄도 모른 채 태평양 섬에 고립돼 있던 병사가 먼 훗날 귀환했을 때도 「전진훈」을 외울 정도였다. "나는 전진훈을 따랐을 뿐이다"라는 회고는 일본군 전우회에서 흔한 일이라고 한다.

「전진훈」은 군인의 생명이나 근대국가로서 주권재민의 가치를 완전히 배제했다. "대일본은 황국"이며, "만세일계의 천황이 위에 계시"기 때문이다. 이 시기 육군 지휘부는 군사작전, 군사행동, 전투상보(祥報) 등을 천황의 '통수'라는 명분 아래 정부, 의회, 국민에게 알릴 필요가 없다고 생각했다. 심지어 총리조차 여기에 간섭하는 것은 '통수권 침범'으로 봤다. 통수권 독립이라는 명분 아래, 극단적인 경우 참모본부 막료가 천황에게 직보하면 마음대로 전쟁을 지휘할 수 있는 구도였다.

「전진훈」에서 가장 눈에 띄는 것은 '제8절 명예 지키기'의 내용이다. 황군의 병사는 "살아서 포로의 수모를 당"해서도, "죽어서도 죄나 재앙을 남"겨서도 안 되기에 죽을 때까지 싸워야 한다는 것이다. 군사 사학자 요시다 유타카(吉田裕)에 따르면 포로가 되는 것을 치욕으로 생각하고, 항복을 사실상 금지한 일본군의 전통적 관념이 공적으로 정식화된 것이었다.[3]

메이지유신 이래 천황을 위해 생명을 바치는 것은 국민

과 군인의 최대 미덕으로 선전됐다. 이를 각인시키기 위해 교육 또한 정신주의 강조, 병사의 생명 무시라는 틀 안에서 이뤄졌다.

그중에서도 특히 포로로 잡히지 않는 것이 중요했다. 1932년 제1차 상하이사변 때 중상으로 포로가 됐던 구칸 (空閑) 소좌가 귀환 후 자결한 사건을 계기로 일본군 장교에게 포로가 된다는 것은 곧 자살을 의미했다. 이런 분위기에서 「전진훈」은 병사에게 포로가 되느니 차라리 죽으라고 강요했던 것이다.

전쟁 중에 포로가 된 일본군 병사는 3만 5천여 명이라고 한다. 독일군 95만여 명, 이탈리아군 49만여 명에 비해 매우 적다. 옥처럼 깨끗이 부서지라는 뜻의 옥쇄(玉碎), 일본어 표현대로 쿄쿠사이의 명분 아래 전멸이 반복된 것이다. 이와 같은 생명 경시관은 '제7절 사생관'에서 천황을 위한 죽음을 찬미하는 것으로 녹아 있다.

사생(死生)을 관통하는 것은 숭고한 헌신봉공의 정신이다. 생사를 초월해 오로지 임무의 완수에 매진해야 한다.[4]

포로가 된 일본군 병사는 국제법 교육을 받지 못했기 때문에, 군사정보 제공을 거부할 수 있다는 포로의 권리도 알지 못했다. 여기에 살아 돌아와 일본 사회 속에 녹아들 수 없다는 절망감까지 안고 있었으므로, 오히려 포로가 되면 적극적으로 군사정보를 제공하는 경우가 많았다고 한다.

그렇다면 귀환한 일본군 포로의 삶은 어땠을까? 포로 출신은 전우회에조차 참여하기 어려웠다고 한다. 일본 방위청이 패전 후 1966~1980년에 편찬한 『전사총서』에서도 포로를 '특수 귀환자'로 표현했다. 포로 출신 중에는 가명으로 살아가는 경우도 있었다. 패전 후에도 일본 사회는 여전히 군국주의 문화에 갇혀 있었던 것이다.

태평양전쟁에 동원된 일본군 병사에게는 옥쇄, 자결, 병사 외에 다른 선택지가 없었다. 도조는 「전진훈」을 자신의 이름으로 발포해 병사의 '개죽음'을 강요했다. 그러나 훗날 정작 자신은 「전진훈」을 지키지 않았다.

1941년 도조가 진주만 침략 시 발포한 천황의 「선전포고 조칙」도 이와 비슷했다. "어떤 반성의 기미도 없이" "제국의 일반적 양보만 요구하는 미국"에 대해 중일전쟁 완수와 "자존자위를 위해 단호하게 일어설 수밖에" 없다면서

"건국 2600년" 이래 "지금까지 단 한 번의 전쟁도 패한 적이 없"는 "우리들"의 "승리 비결은 반드시 이긴다는 신념"이며 "국민 여러분들도 자신의 한 몸을 생각하지 말"라고 강조했다.

"동아 지역에 부동(不動)의 신질서를 건설하기 위해서는 장기전이 될 것이라 예상"하지만 "최후의 승리가 조국 일본에 있"고 "승리는 언제나 폐하가 계신 곳에 있다"면서 극단적 정신주의를 강조했다.

장기전을 예상하는 만큼 정신승리를 강조할 수밖에 없었지만, 사실상 패전의 그림자는 전쟁을 도발하는 시점에 이미 드리워져 있었다. 그럼에도 당시 정신승리로 무장한 일본은 오로지 전쟁을 향해 질주했다. 승패를 떠나 침략전쟁 자체가 국익이라는 듯이.

모든 권한은 나에게,
책임은 부하에게

전쟁에서 육해군이 분열되면 끝장이다. 육해군의
협동에 관해서는 특히 힘써줬으면 한다. 지금부
터 육해군 간에 여러 어려운 문제가 발생할 것이
지만, 그것은 군무국장〔사토 겐료〕선에서 해결했
으면 좋겠다.

           — 태평양전쟁 당시 도조 히데키의 발언5

일본 육군에는 '마그'라는 말이 있었다. '마그넷(magnet)'의 일본식 줄임말로, 육군대학 교관과 학생 사이의 자석같이 긴밀한 관계를 말한다. 당시 육군대학 교관은 소좌와 중좌가 맡았는데, 요직으로 갈 가능성이 큰 자리였다. 그 때문에 위관급 학생 중에는 성장 가능성이 큰 교관에게 찰싹 붙어 다니는 경우가 있었다.

바로 육군성 군무국장 사토 겐료(佐藤賢了)가 도조 히데키의 '마그'였다. 도조가 총리 겸 육군대신이 됐을 때 '마그' 사토는 계속 요직에 있었다.

육군사관학교 29기인 사토는 육군대학 졸업 후 1929~1932년 일본 주미대사관에서 무관 보좌관으로 근무했다. 그러나 미국에 머무른 3년 동안 그의 인식은 "미국인에게는 애국심이 없다. 병사가 껌을 씹고 춤을 추는 나라이다. … 거국적으로는 전쟁을 할 수 있는 나라가 아니다"라는 피상적 수준을 넘어서지 못했다.

당시 육군성 요직에 있던 군인 중 미국에서 무관 생활을 한 사람은 없었다. 다수가 사토처럼 정신승리와 상대방 비하에 빠져 있었다. 도조 역시 '마그'였던 사토가 집에 찾아오면 그의 말에 귀를 기울였다고 한다.

1941년 8~11월 육군성 군무국은 미국과의 전쟁 여부를 결정하기 위한 논의로 가장 바쁜 조직이었다. 당시 도조의 결정이 강경파인 사토의 의견으로 기우는 경우가 많았을 만큼, 둘의 관계는 긴밀했다. 그러던 1942년 사토가 육군성 군무국장으로 부임했다. 이때 도조는 사토에게 육해군 협력에 힘쓸 것, 어려운 문제가 발생하더라도 군무국장 선에서 해결할 것 등을 주문했다.

메이지유신 이래 일본 육군과 해군 간의 알력은 적대적일 정도로 심했다. 도조는 총리로서 육군대신도 겸하면서, 전쟁을 총지휘하는 자리에 올랐다. 독일에 비유하자면 히틀러와 유사한 위치에 있었지만, 육군과 해군 간의 분규가 생길 수 있는 사안에 대해 전쟁 최고지도자로서 직접 조정하려고 나서지 않았다. 대신 부하에게 그 책임을 전가했다.

도조의 리더십 스타일은 한마디로 '권한은 자기 한 몸에, 책임은 부하에게'였다. 책임자인 자신이 결정했어야 할 사안까지 부하에게 미뤘다. 태평양전쟁 도발 직전 총리가 된 도조는 군사적 통수와 정치적 국무를 분리해 마찰이나 대립이 표면화되는 것을 방지하려고 했다.

그러나 막상 전쟁이 시작되자 도조는 그런 방식의 조율

이 불가능하다는 사실을 깨달았다. 그러자 고지식하게 총리와 육군대신 업무를 나눠 각각의 입장을 기계적으로 구별하자는 생각을 한 것 같다.

육군과 해군의 오래된 대립을 대하는 방식도 마찬가지였다. 어떤 비전이나 해결책을 명확히 제시하고 추진하려는 것이 아니라, 전쟁 중임에도 내부의 알력을 애매하게 미봉적으로 봉합한다는 생각에 머물러 있었다. 육해군의 대립은 육군대신을 겸한 총리로서도 어쩔 도리가 없을 만큼 극심한 것이기도 했다.

게다가 「대일본제국헌법」은 총리 권한에 제한을 많이 규정했다. 그런데 전황이 최악으로 치닫자 오히려 도조는 1944년 2월 육군참모총장을 경질하고, 총리인 자신이 육군대신과 육군참모총장까지 3직을 겸했다. 군정 책임자를 넘어 군령 책임자로서의 권한까지 가진 것이다.

이를 두고 황족이나 우익 세력까지 천황의 대권을 침해하는 '도조바쿠후(東條幕府)'라고 비난할 정도였다. 게다가 도조는 단기간이었지만 외무, 내무, 군수, 문부, 상공, 군수대신까지 겸하기도 했다. 과연 업무 수행이 가능했을지 의문스럽다.

344

군사학자 도베 료이치(戸部良一)는 제2차 세계대전의 주요 전쟁 수행 6개국을 비교하면서, 태평양전쟁 당시 일본의 전쟁 지도자는 분명히 도조였으나 정작 전쟁 지도자로서의 역할을 수행하지 못했다고 평가했다. 그러나 이런 일 처리 방식은 그의 무난한 '영전'에 도움이 됐다.[6] 이는 개인의 문제 차원을 넘어 그가 총리가 된 '일본 국가' 자체에도 그만큼 심각한 문제였다.

아시아 민중이 함께
서구에 맞서자

나는 오늘날이야말로 인도 민중이 「인도인의 인
도」를 건설해 인도 본연의 모습을 확립하기 위
해 전력을 다해야 하는 절호의 기회인 것을 확신
한다.

> ─「영국의 지배를 벗어나지 못하면
> 전쟁 참화가 전 인도를 덮을 것이다」(1942)[7]

'미국과 영국 두 제국주의 국가에 맞서, 아시아 민중이 모여 함께 싸워 물질 만능의 서구적 근대를 극복하자!'

도조 히데키가 총리 시절 도발한 태평양전쟁의 구호는 이 한 문장으로 요약된다. 이를 위해 일본은 조선과 대만 등의 식민지와 만주국 등의 괴뢰정부를 넘어 중국 대륙 및 동남아시아로 침략지를 더욱 확대해 나갔다.

당시 동남아시아에서는 프랑스가 인도차이나(베트남, 캄보디아, 라오스), 네덜란드가 인도네시아, 미국이 필리핀, 영국이 말레이반도 일부, 싱가포르, 인도와 버마를 각각 지배하고 있었다. 이들 지역 모두가 1942년부터 차례대로 일본의 침략 대상이 됐다. 일본은 이들 지역에서 각 지역의 독립운동가, 토착 관료, 민중을 포섭하려고 했다. 여기에 중립국 위치를 지키려 했던 태국과도 '외교'를 통해 연대하고자 했다.

1940년 도조는 독일이 프랑스와 네덜란드를 점령한 상황을 활용해 '서구 제국주의 침략'에 맞선 아시아 민중의 연대를 호소했다. 그러나 다른 한편으로 이 지역에 대한 효율적 침략과 지배 방식을 모색했다. 이는 제1차 세계대전 이후 1920년대를 지나는 동안 구미 제국주의와의 일시적 '평화' 관계 속에 잠시 가라앉았던, 19세기 말 '아시아연대론'을 다시 불러낸 것에 불과했다.

일본의 기본 전략은 중국을 항복시키고, 독일 및 이탈리아와 제휴해 영국을 굴복시킨 후 미국의 전쟁 의지를 잃게 만드는 것이었다. 이 전략이 성사되려면 일차적으로 영국 본토를 점령하거나 북아프리카 등지에서 영국군 주력을 섬멸시키는 것이 먼저였다. 그러나 이는 독일군이 있어야 가능했다.

이와 같은 정세 판단 아래, 도조는 일본이 점령할 지역인 동남아시아인들의 민심을 잡는 정략에 매우 적극적인 행보를 보였다. 1943년에는 3월 만주국, 왕징웨이의 난징국민정부, 5월 필리핀, 6~7월 태국, 싱가포르, 인도네시아를 차례대로 방문했다. 일본 총리로서는 동남아시아 첫 방문이었다.

이는 사실 1942년 6월 미드웨이 해전 대패와 밀접한 관련이 있었다. 전황이 기울기 시작하자 1942년 말부터 일본의 정계나 중신(重臣)들 사이에서 도조의 전쟁 지도력을 질타하는 퇴진 운동, 이른바 '도각운동'이 일기 시작했다.

도조의 동남아시아 방문은 이런 난관을 정치적으로 만회하기 위해 연출한 점령지 순방 퍼포먼스였다.

당시 영국과 네덜란드 등 서구 제국의 폭정에 지친 버마, 인도, 필리핀, 인도네시아로서는 "아시아 사람끼리 잘 살아보자"는 일본의 유혹에 취약할 수밖에 없는 배경이 있었다. 아시아에 대한 침략자라는 일본의 실체는 가혹한 현실에 가려져 보이지 않았다. 프랑스가 지배하던 베트남 등 인도차이나도 비슷한 상황이었다.

더구나 태평양전쟁 초반 이들 지역에서 속전속결로 '백인군대'를 몰아낸 일본군의 위용은 구미 각국의 식민 지배를 벗어나 해방의 꿈을 갖게 하는 착시 현상까지 불러왔다. 이 때문에 이들 지역에는 일본의 힘을 빌려 구미 제국주의 지배에서 벗어나고자 한 친일적 독립운동 세력이 대두했으며, 전후에도 각국의 정치에서 계속해서 영향력을 발휘하기도 했다.

필리핀의 경우 미국이 오랜 '자치' 정부 운영 경험을 통해 훗날의 독립을 약속했지만, 그보다 단축된 시간에 독립을 약속한 일본에 토착 관료와 독립운동가 일부가 포섭됐다. 일본은 인도 독립운동가 수바스 찬드라 보스(Subhas

Chandra Bose)와 버마 독립운동가 바 모(Ba Maw)를 포섭하고 자 했고, 이들은 반신반의하면서도 일본에 협력해 독립국 가를 세우고자 했다.

도조는 동남아시아의 독립운동가를 "포섭한다"는 표현 을 자주 썼다. 그리고 제한적이지만 일시적으로 효과도 봤 다. 이는 영화 〈설국열차〉에서 머리 칸의 수장 윌포드와 꼬 리 칸에서 민중의 정신적 지도자 역할을 했던 길리엄의 관 계를 떠올리게 한다. 적대 세력 같지만, 실제로는 직통 전 화를 통해 서로의 근황을 보고하고 일정한 신뢰를 갖고 있 던 것과 다르지 않았다.

이제 일본은 서구 제국주의에 맞서 '대동아주의'를 내세 우기 위해 '자치' '독립' 등 '탈식민' 선전 구호를 외쳐야 했 다. 실현 불가능한 '딜레마'였다. 실제로 이런 선전은 조선 이나 대만의 식민 지배에 균열을 일으킬 수밖에 없었다. 그 럼에도 전황이 이미 많이 기울었던 1943년 11월, 도쿄에 서 대동아회의가 개최됐다. 영국의 처칠 수상, 미국의 루스 벨트 대통령이 독일의 침략에 대응해 1941년 8월 합의한 「대서양헌장」에 대응하는 성격이었다.

일본 외에 만주국, 난징국민정부, 태국, 버마, 필리핀 5

개국 '대표'가 모인 '대동아회의'는 대외적으로 적국인 연합국에 일본의 힘을 과시하는 국내 정치용 이벤트였다. 이를 위해 박수 타이밍까지 사전에 정할 정도로 치밀하게 준비했지만 그 명칭에 걸맞은 구성은 갖추지 못했다. 회의 공식 언어는 역설적이게도 '적국' 언어인 영어와 중국어로 진행됐으며, 무엇보다 동남아시아 인구의 60퍼센트 이상을 점한 인도네시아, 말레이시아, 베트남은 제외됐다.

더 큰 문제도 있었다. 일본 제국주의가 그 '딜레마'의 내용을 채울 수 있는 능력이나 힘을 갖고 있지 못했다는 사실이다. 버마의 사례를 통해 보자. 일본에 버마는 영국을 굴복시키기 위해서도, 중국-인도와 동남아시아를 잇는 버마 로드(Burma Road)의 전략적 요충지이자 최전선으로서도 중요했다.

1939년 9월 버마에는 버마인 수상과 내각이 있었지만, 영국인 총독이 국방, 안보, 소수민족 지역과 외교정책에 대한 권한을 장악하고 있었다. 그러다 1939~1940년 유럽에서 전쟁이 일어나자 버마에서도 즉각 독립을 요구하는 목소리가 나타나기 시작했다. 주요 지도자는 바 모와 아웅 산이었다.

1942년 봄 일본은 버마를 침략했고, 버마인들과 긴 협상 끝에 바 모를 총수로 하고 아웅 산을 국방대신 겸 버마 국민군 수장으로 인정했다. 최전선에 있었던 버마로서 독립은 명목적인 것에 불과했더라도, 버마국민군이라는 군사 및 정치적 조직을 키울 수 있었다.

1944~1945년 영국군이 반격하는 사이에 아웅 산은 몰래 편을 바꾸기 위해 버마국민군을 기반으로 반파시스트 인민자유동맹을 조직했다. 이 조직은 일본군 패배 이후에도 버마 독립투쟁의 기반이 됐다. 오늘날 민주화투쟁의 상징으로 일컬어지는 아웅 산 수 치가 미얀마의 '국민적 영웅' 아웅 산의 딸이다.

물론 도조와 일본은 당시 버마에 독립을 줄 생각이 전혀 없었다. 전쟁 상황에서 동남아시아의 민족주의를 일시 활용하려 했을 뿐이다. 그러나 버마 사례에서 보듯이, 전쟁 과정에서 동남아시아 민족주의자에게 군사 조직 편성을 허용했던 것은 일본에 돌이킬 수 없는 결과를 가져왔다.

영국, 프랑스, 네덜란드 등도 마찬가지였다. 이들은 제2차 세계대전 이후 자국 내 전후 복구에 여력이 없는 상황에서도 이 지역에서 다시 '안정적' 식민지를 구축하려 했다. 하지만 서구 제국주의 또한 양날의 칼을 맞을 수밖에 없었다.

전황 악화 중에도
독재체제 구축을 시도하다

폐하의 빛이 없었다면,
나는 작은 돌멩이 정도일 것입니다.

— 제81회 제국의회 중 도조 히데키의 발언[8]

1941년 12월 7일 일본의 진주만 기습으로 태평양전쟁이 시작됐다. 도조 히데키는 첫 작전 성공에 고무됐고, 일본 국민은 도조를 구세주처럼 칭송했다. 정보국도 "독일의 히틀러, 이탈리아의 무솔리니"에 비견될 세계의 영웅이라고 찬미했다. 물론 이런 전황이 몇 개월 가지 못할 것이라며 냉소적으로 보는 시각이 없지는 않았다.

여기저기에서 문제가 드러나는 가운데 육군대신을 겸한 총리 도조는 신사복보다 군복 입은 모습을 즐겨 연출했다. 그러면서 의회에서는 애매하고 핵심을 벗어난 답변으로 일관했다. 제78회 중의원 임시회의 특별위원회에서 「언론·출판·집회·결사 등에 대한 임시단속법」을 심의할 때의 일이다.

전쟁 수행을 위해 모든 권한을 정부가 장악하고자 한 '임시단속법'은 사실상 헌법의 권리를 제한하고 있었다. 하지만 의원들 또한 부득이하다고 생각했기에, 어느 시점에 효력이 상실되는지만 질문하는 정도였다.

그러나 도조는 태연자약하게 "평화 회복, 그것이 전쟁의 끝"이라는 동문서답으로 답변했다. 다시 의원들이 "법제적으로" 언제 끝나는지 물었을 때도 똑같았다. 이런 대답에도 의회는 너그럽게 넘어갔다. 진주만 기습 공격의 '전과(戰果)' 덕분이었다.

도조는 1942년 궁중 신년하례식에서도 '구국의 영웅'으로 대접받았다. 중신들이 노고를 치하하자 그는 "일본에는 폐하가 계십니다. 제가 태양이 아니라 폐하가 태양입니다"라고 답했다. 도조에 대한 칭송 분위기를 잘 보여준다.

이후 도조는 자바에서 네덜란드군을 항복시키고, 버마 전선에서는 영국군을 추격했다. 제1단계 작전은 대부분 성공적인 마무리 단계로 접어들었고, 제2단계로서 각 지역에 방위선을 구축하고 라바울, 솔로몬, 뉴기니 점령에 나설 계획이었다. 그러나 이 과정에서 필수적인, 미국의 전략목표나 전력을 다시 구체적으로 헤아려 점검할 생각은 하지 않았다.

도조는 이 시점에서 내정 시찰에 나섰다. 그는 경찰서 '민원 상담소'에 응대하는 사람이 없는 일, 배급소에서 구호미를 받고 인사하는 노파를 무시하는 담당 관리를 야단치는 일 등 좁쌀영감처럼 작은 일에 집착하면서 자신을 과시했다. 그러면서 자신이 천황의 뜻을 표현하는 사람이라고 생각했다.

356

도조는 붉은 줄이 그어진 초고(草稿) 상태의 상주문을 그 대로 올리는 것을 천황이 '친히 다스린다'는 징표라고 생각 했다. 이전의 내각은 천황에게 결론만 상주했기 때문이다. 이 시점의 그는 가장 기뻐하는 표정을 지었다고 한다.

그런데 승전 분위기가 전 일본을 감싸고 있던 1942년 4 월 18일, 미군 제임스 둘리틀(James Harold Doolittle) 중령 휘 하의 폭격대가 도쿄를 공습하는 사건이 벌어졌다. 피해 자 체는 경미했지만, 천황의 고쿄(皇居)가 위치한 도쿄가 공습 을 받은 그 자체로 일본 사회는 큰 심리적 충격을 받았다. 그러나 이런 상황에서 도조는 오히려 육군성과 정치권을 장악하는 데 골몰했다.

1942년 4월 제21회 중의원 총선거는 1940년에 이미 좌 익정당이 해산된 상황에서 치러진 선거였다. 도조가 둘리 틀 공습을 이유로 '대동아전쟁을 지원할 총선'을 주장하자 모든 정당이 '자발적으로' 해산해 군국주의 정당 다이세이 요쿠산카이(大正翼贊會)에 합류했다. 오로지 하나의 정당만 참여한 선거에서 그는 내무대신까지 겸하며 선거를 감시 하고 지도했다.

1942년 5월 제80회 제국의회도 도조를 찬양하는 분위기로 가득 찼다. 하지만 그런 관계는 이때까지였다. 얼마 지나지 않아 6월 미드웨이 해전에서 항공모함 네 척이 한 순간에 침몰되는 등 일본 해군의 기동부대가 섬멸됐기 때문이다.

이 상황에서도 도조는 관리를 닦달하고 내정 시찰을 계속했다. 이 시점부터 정신으로 잘 무장된 일본이 질 리 없다면서 정신승리를 강조하기 시작했다. 나아가 11월에는 외무성을 제치고 '대동아' 문제를 별도로 다루는 대동아성(大東亞省)을 신설했다.

도조에게 보내는 일본 사회의 존경심은 '전과'를 보일 때까지 한정된 것이었다. 1942년 말부터 도조의 전쟁 지도력을 질타하는 '도각운동'이 각종 연설이나 글을 통해 퍼지기 시작했다. 이때 도조는 내무대신을 내려놓은 상황이었음에도 초법적 조처를 통해 신문 발매 금지를 명령하거나 1백여 명을 구속시켰다.

당시 제국의회는 여전히 도조가 장악하고 있었다. 개전 이래 네 번째로 1943년 2월에 열린 제81회 제국의회는 '결전의회'라 불렸는데, "미영과의 결전은 금년에 달려 있다"는 것이 그 해의 슬로건이었다. 객관적으로 전황이 기운 상황에서도 도조는 주관적으로 승리를 낙관했고, 의원들은 그를 격려했다.

도조와 제국의회가 정신승리로 충만된 와중에도 많은 의원들은 기강숙정(紀綱肅靜) 문제를 제기했다. 전시 배급 제도가 느슨해져 물품이 부정 유출되고 암시장에서 편의를 봐주는 관리도 있다는 지적이었다. 이런 상황을 배경으로 기타 소이치로(喜多壯一郎) 의원이 "총리의 지시권과 명령권 등에 따라 과도하게 생산 증강 행정에 중점을 두는 것은 총리의 독재주의화가 아니냐"고 질문했다.

그러나 도조는 이 질문에 대해서도 맥락 없는 자기만족적 동문서답으로 대응했다. '천황이 없으면 자신은 아무것도 아니'라는 그의 말은 결코 겸양의 표현이 아니었다. 결국 자신이 천황의 뜻을 받드는 집정(執政)이니 더 이상 토 달지 말라는, 듣기에 따라서는 천황을 걸고 넘어가는 '불경한' 발언이었다.

질문에 대한 적절한 답도 아니었다. 하지만 제국의회는 도조의 뜻을 거스르지 않기 위해 암묵적으로 그냥 넘어가는 분위기였다. 당시 그는 궁중, 정계, 관계에 촘촘한 정보망을 구축했고, 의회를 거수기로 보면서도 자신의 행위를 합리화하며 독재 권력을 구축하고 있었다. 전황이 이미 기울어진 상황에서도 국내 정치에 몰두하고 있었던 것이다.

06

패전 후 일본 사회의
무책임의 체계

전쟁 주동자 도조를
사형에 처하라

대동아전쟁은 그들이 도발한 것이며
나는 국가의 생존과 국민의 자위를 위해
어쩔 수 없이 당한 것일 뿐이다.

– 「일본동포국민제군에게 고함」,
도조 히데키의 미발표 유서(1945)[9]

육군대신 도조 히데키는 1941년 1월 태평양전쟁에 들어가기 직전 장교와 병사에게 죽어도 물러서지 말고, 물러서느니 스스로 죽음을 택하라던 당사자였다. 그는 「전진훈」을 통해 수많은 장교들과 병사들의 신체와 정신을 경시하는 명령을 내렸다.

패전 후 연합군 최고사령부(General Headquarters, GHQ)의 일본 통치가 보도되자, 도조의 집에는 "너 때문에 자식이 죽었다" "빨리 자결하라"는 분노한 일본인들의 투서가 폭주했다. 이 무렵 도조는 자신이 명령한 「전진훈」대로 자살할 것인가, 아니면 연합군의 재판을 받을 것인가를 고민했다고 한다. 그러나 결정을 내리지 못했다. 그만큼 우유부단했다.

당시 일본에서는 도조가 자살할지도 모른다는 소문이 돌았다. 이웃의 의사를 찾아가서 자신의 심장 위치를 확인하고는 그곳에 먹으로 동그라미를 표시하고, 씻을 때마다 다시 동그라미를 그리는 기행을 일삼은 탓이었다. 그래서 지인들이 그를 찾아가 만류하기도 했다고 한다.

1945년 9월 11일 오후 도조는 자신을 찾아온 손님을 배웅하다가 미국 기자들과 헌병들이 집 바깥에 있는 것을 확인했다. 오후 4시경 그를 체포하기 위해 미군 헌병대장이 현관문을 두드렸고, 총격전을 각오한 병사들도 총을 조준했다. 그는 미군 헌병이 갖고 온 체포증명서를 확인했다. 그리고 이윽고 소파에 앉아 자신이 갖고 있던 권총을 동그라미 표시를 한 심장을 향해 발사했다. 그러나 권총이 위로 들리는 바람에 탄환은 심장을 빗나갔다.

이 광경을 유일하게 목격한《아사히신문》기자 하세가와 유키오(長谷川幸雄)에 따르면 당시 정황은 다음과 같다. 도조는 계속 무엇인가 말하려고 했다. 마치 모기 소리 같았으나 현장에서 일본말을 들을 수 있는 사람은 그뿐이었다. 미국인 기자가 하세가와에게 무슨 말이냐고 물었다.[10] 도조는 "한 방에 죽고 싶었다. 시간이 걸린 것이 유감이다. … 대동아전쟁은 정당한 싸움이었다. 국민과 대동아 민족에게 정말 안타까운 일이다"라고 말했다고 한다.

도조의 자살 시도를 훌륭하게 책임지려는 태도로 착각해서는 안 된다. 이는 사실 책임 회피에 불과하거니와 제스처였을 가능성도 없지 않다. 자살을 쉽게 여긴다는 의미가 아니다. 도조는 일본뿐 아니라 여러 다른 국가들까지 전쟁의 불덩이 속으로 이끈 총지휘관이었다. 만약 그가 전쟁에 책임을 지고 확실하게 죽으려 마음먹었다면 천황의 항복 발표 후 체포되기 전까지 3주 이상 시간이 있었고, 체포 현장에서도 관자놀이를 쏘거나 전통적 방식으로 할복자살을 할 수 있었다. 그는 총기를 다루는 데 익숙한 군인이었다. 그런데 권총으로 '늑골'을 쐈을 뿐이었다.

다음 날부터 일본의 신문과 라디오는 도조의 자살 미수에 대해 보도했다. 그러나 반응은 냉담했다. 죽고 싶지 않았다는 의도로 읽혔기 때문이다. 반면 아직도 일본에는 그의 자살 미수를 믿지 않는 사람이 있다고 한다. 그 정도 되는 사람이 최후에 비열하게 자결 미수 따위를 저지를 리 없다며, 미국 헌병이 쏜 총에 맞았다고 믿는 것이다.

도조는 몰래 유서를 썼다. 도쿠토미 소호에게 첨삭을 의뢰해 유서를 작성해놓고 책상 서랍에 보관했다. 이 유서는 훗날 1952년 《유나이티드 프레스》의 어니스트 호버레트(Earnest Hoberecht) 기자에 의해 일본 잡지 《중앙공론》에 보도됐다. 유서를 보면 도조가 지닌 인식 수준의 한계와 일본 사회의 모순이 드러난다.

첫째, 도조는 전쟁에 아무 문제의식이나 책임의식이 없었고 우승열패 인식만 뼛속 깊이 갖고 있었다. 영국과 미국이 강해서 졌을 뿐, 일본은 정신이 앞서 있었다는 정신승리로 가득 차 있었다. 전쟁의 명분이 국익을 위한 것이라면 전쟁을 도발한 목적에 대한 철학적 고찰의 흔적을 남길 법도 한데, 전쟁을 지휘한 당사자로서 최소한의 흔적도 드러내지 못했다.

루쉰의 표현을 빌린다면, '내용 없는 정신승리에 도취한 민족에게 미래는 없다.' 그래서 루쉰은 그토록 아프게 자신이 속한 공동체를 질타했다. 도취되지 않고 진정한 희망을 찾기 위해서. 도조가 체포되기 9년 전에 병사한 루쉰은 중국을 멸시하고 힘들게 했던 침략자 일본 총리의 내면에 자신이 그토록 비판해 마지않던 정신승리만 가득했다는 사실을 알 리 없었다. 알았다면 루쉰도 허망했을 것이다.

둘째, '내선일체'나 대동아공영권 논리가 명백하게 허구였음을 증명했다. '황국', 일본 국민과 청년에게 정신승리를 강조하면서도 식민지민이나 점령지민에게 주는 말은 단 한마디도 없었다. 그런 생각이나 여지는 애초부터 없었고, 더구나 패전 후 우유부단하고 초조한 심리에 사로잡혀 있던 도조의 뇌리에는 더욱 털끝만치도 존재할 수 없었다. 그런 상황에서는 속내가 드러나기 마련이다.

이광수가 해방 후 3년을 지내면서 궤변으로 가득 찬 친일 옹호 논리를 만들어낸 것처럼, 도조 역시 그랬다. 시간적 여유를 가진 후일 전범재판에서 그는 침략 논리를 대기 위해 '대동아정책'의 '진실된 의의'를 강변했다.

셋째, 일본 사회의 '무책임의 체계'다. 민법학자 가이노 미치타카(戒能通孝)는 도조의 유서를 게재한 《중앙공론》에서 그가 "결과는 말하지 않고 '정리공도(正理公道)는 나에게 있다' 말하고 … 국민에게 명령하고 '청년 제군'에게 훈계하는 것과 같은 심경을 패전 후까지 여전히 지니고 있었다"면서 "도조식 무책임론"을 비판했다.[11] 이때 그가 책임을 물은 대상은 도조 개인에게 국한된 것으로 보인다.

그런데 더 큰 문제가 있다. 대부분의 일본인들은 침략전쟁을 환호했고 도조가 이끌었던 전쟁을 따랐다. 그러나 패전하자마자 그들은 더글러스 맥아더에게 "도조를 사형에 처하라"라고 요구하는 편지를 산더미처럼 보냈다. 도쿄대학 정치학 교수 마루야마 마사오(丸山眞男)는 1946년 5월, 이런 일본 사회의 특징을 "무책임의 체계"라고 표현했다.[12] 자신이 포함된 일본 사회를 아프게 지적한 것이다.

마루야마가 말하는 "무책임의 체계"란 자유로운 주체적

의식을 지닌 개인이 확립돼 있지 않으며, 스스로의 책임의식도 없는 사회를 말한다. 그는 이런 사회에서는 최고 권력자조차 '폐하의 하복', 즉 윗선의 말을 그대로 따르는 로봇일 수밖에 없다고 지적한다. 사실상 책임을 회피하는 순환 논리가 강고하게 자리 잡았다는 것이다.

도조를 향한 일본인들의 무차별적인 힐난은 일본 근대의 단면과 모순을 그대로 드러냈다. 그전까지 그를 총리로 받들었던 이들 사이에서 전쟁이 그 때문에 시작됐다는 인식이 강하게 뿌리 내렸고, 천황무책임론이 최우선적 과제였던 황족이나 주위 관료들은 그에게 모든 책임을 뒤집어씌우려 했다.

메이지유신 이래 진주만 공습에 이르는 동안 일본 사회는 늘 침략전쟁에 환호했고 늘 먼저 전쟁을 도발했다. 이와 같은 명백한 사실과 이유를 망각하는 무책임의 체계는, 오늘날 일본 사회에 그대로 배어 있다. 일본의 군국주의 세계관은 과거의 유산에 머무르지 않고 현재도 노골적으로 횡행하며, 침략과 전쟁의 책임도 없이 이웃 나라에도 '떳떳하다.' 그만큼 일본의 역사 인식은 특별하다.

그런 의미에서 독일인의 역사 인식 변화는 주목할 만하

다. 독일인은 히틀러와 나치당에 모든 책임을 전가하던 것에서 독일인 모두가 그 책임을 나눠 져야 한다는 것으로 인식의 근본적 전환을 이뤘다.

이와 같은 인식 변화는 독일 시민사회의 부단한 논쟁을 통해 가능했다. 서독에서는 1945~1950년대 후반까지 홀로코스트에 대해 무거운 침묵이 유지됐다. 그러나 1961년 아이히만 재판, 1963년 프랑크푸르트 아우슈비츠 수용소 관계자 재판, 1968년 6·8혁명을 거치면서 쟁점화됐다.

이후 1979년 TV드라마 〈홀로코스트〉에 의해 1980년대 이후 서독인들의 머릿속에는 국민 모두가 반성해야 할 과거로 홀로코스트 기억이 각인됐다. 그리고 더 나아가 교과서와 여러 기념 조형물을 통해 '기억의 제도화'가 이뤄졌다. 물론 한계는 있지만 부담스러운 과거와 지속적으로 대면해야 한다는 사회적 합의를 이뤘다는 점에서, 독일 사례는 시사적이다.[13]

천황은
전쟁 책임이 없다

1947년 12월 31일, 극동국제군사재판

집행관: 극동국제군사재판 오늘의 심리를 시작합
니다.

도조 증인, 증인대에 오르다.

— 『극동국제군사재판기록 제345호』[14]

1946년 5월 3일, 포츠담선언에 따라 일본의 주요 전쟁 범죄자를 처벌하기 위한 극동국제군사재판, 이른바 도쿄재판이 열렸다. 이후 2년 반 동안 진행된 재판에서 60여 명의 전범 용의자 중 28명이 기소, 25명에게 실형이 선고됐다.[15]

극동국제군사재판 기록에서 주목해야 할 도조 관련 내용은 '국익'을 위해, 즉 일본을 지키기 위해 전쟁을 일으켰다는 '자위전쟁론', 미국이 동북아시아의 전후 체제를 만들고자 그를 통해 억지로 끌어낸 '천황무책임론' 두 가지이다.

1947년 12월 26일 재판장에서 도조의 변호인이 낭독한 변론 모두진술을 보면 '자위전쟁론'을 주장하는 도조의 생각이 잘 드러나 있다. 모두진술의 일곱 가지 내용 중 몇 가지만 요약하면 다음과 같다.

첫째, 일본은 미국, 영국, 네덜란드와의 전쟁을 미리 계획하고 준비한 것이 아니다.

도조는 "살아서 포로의 치욕을 당하지 않는다"는 「전진훈」을 지키지 않은 채, '적의 법정'에서 어쩔 수 없이 전쟁에 돌입했다는 '자위전쟁론'을 적극 주장했다. "일본은 미

국, 영국, 네덜란드와의 전쟁을 미리 계획하고 준비했던 것
이 아"니었으며 "독일, 이탈리아 및 기타 국가 또는 개인과
공모해 세계 또는 그 일부분을 정복하려는 계획도 없었다
고 강변했다.

　　둘째, 미국, 영국, 네덜란드와의 전쟁은 이 국가들
　　의 도발에 원인이 있으며, 일본으로서는 자존자위를
　　위해 부득이하게 개시한 것이다. 또한 진주만 공습은
　　미국 측에서 선제공격이 일어날 것이라 예측해 실행
　　한 것이다.

　도조는 "미국의 반성을 유도해 외교적 타결을 이끌어내
려 했지만 11월 26일 미국의 최후통첩을 받은 일본은 더
이상 외교적 수단으로는 미일 관계를 타개할 길이 없었다"
고 주장했다.

　이런 논리는 일본의 대미 개전이 1937년 중일전쟁 이후
일본군의 중국과 동남아시아로의 '진출'과 무관하고 미국
이 이 전쟁에 책임이 있다는, 일본의 전통적 극우 논리를
종합한 것이었다. 아직도 일본의 극우 세력은, 미국의 이

'최후통첩'으로 전쟁이 일어났다고 주장한다.

미국의 최후통첩이란 1941년 11월 26일 미국 국무장관 코델 헐(Cordell Hull)이 주미 일본대사와 미일 교섭특사에게 미-일 갈등을 끝내기 위해 전달한 「헐 노트(Hull note)」를 말한다. 도조는 중국과 인도차이나 등지에서 일본군이 전면 철수하라는 미국의 제안이 과거 일본이 침략으로 차지한 '권익'을 부정하는 것이라며 진주만 공습으로 대응했다.

물론 도조에게 진주만 공습 이전의 한반도나 중국, 동남아시아에 대한 일본의 침략은 '국제질서'상 당연한 일이었지 '침략 행위'가 아니었다. 침략과 전쟁 자체가 곧 일본의 '국익'으로 간주됐다. 이런 역사 인식은 그 한 사람으로 그치는 것이 아니라 오늘날까지 일본 사회에 지속되고 있다.

셋째, 1941년 12월 7일 진주만 공습 이전에 미리 미국에 합법적으로 전쟁을 선포했다.

그러나 일본의 진주만 공습은 '선전포고 없는 기습 전쟁'이었다. 기습을 받은 후 미국이 내건 슬로건 '진주만을 기억하라(Remember Pearl harbor)'는 일본의 '기만적 공격'에 따른 반응이었다.

넷째, '대동아정책'은 동아시아 각 민족의 독립 또는 자치를 인정하려는 것이었고, 이는 대동아회의를 개최함으로써 각국 간 소통을 기도했다는 것으로 증명된다.

정치적 퍼포먼스에 불과했던 대동아회의를 동아시아 침략 사실을 부정하는 근거로 삼을 만큼 도조의 논리는 허접했다. 그가 변호인을 통해 제시한 논점은 준비 시간이 충분했음에도 모두 거짓이거나 사실과 거리가 멀었다. 태평양전쟁에 대한 약간의 이해만 있어도 알 수 있는 수준이었다.

그런데 극동국제군사재판이 결국 전쟁 책임의 문제를 도조 등 몇 명의 일본군 지휘부에게만 돌렸다는 점을 주목해야 한다. 이는 동북아시아 냉전체제를 강화하기 위한 미국의 국제정치가 작동한 결과였다. 미국은 '천황무책임론'을 활용해 일본을 '안정'시키고 전후 체제를 순조롭게 재편하려 했다. 이를 위해 일본 사회에 민감한 논란거리가 될 수 있는 '천황전범론'이나 '천황폐위론'과 분명하게 거리를 뒀다. 이를 알 수 있는 장면이 1947년 12월 31일에 열린 재판의 심문 기록이다.

전쟁의 책임이 누구에게 있는가에 대해 도조는 "일본국의 신민이, 폐하의 의사에 반해서·이러쿵저러쿵하는 것은 불가능합니다. 더군다나 일본의 고관이라면야"라고 진술했다. 총리인 자신의 주체적 판단으로 전쟁이 발생했다는 점을 부인하고, 모든 행위는 천황에 의한 것이라는 점을 자백한 셈이었다. 즉 '천황무책임론'의 모순을 자기도 모르게 그대로 드러낸 것이다.

사실 도조는 전날 12월 30일 재판에서 "국책의 모든 책임은 내각 및 통수부를 보좌하고 보필하는 책임자에게 있고, 천황폐하게는 어떤 책임도 없"다고 강조했었다. 하루 만에 말을 바꿨다기보다는 무의식적인 '고백'이 저절로 튀어나온 것이다. 그런데 이 고백으로 의도치 않게 '천황을 소추할 조건'이 생겼다.

미국과 극동국제군사재판 담당자들은 혼란에 빠졌다. 천황의 전쟁 책임을 무화시키려는 미국의 조셉 키넌(Joseph Berry Keenan) 검사장은 6일 후 도조의 변호인을 통해 이 발언을 취소할 것을 제안했다. 도조는 떨떠름하게 생각하다가 천황유죄론으로 기우는 분위기를 인지하고 1948년 1월 6일 재판에서 "천황폐하의 책임과는 별개의 문제입니다. 내각이 전쟁을 결정한 것"이라고 다시 말을 바꿨다.

한편 극동국제군사재판에 참여했던 11개국 판사 중 호주의 윌리엄 웹(William Flood Webb) 재판장은 미국의 키넌 검사장과 입장이 달랐다. 천황 문제를 건드리려 하지 않는 미국 입장에 호주인 재판장이 강하게 불만을 드러낸 것이다. 이 점은 천황-군부의 수직적 통수 관계에서 불가피한 '천황책임론'과 관련해 특히 주목된다.

'천황무책임론'으로 방향이 기울자, 웹 재판장은 다음 날인 1월 7일, 마지막 승부수로 도조에게 전쟁의 책임이 누구에게 있느냐고 질문했다. 도조는 오래 고민하더니 자신과 육해군 참모총장이 "살기 위해서 전쟁을 하는 수밖에 없다고 강력하게 말씀드렸고 폐하께서 이를 승인"했다고 답했다.

결국 웹 재판장은 천황을 전범재판 법정에 끌어들일 수 없었다. 그리고 맥아더 사령관은 심문이 끝난 후 비밀리에 웹 재판장과 키넌 검사장을 불러 천황을 기소할 수 없다고 확실하게 못을 박는 정리를 했다.

미국의 동북아시아 냉전체제 구축을 위해, 도조는 전쟁에 대한 모든 책임을 껴안고 죽음을 맞이하도록 '강요'된 조연에 불과했다. 따라서 태평양전쟁에 대한 '천황무책임론'은 논리적, 현실적 모순을 명백하게 드러낼 수밖에 없었다. '천황'을 핵심으로 한 일본의 군국주의적 대외 침략은 천황과 군부가 수직적 관계의 공범이 돼 진행한 것이 역사적 사실이었기 때문이다. 이를 억지로 덮으려 할수록 그의 말은 논리적으로 앞뒤가 어긋날 수밖에 없었다.

08

패전 후에도 일본을 군국주의에 가둔 무능한 정치군인

바라건대 야마토 민족이라는 자신감과 긍지를 굳건히 가지고, 일본 삼천 년래의 국사의 인도에 따르고, 또한 충용의열하신 선배의 유지를 좇아, 이로써 황운을 언제까지나 부익하기를. 이것이 바로 나의 마지막 소망이다.

– 「일본청년제군에게 고함」,
도조 히데키의 미발표 유서(1945)[16]

도조 히데키는 일본 육군사관학교 출신으로서 당대에는 유능한 군인 관료였다. 중추 세력인 조슈벌에 속하지 않았음에도, 성실한 직무 수행 능력과 부하 군인을 이끄는 인간적 매력을 통해 진급도 할 수 있었다. 이와 같은 '우직함'과 '충성심'이 참작돼 히로히토(裕仁) 천황이 태평양전쟁 도발 직전 그에게 '조각(組閣)' 명령을 내린 것이기도 했다.

흔히 막스 베버의 관료제론에 입각한 '근대사회'는 개인인 인간이 의사를 결정하는 공간이 아니라 법률과 원칙에 기반을 둔 '비인격적 통제'에 의해 만들어진 공간이라고 한다. 이렇게만 보면 '근대사회'란 대단히 효율적일 것 같지만, 베버를 재해석한 프랑크푸르트학파는 관료제를 '철 우리(iron cage)'를 만들어놓고 인간을 옭아매는 기제라고 비판했다.

일본 제국주의가 후발 주자로서 서구 제국을 캐치업해 따라잡기까지, 주요 원동력 중 하나로 일본 관료제를 빼놓을 수 없을 것이다. 도조는 바로 이를 체현한 인물이었다.

'모난 돌이 정 맞는다'는 속담이 있다. 선출직이나 낙하산 인사처럼 '외부 요인'이 작동하지 않는 일반적 인사 정책에서는 '정상적이라면' 남과 척을 지지 않고 업무 수행 능력이 뛰어난 인물이 승진하기 마련이다. 이 점에서 도조가 총리까지 올라가리라 생각한 사람은 얼마나 될까?

예컨대 조선총독과 육군대신을 두 차례씩 지냈고 척무대신과 외무대신도 지냈던 일본 육군사관학교 1기 출신 우가키 가즈시게(宇垣一成)는 도조를 '수첩이나 들고 다니는 무능한 자' 정도로 평가했다. 우가키는 총리가 되려는 야심이 큰, 도조의 '대선배' 정치군인이었다. 조선총독 재임 중에도 일본 정계에서는 우가키를 차기 총리로 봤고 실제로 몇 차례 물망에 오르기도 했다.

그런 우가키조차 1936년 2·26 쿠데타 이후 천황의 조각 명령에 부응할 수 없었다. 1925년 군축 진행 시 그가 육군대신으로 앞장섰다면서 육군이 육군대신 지명을 거부했기 때문이다. 군국주의를 과시라도 하듯 당시 「대일본제국헌법」에 따르면 육군이나 해군 어느 한쪽이라도 대신 지명을 거부하면 조각 자체가 불가능했다.

당시 젊은 정치군인들은 침략정책에 일로매진하며 자의적 판단으로 전쟁을 도발하고 확대해가고 있었다. 그들의 근시안적 시각에서 볼 때 국제 상황을 살피고 군축을 통해 뒷날을 도모하려는 노련한 '육사 대선배', 정치군인 우가키는 퇴물이었다. 이런 상황 전개에 뒷배가 된 존재가 천황이었다. 도조가 총리가 되면서 일본은 끝없는 전쟁과 패망의 늪으로 빠졌고 이는 천황-군부의 수직적 통수 관계가 불러온 '동전의 양면' 같은 결과였다.

도조의 복심이었던 사토 겐료의 관찰에 따르면, 도조는 "소심"했고 "고집쟁이"이자 "열심히 일하"는 사람이었다. "자신의 의견"도 있고 일관된 "박력과 실행력"을 충분히 과시할 줄 아는 사람이었다. "책임 관념"이 대단히 강했다. 다만 책임 관념이 너무 강해 자신의 책임에 겁먹는 경향이 있었고, 그 의지처를 천황에게서 구했다는 것이다.[17] 즉 근면한 모습과 잘못된 국가관, 군인관은 도조의 양면적 모습이었다.

패전 이전 일본인에게는 '천황과의 거리'를 어떻게 설정하느냐가 개인으로서 얼마나 훌륭한지를 판단하는 가늠자였다. 사토에 따르면, 천황을 신, 혹은 부처로 생각했던 도조는 천황으로부터 조각 명령을 받았을 때 자신의 전용차 안에서 다리를 후들거리며 떨었다. 천황을 직접 만나 현안에 대해서 회의를 할 때도 눈물을 보이는 경우가 여러 차례 있었다고 한다.

그런 점에서 아렌트가 제시한 '악의 평범성' 개념은 독일 사회뿐 아니라 일본 사회를 돌아볼 때도 많은 시사점을 던져준다. 수많은 유대인들을 '최종 해결'하는 데 앞장섰다가 패전 후 아르헨티나에 숨어 살던 전 친위대(Schutzstaffel, SS) 중령 아이히만은 이스라엘 정보기관 모사드에 의해 1960년 체포돼 예루살렘 법정에 섰다.

유대인이었던 아렌트는 아이히만이 도대체 어떤 사람인지 궁금했기에 재판 과정을 돌아봤다. 그런데 그녀의 예상과 달리 아이히만은 사악한 악마가 아니었다. 오히려 개인적으로는 상당히 친절하고 선량하기까지 했다.

물론 도조와 아이히만의 위치나 영향력은 근본적으로 달랐다. 그러나 도조 역시 주위 사람들, 가족, 친지, 부하로부터 성실하고 친절한 인물로, 때로는 자기 일에 대해 명확한 입장을 가진 사람으로 기억됐다. 인간적으로 나쁜 사람이라고 이야기하는 경우는 거의 없었다.

그렇지만 인간으로서 괜찮은 것과 정치인으로서 유능한 것은 차원이 전혀 다른 문제이다. 이 때문에 좋든 나쁘든 역사에 큰 영향을 미친 인물은 개인적 성격이나 개성으로만 국한해 평가할 수 없다.

도조는 태평양전쟁을 적극적으로 준비하고 기획하는 핵심 위치에 있었다. 그러나 전략적 목표 달성을 위한 국제정세 판단이나 내적 동원을 위한 복안은 모두 현실성이 떨어졌다. 이 점에서 그의 복심이자 "마그"인 사토의 평가는 의미심장하다.

도조의 정치와 군사에 대한 인식 수준은 어땠을까? 역설적이게도 그는 정치군인이면서 이 둘의 관계를 잘 몰랐다. 국제법에도 거의 관심을 두지 않았다.

도조는 군인이 '선택받은 백성'이라는 생각만 했다. 그의 목표는 오로지 국가를 병영으로 바꾸고 국민을 군인화하는 것이었고, 그것이 일본'만'을 사랑하는 방식이었다. '왜곡된 사랑'의 어두운 그림자는 오늘의 일본 사회에도 깊이 드리워져 있다.

정치군인으로서 후타바카이 모임에 참석할 무렵, 일본 사회의 '다이쇼 데모크라시'는 도조에게 결코 용납할 수 없는 것이었다. 주위 사람에 대한 그의 친절은 어디까지나 개인적 차원일 뿐이었다.

도조의 삶을 통해 쇼와 전기(昭和 前期)로 불리는 1926년 ~1945년 8월 일본 사회의 실체는 생생하게 드러났다. 패전 이후는 물론 이전부터 도조와 군부, 천황과 일본 관료제는 전쟁의 도발과 수행 과정에서 무책임 또는 책임 전가로 점철된 모습을 여과 없이 드러냈다.

그런 난장판 속에서 도조는 미국이 연출한 재판장의 전쟁 얼굴마담으로서 죽음을 맞이했다. 침략전쟁과 학살의 사실, 피해를 끼친 사실 등을 포함해 일본 사회의 미국에 의존한 무책임의 체계는 오늘날까지 계속 진행 중이다.

1948년 12월 23일 스가모형무소에서 교수형을 당한 도조 히데키는 1978년 A급 전범 14명과 함께 야스쿠니신사에 합사됐다.

주석

PART 1 희망 속의 뼈아픈 질타, 중국의 미래를 제시하다_루쉰

1.　루쉰전집번역위원회,『루쉰 전집 2권: 외침, 방황』, 그린비, 2010, 23쪽.

2.　위의 책, 같은 쪽.

3.　루쉰전집번역위원회,『루쉰잡문선』, 엑스북스, 2018, 475쪽.

4.　루쉰전집번역위원회,『루쉰 전집 2권: 외침, 방황』, 그린비, 2010, 26쪽.

5.　위의 책, 같은 쪽.

6.　위의 책, 43쪽.

7.　루쉰전집번역위원회,『루쉰 전집 1권: 무덤, 열풍』, 그린비, 2010, 217~218쪽.

8.　루쉰전집번역위원회,『루쉰 전집 2권: 외침, 방황』, 그린비, 2010, 104~105쪽.

9.　루쉰전집번역위원회,『루쉰 전집 1권: 무덤, 열풍』, 그린비, 2010, 68쪽.

10.　위의 책, 같은 쪽.

11.　루쉰전집번역위원회,『루쉰 전집 4권: 화개집, 화개집속편』, 그린비, 2010, 74쪽.

12.　루쉰전집번역위원회,『루쉰 전집 6권: 이심집, 남강북조집』, 그린비, 2014, 65쪽.

13.　루쉰전집번역위원회,『루쉰 전집 5권: 이이집, 삼한집』, 그린비, 2014, 355쪽.

14.　위의 책, 409쪽.

15.　루쉰전집번역위원회,『루쉰 전집 6권: 이심집, 남강북조집』, 그린비, 2014, 230쪽.

16.　루쉰전집번역위원회,『루쉰 전집 8권: 차개정잡문, 차개정잡문 2집, 차개정잡문 말편』, 그린비, 2015, 775~776쪽.

17.　모택동, 김승일 역,『모택동 선집 2』, 범우사, 2002, 408~410쪽.

PART 2 오직 권력, 중국의 영웅에서 친일파의 상징으로_왕징웨이

1.　汪精衛,「民族的國民」,《民報》, 창간호, 1905.11, 2~3쪽. (배경한,「신해혁명 시기의 왕정위(汪精衛)」,《중국근현대사연구》30, 중국근현대사학회, 2006, 108쪽에서 재인용.)

2.　蔡德金·王升 編著,『汪精衛生平紀事』, 中國文史出版社, 1993, 23~28쪽. (배경

한, 위의 글, 111~112쪽에서 재인용.)

3. 汪精衛, 「我們愿該怎樣的努力」, 『汪精衛集 3』, 上海書店, 1992, 57쪽. (이재령, 「제1차 국공합작기 왕정위의 정치적 역할과 혁명전략의 변화: 무한국민정부 시기를 중심으로」, 《사학지》 25, 단국대학교출판부, 1992, 105쪽에서 재인용.)

4. 汪精衛, 「回國後的一點思想」, 《大公報》, 1937.1.19. (문명기, 「중일전쟁(中日戰爭) 초기(初期)(1937-39) 왕정위파(汪精衛派)의 화평운동(和平運動)과 화평이론(和平理論)」, 《동양사학연구》 71, 동양사학회, 2000, 120쪽에서 재인용.)

5. 朱子家(金雄白), 『汪政權的開場與收場』 1冊, 春秋雜誌社, 1963, 17쪽. (배경한, 「중일전쟁 발발 이후의 '화평운동'과 왕정위(汪精衛) '친일 선택'의 배경」, 《중국근현대사연구》 55, 중국근현대사학회, 2012, 146쪽에서 재인용.)

6. 汪精衛, 「中國與東亞」, 《中央公論》 625, 1939.10. (최원식·백영서 엮음, 『동아시아인의 '동양' 인식: 19~20세기』, 문학과지성사, 1997, 189쪽에서 재인용.)

7. 汪精衛, 「世界平和의 發足: 汪中國代表 答辭」, 《每日新報》, 1943.11.8.

PART 3 식민지 조선에서 희망을 보다_조소앙

1. 조소앙, 「일진회 평론기」, 《대한매일신보》(1906.8.30~31), 삼균학회, 『소앙선생문집 하』, 햇불사, 1979, 207쪽. (이 글은 1948년 8월 2일 자 《대한일보》에 전재(轉載)됐다. 주석에 1906년 8월 30~31일 양일간 "《대한일보》"에 발표됐다고 했으나 《대한매일신보》를 잘못 쓴 것이다.)

2. 조소앙, 「동유약초」(1911.5.7), 삼균학회, 『소앙선생문집 하』, 햇불사, 1979, 426쪽.

3. 조소앙, 「동유약초」(1911.11.10), 삼균학회, 『소앙선생문집 하』, 햇불사, 1979, 452쪽.

4. 독립기념관 소장 자료번호 1-014726-000.

5. 조소앙, 「3.1운동과 나」, 《자유신문》(1946.2.26), 삼균학회, 『소앙선생문집 하』, 햇불사, 1979, 67쪽.

6. 조소앙, 「소앙집」(1932.4), 삼균학회, 『소앙선생문집 상』, 햇불사, 1979, 39~82쪽.

7. 조소앙, 「한국독립당의 근상」(1931.1), 삼균학회, 『소앙선생문집 상』, 햇불사, 1979, 105~109쪽.

8. 윤병석, 「대한민국건국강령」, 『한국독립운동사자료집: 조소앙편 3』, 한국정신문화연구원, 1993, 188~194쪽.

9. 『고등학교 한국사 교과서』, 금성출판사, 2009, 349쪽.

10. 조소앙, 「삼균의 대로」, 《서울신문》(1946.4.21), 삼균학회, 『소앙선생문집 하』, 햇불사, 1979, 71~75쪽.

11. 조소앙, 「사회당 결당대회 선언서」(1948.12.1), 삼균학회, 『소앙선생문집 하』, 햇불사, 1979, 114~116쪽.

PART 4 근대의 힘을 추종하며 내선일체를 부르짖다_이광수

1. 이광수, 「동경에서 경성까지」, 《청춘》 9, 1917.7, 80~81쪽.

2. 이광수, 「그의 자서전」, 《조선일보》, 1937.4.18.

3. 이광수, 「나: 소년편」, 생활사, 1947.12, 60쪽.

4. 실제 제목은 「선언서」이다. 다만 동시대의 다른 선언서들과 구분하기 위해 2월 8일 날짜를 붙여 표기한다.

5. 이광수, 「도산 안창호선생에」, 《개벽》 62, 1925.8, 25쪽.

6. 이광수, 「민족개조론」, 《개벽》 5, 1922.5, 70~71쪽.

7. 이광수, 「야수에의 복귀: 청년아 단결하여 시대악(時代惡)과 싸우자」, 《동광》 21, 1931.5, 42~43쪽.

8. 이광수, 「흙 셋재권(151)」, 《동아일보》, 1933.6.7.

9. 위의 글.

10. 이광수, 「심적 신체제와 조선문화의 진로」, 《매일신보》, 1940.9.4.

11. 이광수, 「모든 것을 바치리」, 《매일신보》, 1945.1.18.

12. 이광수, 『나의 고백』, 춘추사, 1948.12, 234~235쪽.

13. 위의 책, 235쪽.

14. 위의 책, 236쪽.

PART 5 식민지 조선의 독립을 변호하다_후세 다쓰지

1. 布施辰治, 「法廷より社会へ自己革命の告白」, 《法廷より社会へ》 1-1, 1920.6, 8쪽.

2. 이규수, 「후세 다츠지(布施辰治)의 한국인식」, 《한국근현대사연구》 25, 한국근현대사학회, 2003, 411~412쪽; 후세 간지, 황선희 역, 『나는 양심을 믿는다: 조선인을 변호한 일본인 후세 다쓰지의 삶』, 현암사, 2011, 29~30, 49~55쪽.

3. 布施辰治, 앞의 글, 8쪽.

4. 中村正也, 「解題」, 布施辰治, 明治大学史資料センター 監修, 『布施辰治著作集14』, ゆまに書房, 2008, 1315~1323쪽 참조.

5. 布施辰治, 앞의 글, 23쪽.

6. 布施辰治,「社會主義者同盟と私」,《法廷より社會へ》1-5, 1920.11.

7. 布施辰治,「3·1運動の追憶」,《民團新聞》2, 1947.2.28, 7쪽.

8. 布施辰治,「筆者のことば」(1946.5), 布施辰治·張祥重·鄭泰成,『運命の勝利者朴烈』,世紀書房, 1946, 1쪽.

9. 布施辰治,「3·1運動の追憶」,《民團新聞》2, 1947.2.28, 7쪽.

10. 布施辰治,「無産階級から見た朝鮮解放問題」,《赤旗》3-4, 1923.4, 38쪽.

11. 「표면의 개발은 기실 조선민족의 행복은 아니라는 것을 늣겠소: 入京한 布施辰治氏談」,《동아일보》, 1923.8.3. (인용문은 현대어로 부분 수정해서 옮긴 것이다.)

12. 布施辰治,「不景氣の生活難に處する無産者モラトリウムの提議」,《法律戰線》6-21, 1927.12, 10쪽.

13. 布施辰治,「大震災虐殺事件について」(대지진 학살자 추모대회 강연록, 1946 추정), 布施辰治資料研究準備会 編,『布施辰治植民地關係資料集: 石巻文化センター所藏 vol.1 朝鮮編』, 布施辰治資料研究準備会, 2002, 95쪽 재수록.

14. 관동대지진 당시 학살의 조사 통계에 대해서는 강덕상, 김동수 외 역,『학살의 기억, 관동대지진』, 역사비평사, 2005, 311~326쪽; 다나카 마사타카,「관동대지진 조선인 학살 연구의 과제와 전망: 일본에서의 연구를 중심으로」,《동북아역사논총》48, 동북아역사재단, 2015, 89~91쪽 참조.

15. 布施辰治,「大震災虐殺事件について」(대지진 학살자 추모대회 강연록, 1946 추정), 布施辰治資料研究準備会 編,『布施辰治植民地關係資料集: 石巻文化センター所藏 vol.1 朝鮮編』, 布施辰治資料研究準備会, 2002, 96쪽 재수록.

16. 藤野裕子,『都市と暴動の民衆史: 東京·1905-1923年』, 有志舍, 2015, 271~293쪽.

17. 布施辰治,「問題の朝鮮に就て聲明す: 東京と京城との間(二)」,《解放》7-1, 1928.1, 22~23쪽.

18. 布施辰治,「朝鮮人民に与ふ: 朝鮮独立憲法草案について」,《国際》2-6(1946), 布施辰治資料研究準備会 編,『布施辰治植民地關係資料集: 石巻文化センター所藏 vol.1 朝鮮編』, 布施辰治資料研究準備会, 2002, 84쪽.

19. 법학적 분석은 정종섭,「포시진치(布施辰治)의「조선건국헌법초안사고(朝鮮建國憲法草案私稿)에 관한 연구」,《서울대학교법학》51-1, 서울대학교 아시아태평양법연구소, 2010 참조.

20. 미조구치 유조,「중국(中國)의 공(公)과 일본(日本)의 공(公)[오호야케(おほやけ)]」,《대동문화연구》28, 성균관대학교출판부, 1993 참조.

PART 6 일본을 제국의 몽상에 빠뜨리다_도조 히데키

1. A·ホーブライト·戒能通孝,「東条英機の未発表遺書」,《中央公論》67-5, 1952, 245쪽. (A·ホーブライト는 E·ホーブライト의 오기이다.)

2. 「戦陣訓」, 陸軍省訓令, 1941.1.8.

3. 吉田裕·森茂樹, 『アジア·太平洋戦争: 戦争の日本史 23』, 吉川弘文館, 2007, 249~251쪽.

4. 「戦陣訓」, 陸軍省訓令, 1941.1.8.

5. 佐藤賢了, 『大東亜戦争回顧録』, 徳間書店, 1966, 179쪽.

6. 戸部良一, 「戦争指導者としての東條英機」, 《平成14年度戦争史研究国際フォーラム報告書》, 防衛省, 2002 참조.

7. 「英の支配を脱せずば, 戦禍は全印度を蔽わん: 東条首相, 帝国の真意を闡明」, 《朝日新聞》(1942.4.7), 防衛庁防衛研修所戦史室 編, 『戦史叢書第035巻 大本営陸軍部〈3〉: 昭和17年4月まで』, 朝雲新聞社, 1970, 553쪽.

8. 『第81回帝国議会 衆議院 戦時行政特例法案外二件委員会 第3号(1943.2.5.)』, 8쪽.

9. A·ホーブライト·戒能通孝, 앞의 글, 245쪽.

10. 長谷川幸雄,「東条ハラキリ目撃談」,『文藝春秋』34-8, 1956.8, 218~233쪽.

11. 戒能通孝,「遺言の實現」,《中央公論》67-5, 1952, 248쪽.

12. 오구마 에이지, 조성은 역, 『민주와 애국: 전후 일본의 내셔널리즘과 공공성』, 돌베개, 2019, 108~114쪽.

13. 최호근, 「부담스러운 과거와의 대면: 독일에서의 홀로코스트 기억」, 《서양사론》 84, 한국서양사학회, 2005 참조.

14. 『極東国際軍事裁判記録 第345号』, 1쪽. Court Record of International Military Tribunal for the Far East. 1947/12/31 (pp.36,517-36,555), GHQ/SCAP Records, International Prosecution Section = 連合国最高司令官総司令部国際検察局文書; Entry No.322 Narrative Summary and Transcripts of Court Proceedings for Cases Tried before the IMTFE, 1946-48, pp.36,517~36,518.

15. 번역문은 극동국제군사재판소 엮음, 김병찬 외 역, 『A급 전범의 증언: 도쿄전범재판 속기록을 읽다- 도조 히데키 편』, 언어의 바다, 2017 참조; 재판 기록에 대한 정리는 호사카 마사야스, 정선태 역, 『도조 히데키와 천황의 시대: 광기의 시대와 역사에 휘말린 초라한 지도자의 초상』, 페이퍼로드, 2012, 555~686쪽 참조.

16. A·ホーブライト·戒能通孝, 앞의 글, 246쪽.

17. 佐藤賢了, 『佐藤賢了の証言: 対米戦争の原点』, 芙蓉書房, 1976, 399~400쪽.

참고문헌

PART 1 희망 속의 뼈아픈 질타, 중국의 미래를 제시하다_루쉰

김계환, 「전기(前期) 루신(魯迅)의 근대성 연구」, 성균관대학교 동양철학과 석사학위논문, 2006.

김창규, 「『신청년(新靑年)』의 신문학운동과 중국의 근대성」, 《역사학연구》 59, 호남사학회, 2015.

루쉰전집번역위원회, 『루쉰잡문선』, 엑스북스, 2018.

루쉰전집번역위원회, 『루쉰 전집 1권: 무덤, 열풍』, 그린비, 2010.

루쉰전집번역위원회, 『루쉰 전집 2권: 외침, 방황』, 그린비, 2010.

루쉰전집번역위원회, 『루쉰 전집 4권: 화개집, 화개집속편』, 그린비, 2010.

루쉰전집번역위원회, 『루쉰 전집 5권: 이이집, 삼한집』, 그린비, 2014.

루쉰전집번역위원회, 『루쉰 전집 6권: 이심집, 남강북조집』, 그린비, 2014.

루쉰전집번역위원회, 『루쉰 전집 8권: 차개정잡문, 차개정잡문 2집, 차개정잡문 말편』, 그린비, 2015.

모택동, 김승일 역, 『모택동 선집 2』, 범우사, 2002.

박홍규, 『자유인 루쉰: 위대한 지식인의 초상』, 우물이있는집, 2002.

박홍규, 「옌푸(嚴復)와 번역의 정치: 『천연론』에 담긴 '천' 개념을 중심으로」, 《한국정치학회보》 46-4, 한국정치학회, 2012.

서광덕, 「과학사교편」, 《개념과 소통》 8, 한림과학원, 2011.

서광덕, 『루쉰과 동아시아 근대』, 산지니, 2018.

성옥례, 「혁명문학논쟁과 루쉰의 혁명문학관」, 《중국어문논총》 80, 중국어문연구회, 2017.

유세종, 『루쉰식 혁명과 근대 중국: 고독한 반항자, 영원한 혁명가 루쉰』, 한신대학교출판부, 2008.

이욱연, 『루쉰 읽는 밤, 나를 읽는 시간: 그냥 나이만 먹을까 두려울 때 읽는 루쉰의 말과 글』, 휴머니스트, 2020.

임명신, 『아Q정전: 새로운 인간상에의 열망』, 살림, 2006.

임현치, 김태성 역, 『노신의 마지막 10년』, 한얼미디어, 2004.

꽝시양똥, 장성철 역, 『루쉰, 욕을 하다: 루쉰과 주변 인물들의 '설전'을 통해 들여다본 중국 격동기의 갈등과 모색』, 시니북스, 2004.

홍석표, 『천상에서 심연을 보다: 루쉰(魯迅)의 문학과 정신』, 선학사, 2005.

후지이 쇼조, 백계문 역, 『루쉰: 동아시아에 살아 있는 문학』, 한울, 2014.

중국인문학 데이터 아카이브 http://chinahumanitas.net/

PART 2 오직 권력, 중국의 영웅에서 친일파의 상징으로_왕징웨이

김형종, 「1911년의 왕정위(汪精衛): 양도(楊度)와의 국사공제회(國事共濟會) 활동을 중심으로」, 《동아문화》 48, 서울대학교 동아문화연구소, 2010.

문명기, 「중일전쟁(中日戰爭) 초기(初期)(1937-39) 왕정위파(汪精衛派)의 화평운동(和平運動)과 화평이론(和平理論)」, 《동양사학연구》 71, 동양사학회, 2000.

박상수, 「중일전쟁 전후 대일협력자 '왕정위집단(汪精衛集團)'의 형성(1928~1938), 《사총》 65, 역사학연구회, 2007.

배경한, 『왕징웨이 연구: 현대 중국 민족주의의 굴절』, 일조각, 2012.

이재령, 「제1차 국공합작기 왕정위의 정치적 역할과 혁명전략의 변화: 무한국민정부 시기를 중심으로」, 《사학지》 25, 단국대학교출판부, 1992.

최원식·백영서 엮음, 『동아시아인의 '동양' 인식: 19~20세기』, 문학과지성사, 1997.

황동연, 『새로운 과거 만들기: 권역시각과 동부아시아 역사 재구성』, 혜안, 2013.

"화평보국 이외에 중국 갱생의 길이 없다", 《조선일보》, 1939.12.30.

汪精衛, 「民族的國民」, 《民報》, 창간호, 1905.11.

汪精衛, 「回國後の一點思想」, 《大公報》, 1937.1.19.

汪精衛, 「中國與東亞」, 《中央公論》 625, 1939.10.

汪精衛, 「世界平和の發足: 汪中國代表 答辭」, 《每日新報》, 1943.11.8.

汪精衛, 「我們愿該怎樣的努力」, 『汪精衛集 3』, 上海書店, 1992.

朱子家(金雄白), 『汪政權の開場與收場』 1冊, 春秋雜誌社, 1963.

蔡德金·王升 編著, 『汪精衛生平紀事』, 中國文史出版社, 1993.

久保玲子, 「汪兆銘の日本觀」, 《愛知県立大学大学院国際文化研究科論集》 15호, 2014.

PART 3 식민지 조선에서 희망을 보다_조소앙

강만길 편, 「3.1운동의 장처(長處)와 단처(短處): 제15주년 3.1기념절에 임하여」, 『조소앙』, 한길사, 1980.

곽지연, 「국민대표회 반대세력 연구(1921-1922)」, 성균관대학교 사학과 석사학위논문, 2008.

김기승, 「대한독립선언서의 사상적 구조」, 《한국민족운동사연구》 22, 한국민족운동사학회, 1999.

김기승, 『조소앙이 꿈꾼 세계』, 지영사, 2003.

김기승, 「일본 유학을 통한 조소앙의 근대 체험: 제국주의적 근대 배우기에서 근대 극복으로」, 《한국민족운동사연구》 47, 한국민족운동사학회, 2006.

김기승, 「조소앙: 독립운동의 이념적 좌표를 제시한 사상가·외교가」, 《한국사 시민강좌》 47, 일조각, 2010.

김기승, 「조소앙과 『적자보』 연구」, 《순천향 인문과학논총》 39-1, 순천향대학교 인문학연구소, 2020.

김인식, 「조소앙의 삼균주의와 민족혁명론」, 《한국인물사연구》 16, 한국인물사연구소, 2011.

노경채, 「8·15 후 조소앙(趙素昂)의 정치활동과 그 노선」, 《사총》 50, 고려대학교 역사연구소, 1999.

류시현, 『동경삼재: 동경 유학생 홍명희 최남선 이광수의 삶과 선택』, 산처럼, 2016.

박노자, 『우승열패의 신화: 사회진화론과 한국 민족주의 담론의 역사』, 한겨레신문사, 2005.

배경한, 「삼균주의(三均主義)와 삼민주의(三民主義)」, 《중국근현대사연구》 15, 중국근현대사학회, 2002.

삿사 미쓰아키, 「조소앙의 대동사상과 아나키즘: '육성교(六聖敎)'의 구상과 '한살임(韓薩任)'의 결성을 중심으로」, 《한국종교》 40, 원광대학교 종교문제연구소, 2016.

송남헌, 『해방삼십년사(解放三十年史) 1』, 성문각, 1976.

신우철, 「임시정부기·해방기 헌법문서와 조소앙의 헌법사상」, 《법학논문집》 41-1, 중앙대학교 법학연구원, 2017.

오향미, 「대한민국임시정부의 입헌주의: '헌법국가'로서의 정당성 확보와 딜레마」, 《국제정치논총》 49-1, 한국국제정치학회, 2009.

이태훈, 「한말 일본유학생들의 자기인식과 계몽논리: 1900년대 일본유학생을 중심으로」, 《한국사상사학》 45, 한국사상사학회, 2013.

장규식, 「3·1운동 이전 민주공화제의 수용과 확산」, 《한국사학사학보》 38, 한국사학사학회, 2018.

장석준, 「항일독립운동으로부터 이어받은 21세기의 대안: 조소앙의 평등공화국」, 『21세기를 살았던 20세기 사상가들』, 책세상, 2019.

정용대, 「조소앙의 삼균주의와 민족통일노선」, 《정신문화연구》 27-4, 한국학중앙연구원, 2004.

정태헌, 「경제이념의 수렴과 적대적 분화, 그리고 재수렴의 지향」, 『한국의 식민지적 근대 성찰: 근대주의 비판과 평화공존의 역사학 모색』, 선인, 2007.

정태헌, 『평화를 향한 근대주의 해체: 3·1운동 100주년에 식민지 '경제 성장'을 다시 묻다』, 동북아역사재단, 2019.

한시준, 「조소앙(趙素昂)의 『소앙집(素昂集)』 간행과 역사관」, 《사학지》 42, 단국사학회, 2011.

한시준, 「대한민국 임시정부와 삼균주의」, 《사학지》 49, 단국사학회, 2014.

황호덕, 「근대 동아시아의 문체(文體)·신체(身體)·정체(政體), 조소앙(趙素昂)의 『동유약초(東遊略抄)』의 경우: 일본 유학, 망국, 중국 망명의 지적·문체적 여정」, 《서강인문논총》 44, 서강대학교 인문과학연구소, 2015.

PART 4 근대의 힘을 추종하며 내선일체를 부르짖다_이광수

강동진, 『일제의 한국침략정책사』, 한길사, 1989.

공임순, 「이광수 복권과 문학사 기술의 관련 양상」, 《춘원연구학보》 9, 춘원연구학회, 2016.

김경일 외, 『한국사회사상사연구』, 나남, 2003.

김윤식, 『이광수와 그의 시대 1』, 솔, 2001.

김종욱, 「이광수, 신민회, 량치차오」, 《춘원연구학보》 12, 춘원연구학회, 2018.

김현주, 「민족과 국가 그리고 '문화': 1920년대 초반 『개벽』지의 '정신·민족성 개조론' 연구」, 《상허학보》 6, 상허학회, 2000.

류시현, 「동경삼재(東京三才)[홍명희(洪命熹), 최남선(崔南善), 이광수(李光洙)]를 통해 본 한말 일제 초 조선의 지성계」, 《한국인물사연구》 10, 한국인물사연구회, 2008.

류시현, 『동경삼재: 동경 유학생 홍명희 최남선 이광수의 삶과 선택』, 산처럼, 2016.

미야다 세쓰코, 이영낭 역, 『조선민중(朝鮮民衆)과 〈황민화(皇民化)〉정책(政策)』, 일조각, 1997.

박만규, 「도산 안창호와 춘원 이광수의 관계」, 《역사학연구》 57, 호남사학회, 2015.

박수빈, 「일제말기 친일문학의 내적논리와 회고의 전략: 이광수, 김동인, 채만식을 중심으로」, 고려대학교 국문학과 박사학위논문, 2018.

박정심, 「이광수의 근대 주체의식에 대한 비판적 성찰」, 《한국철학논집》 45, 한국철학사연구회, 2015.

박찬승, 『한국근대 정치사상사연구』, 역사비평사, 1992.

박찬승, 「이광수와 파시즘」, 『한국사회사상사연구』, 나남, 2003.

방기중, 『일제하 지식인의 파시즘체제 인식과 대응: 일제 파시즘기 한국사회 2』, 혜안, 2005.

송원호, 「안창호와 이광수의 탈식민화 전략」, 《춘원연구학보》 13, 춘원연구학회, 2018.

송하연, 「상해 임시정부의 안창호(安昌浩) 지지 세력에 대한 재고찰」, 《한국근현대사연구》 91, 한국근현대사학회, 2019.

신동욱, 「이광수 소설에 설정된 지도자상의 형상화 고찰(考察)」, 《동방학지》 83, 연세대학교 국학연구원, 1994.

유봉희, 「동아시아 전통사상과 진화론 수요의 계보를 통해 본 한국 근대소설②: 애국계몽기 이해조·이인직과 1910년대 양건식·이광수의 작품을 중심으로」, 《국제한인문학연구》 24, 국제한인문학회, 2019.

윤경로, 「친일(파) "비호, 옹호론"의 실상과 비판: 이광수의 『친일파의 변』 비판을 중심으로」, 《한성사학》 19, 한성사학회, 2004.

이형식, 「경성일보, 매일신보 사장 시절(1914.8-1918.6)의 아베 미쓰이에(阿部充家)」, 《사총》 87, 고려대학교 역사연구소, 2016.

이형식, 「'제국의 브로커' 아베 미쓰이에와 문화통치」, 《한국일본학회 학술대회》 2, 한국일본학회, 2016.

임경석, 「식민지 시대 한국의 민족주의와 민족운동」, 《인문과학》30, 성균관대학교 인문학연구원, 2000.

정태헌, 「일제하 조선인 '고문(高文)' 합격자들의 학교·관료생활과 시대인식」, 《사총》79, 고려대학교 역사연구소, 2013.

최주환, 『제국 권력에의 야망과 반감 사이에서: 소설을 통해 본 식민지 지식인 이광수의 초상』, 소명출판, 2005.

최주한, 「1930년대 전반기 이광수(李光洙)의 지도자론(指導者論)과 파시즘: 동우회(同友會)[수양동우회(修養同友會)] 기관지(機關誌) 〈동광(東光)〉을 중심으로」, 《어문연구》35-3, 한국어문교육연구회, 2007.

최주한, 「1930년대 전반기 이광수 민족파시즘론 재고: 『동광총서』(1933)를 중심으로」, 《대동문화연구》105, 성균관대학교 동아시아학술원, 2019.

하종문, 「군국주의 일본의 전시동원」, 《역사비평》62, 역사문제연구소, 2003.

하타노 세츠코, 최주한 역, 『이광수, 일본을 만나다』, 푸른역사, 2016.

허종, 「해방 후 이광수의 '친일문제' 인식과 반민특위 처리과정」, 《대구사학》119, 대구사학회, 2015.

홍기돈, 「이광수의 친일이념 다시 읽기: 욕망의 구조와 허위의식을 중심으로」, 《인간연구》22, 가톨릭대학교 인간학연구소, 2012.

송정로, "친일파는 일제의 위협을 받아서 했는가?", 《인천in.com》, 2016.11.11.

PART 5 식민지 조선의 독립을 변호하다_후세 다쓰지

가와카미 하지메, 송태욱 역, 『빈곤론』, 꾸리에, 2009.

강덕상, 김동수 외 역, 『학살의 기억, 관동대지진』, 역사비평사, 2005.

김인덕, 「일본지역 유학생의 2·8운동과 3·1운동」, 《한국독립운동사연구》13, 독립기념관 한국독립운동사연구소, 1999.

남기정, 『기지국가의 탄생: 일본이 치른 한국전쟁』, 서울대학교출판문화원, 2016.

다나카 마사타카, 「관동대지진 조선인 학살 연구의 과제와 전망: 일본에서의 연구를 중심으로」, 《동북아역사논총》48, 동북아역사재단, 2015.

미조구치 유조, 「중국(中國)의 공(公)과 일본(日本)의 공(公)[오호야케(おほやけ)]」, 《대동문화연구》28, 성균관대학교출판부, 1993.

박철하, 「북풍파 공산주의 그룹의 형성」, 《역사와 현실》28, 한국역사연구회, 1998.

송지예, 「"민족자결"의 수용과 2·8 독립운동」, 《한국동양정치사상사연구》11-1, 한국동양정치사상사학회, 2012.

이규수, 「일제하 토지회수운동의 전개과정: 전남 나주군 궁삼면의 사례」, 《한국독립운동사연구》16, 독립기념관 한국독립운동사연구소, 2001.

이규수, 「후세 다츠지(布施辰治)의 한국인식」, 《한국근현대사연구》25, 한국근현대사학회, 2003.

이송순,『일제하 전시 농업정책과 농촌 경제』, 선인, 2008.

이형낭,「후세 다츠지와 재일 조선인, 해방 후를 중심으로」, 오오이시 스스무 외,『후세 다츠지 : 조선을 위해 일생을 바친』, 지식여행, 2010.

이형식,「조선총독의 권한과 지위에 대한 시론」,《사총》72, 고려대학교 역사연구소, 2011.

임경석,「03. 일그러진 초상」,『잊을 수 없는 혁명가들에 대한 기록』, 역사비평사, 2008.

전명혁,「1920년대 전반기 까엔당과 북풍회의 성립과 활동」,《사림》13, 수선사학회, 1997.

정종섭,「포시진치(布施辰治)의「조선건국헌법초안사고(朝鮮建國憲法草案私稿)」에 관한 연구(研究)」,《서울대학교법학》51-1, 서울대학교 아시아태평양법연구소, 2010.

정태헌,『한국의 식민지적 근대 성찰: 근대주의 비판과 평화공존의 역사학 모색』, 선인, 2007.

정태헌,『문답으로 읽는 20세기 한국경제사』, 역사비평사, 2010.

후세 간지, 황선희 역,『나는 양심을 믿는다: 조선인을 변호한 일본인 후세 다쓰지의 삶』, 현암 사, 2011.

布施辰治資料研究準備会 編,『布施辰治植民地関係資料集: 石巻文化センター所蔵』 vol.1~2 朝鮮·台湾編, 布施辰治資料研究準備会, 2002~2006.

布施辰治, 明治大学史資料センター 監修,『布施辰治著作集』1~16巻 및 別卷, ゆまに書 房, 2008.

中村正也,「解題」, 布施辰治, 明治大学史資料センター 監修,『布施辰治著作集 14』, ゆま に書房, 2008.

藤野裕子,『都市と暴動の民衆史: 東京·1905-1923年』, 有志舎, 2015.

PART 6 일본을 제국의 몽상에 빠뜨리다_도조 히데키

극동국제군사재판소 엮음, 김병찬 외 역,『A급 전범의 증언: 도쿄전범재판 속기록을 읽다- 도 조 히데키 편』, 언어의바다, 2017.

오구마 에이지, 조성은 역,『민주와 애국 : 전후 일본의 내셔널리즘과 공공성』, 돌베개, 2019.

이형식,「'내파(內破)'하는 '대동아공영권': 동남아시아 점령과 조선통치」,《사총》93, 2018.

최호근,「부담스러운 과거와의 대면: 독일에서의 홀로코스트 기억」,《서양사론》84, 한국서양 사학회, 2005.

클라이브 크리스티 편저, 노영순 역,『20세기 동남아시아의 역사』, 심산, 2004.

호사카 마사야스, 정선태 역,『도조 히데키와 천황의 시대: 광기의 시대와 역사에 휘말린 초라 한 지도자의 초상』, 페이퍼로드, 2012.

호사카 마사야스, 정선태 역,『쇼와 육군 : 제2차 세계대전을 주도한 일본 제국주의의 몸통』, 글 항아리, 2016.

長谷川幸雄,「東条ハラキリ目撃談」,《文藝春秋》34-8, 1956.8.

佐藤賢了,『佐藤賢了の証言: 対米戦争の原点』, 芙蓉書房, 1976.

戸部良一,「戦争指導者としての東條英機」,《平成14年度戦争史研究国際フォーーラム報告書》, 防衛省, 2002.

吉田裕・森茂樹,『アジア・太平洋戦争: 戦争の日本史23』, 吉川弘文館, 2007.

이 책에 게재한 저작물은 사용 허가 절차를 밟았으며, 이후라도 저작권 협의가 추가로
필요할 경우 조치를 취할 의사가 있음을 밝힙니다.

KI신서 10368

혁명과 배신의 시대

1판 1쇄 인쇄 2022년 8월 16일
1판 1쇄 발행 2022년 9월 1일

지은이 정태헌
펴낸이 김영곤
펴낸곳 ㈜북이십일 21세기북스

인문기획팀장 양으녕 **인문기획팀** 이지연 최유진
교정교열 김찬성 **디자인** THIS-COVER
출판마케팅영업본부장 민안기
마케팅1팀 배상현 이보라 한경화 김신우
영업팀 최명열
e-커머스팀 장철용 김다운
제작팀 이영민 권경민

출판등록 2000년 5월 6일 제406-2003-061호
주소 (10881) 경기도 파주시 회동길 201 (문발동)
대표전화 031-955-2100 **팩스** 031-955-2151 **이메일** book21@book21.co.kr

ⓒ 정태헌, 2022

ISBN 978-89-509-4147-5 04100
       978-89-509-4146-8 04100 (세트)

(주)북이십일 경계를 허무는 콘텐츠 리더

21세기북스 채널에서 도서 정보와 다양한 영상자료, 이벤트를 만나세요!

페이스북 facebook.com/jiinpill21   포스트 post.naver.com/21c_editors
인스타그램 instagram.com/jiinpill21   홈페이지 www.book21.com
유튜브 youtube.com/book21pub

서울대 가지 않아도 들을 수 있는 명강의! 〈서가명강〉
'서가명강'에서는 〈서가명강〉과 〈인생명강〉을 함께 만날 수 있습니다.
유튜브, 네이버, 팟캐스트에서 '서가명강'을 검색해보세요!

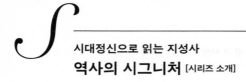

시대정신으로 읽는 지성사

역사의 시그니처 [시리즈 소개]

* 출간 예정 목록(가제)

‖ 동양 편 ‖